商业模式创新与仿真：以 3D 打印服装企业为例

金玉然　著

本书得到教育部人文社会科学研究青年基金项目“3D 打印背景下服装企业商业模式创新与仿真研究”（19YJC630068）、辽宁省高等学校创新人才支持计划项目“微型智慧工厂的理论及其在辽宁实践”（WR2019018）、辽宁省社会科学规划基金项目（L22BJY040）、辽宁科技大学学术著作出版基金、辽宁科技大学学科建设基金和辽宁科技大学优秀人才基金项目（2019RC07）的资助

科 学 出 版 社
北 京

内 容 简 介

本书以3D打印背景下的服装企业为研究对象，分析3D打印技术对服装企业传统商业模式的影响，提出商业模式创新的新方法，为3D打印背景下的服装企业设计了五种新型商业模式，并对这些新型商业模式进行计算机仿真分析，推演新型商业模式的可行性和优越性，提出了相应的商业对策。

本书可以作为3D打印、商业模式创新、商业模式仿真、大规模定制等学术领域的研究资源，可以作为以服装企业为代表的个性化定制型制造企业商业模式创新工具书，还可以作为政府商业规划的政策制定参考书。

图书在版编目（CIP）数据

商业模式创新与仿真：以 3D 打印服装企业为例 / 金玉然著. —北京：科学出版社，2022.10

ISBN 978-7-03-072523-3

Ⅰ. ①商…　Ⅱ. ①金…　Ⅲ. ①服装工业-工业企业管理-研究-中国　Ⅳ. ①F426.86

中国版本图书馆 CIP 数据核字（2022）第 101141 号

责任编辑：邓　娴 / 责任校对：王晓茜
责任印制：张　伟 / 封面设计：无极书装

科学出版社 出版
北京东黄城根北街 16 号
邮政编码：100717
http://www.sciencep.com
北京盛通商印快线网络科技有限公司 印刷
科学出版社发行　各地新华书店经销
*
2022 年 10 月第　一　版　开本：720 × 1000　B5
2023 年　9 月第二次印刷　印张：11 3/4
字数：238 000

定价：120.00 元

（如有印装质量问题，我社负责调换）

前　言

近年来，服装企业的发展不断面临新挑战。首先，服装的个性化定制需求明显提高，定制深度持续增强，越来越多的消费者期待购买个性化服装；其次，受到全球性人力资本价格提高的影响，服装企业的生产成本明显上扬；最后，个性化定制的快速发展使得服装企业的规模生产效应降低，进而也导致服装生产成本的提高。在此背景下，3D 打印技术的兴起为服装企业注入了新的活力。世界上的一些服装企业已经开始尝试将 3D 打印技术应用到服装生产中，并且取得了初步成功。但是，作为一项破坏性技术，3D 打印将对服装企业的传统商业模式产生重大影响，摆在服装企业面前的迫切任务就是开展商业模式创新。

由辽宁科技大学金玉然教授所著的本书综合采用文献研究法、仿真优化法、情景模拟法、数学建模法、逻辑演绎与推理法等研究方法针对上述问题开展探索性研究，主要研究内容包括以下四个方面：①系统分析 3D 打印对服装企业传统商业模式的影响。在总结服装企业传统商业模式、分析 3D 打印服装发展现状的基础上，结合商业模式画布方法，从价值主张、客户细分、渠道通路、客户关系、关键资源、核心活动、重要伙伴、成本结构和收益来源九个方面分析 3D 打印技术对服装企业传统商业模式的影响，明确 3D 打印背景下服装企业开展商业模式创新的必要性与可行性。②创新 3D 打印背景下的服装企业商业模式。首先，对扎根理论的“传统研究范式”进行改进，提出基于科学文献聚类分析的扎根理论“新研究范式”；其次，据此建立商业模式创新“理论模型”和“工具模型”（商业模式创新画布）；最后，依据商业模式创新画布开展 3D 打印背景下的服装企业商业模式创新，设计“大规模选择定制–集中制造”商业模式、“大规模自由定制–分布制造”商业模式、“利基定制–集中制造”商业模式、“利基设计–自助制造”商业模式和“整合型”商业模式共五种新型商业模式，并通过“商业模式画布”和“商业模式生态系统”方式展现这些商业模式。③开展 3D 打印背景下服装企业新型商业模式的仿真分析。首先，将商业模式画布和系统动力学方法结合，应用 iThink 仿真软件，构建五种新型商业模式的仿真模型；其次，对模型进行有效性实验，开发 3D 打印背景下服装企业未来发展情景；最后，开展未来情境下服装企业商业模式仿真分析。

本书开展针对商业模式创新理论模型、商业模式创新工具模型、扎根理论的新研究范式等理论性创新研究，并且采用科学计量方法开展针对“3D 打印”等的可视化综述研究，上述研究丰富了商业模式创新和 3D 打印等相关理论；开发的“商业模式创新画布”可以成为商业模式创新研究与实践的新工具，设计的新型商业模式可以为 3D 打印背景下的服装企业及其他类似企业提供发展借鉴，建立的商业模式仿真模型为 3D 打印服装企业提供了测试商业策略的实验平台，开展的未来情景下服装企业新型商业模式仿真分析为服装企业提供了前瞻性商业对策。

目　　录

第1章 绪　论

1.1 服装企业发展面临的新变化和新挑战

自从人类有商业活动以来，服装就是一种经常性贸易品。如果说早期服装的作用是人类用来护身，那么今天服装的作用早已演变为装饰和美化。服装企业就是在这种不断迎合消费者需求的历史进程中实现了诞生和发展。现如今，服装企业又在经历着时代潮流下的新变化和新挑战。

（1）全球经济的持续发展正在提高消费者的服装购买力。全球服装市场价值在 2017 年已经超过 3 万亿美元，其中，中国和印度的增长最为强劲，2017 年中国服装销售总额达到 1.5 万亿元。全球服装的消费量将从 2015 年的 6 200 万吨增长到 2030 年的 1.02 亿吨（Kerr and Landry，2017）。更多中等收入群体将服装视为新生活方式的延伸和表达，全球服装业务规模将快速增长（Keller et al.，2017）。

（2）服装的个性化定制需求明显提高，定制深度持续增强。《2018 年度全球时尚业态报告》指出，个性化服装越来越重要，消费者更加希望获得根据他们自身需求创造出来的产品，而不是通过被动推荐的服饰来表达个人风格、个人形象甚至价值观，服装企业需要更加重视提供数据化量身定制产品，打造“绝对个性化”的消费体验。随着千禧一代消费者的价值理念提升，他们更愿意寻求独特而个性化的服装产品来体现自己的价值观，而不是遵循同质化风格。为了获得更加深度定制的服装产品，消费者已经越来越愿意交出自己的私人信息（Karl，2017）。一项针对美国和英国消费者的调查研究显示，绝大多数消费者期待个性化服务，其中超过 70%的美国消费者期待个性化购物体验。新华社报道，“2016 年我国私人定制服装市场规模已达 1 022 亿元”，2022 年 1 月，央视财经报道，“目前，国内定制服装市场规模接近 2 000 亿元”。

（3）服装企业正面临高成本挑战。在全球性人力资本价格提高的背景下，尤其是受到素有“世界服装工厂”之称的中国的劳动力成本快速提高的影响，全球服装企业的生产成本快速上扬（Li et al.，2017）。另外，个性化服装定制的快速发展，使得传统服装企业的规模生产效应降低，进而也导致服装生产成本提高。此外，原材料价格波动、国际环境动荡等因素也推动了服装企业步入高成本时代。

1.2 3D打印技术对服装企业发展的影响

在上述背景下，一种新兴技术正在成为服装企业的新宠，它就是3D打印（three dimensional printing）。3D打印也称增材制造（additive manufacturing），属于快速成型技术的一种。相比传统制造技术，3D打印具有设计空间大、生产灵活性高、人力投入少等诸多优势，尤其是能够通过单一过程制成具有复杂结构的组装器件。该技术还可以通过调整制造过程的柔性来允许制造者随时对生产设计进行优化，进而减少材料浪费，实现精益生产。《经济学人》杂志指出，3D打印代表了制造业发展的新趋势，将推动第三次工业革命。

目前，世界上的一些服装企业已经开始将3D打印技术应用到服装生产之中。例如，Mon Purse公司借助3D打印技术等为客户定制3D打印手袋；制鞋公司JSshoes为客户定制3D打印针织鞋，买家可以选择自己喜爱的设计风格和颜色按只购买，充分满足那些热衷于自行配色和风格混搭的前沿消费者需求，实现高度定制化；斯顿服装品牌Ministry of Supply为客户定制3D打印的无缝接男士外套，它的衣袖和衣领都是直接打印而非缝接的，而且某些部分进行了适当加密或者减材，从而使衣服更加透气；阿迪达斯快闪店（Knit For You）使用3D打印技术为客户定制生产美利奴羊毛衫，并且把产品从设计到面世的周期从12~18个月缩短到4个小时。综合来看，3D打印技术已经为服装企业的蓬勃发展注入了新活力，提供了新的发展方向。

1.3 3D打印背景下服装企业商业模式创新的研究现状

伴随着3D打印技术在服装企业的应用推广，越来越多的服装企业正面临新问题——商业模式创新。Christensen（2013）指出，3D打印技术是一项新兴技术，同时也是一项破坏性技术，它正在对诸多产业的原有商业模式产生冲击。Lin（2017）等指出，采用3D打印技术的服装企业在生产设备、重要伙伴、生产活动、人才类型、客户关系（customer relationships）、市场定位、销售渠道、收入类型、成本结构（cost structure）等方面都与以往存在重大区别，服装企业必须进行商业模式变革。Azariadis和Papagiannis（2010）的研究更是直接指出，服装企业采用传统商业模式已经无法适应 3D 打印时代的新要求，服装企业必须在生产工艺、市场拓展、信息共享和交互式产品开发等领域做出调整。Batista（2013）发布的 New Business Models Enabled by Digital Technologies 报告指出，一些新兴技术，如 3D 打印、虚拟现实、物联网、大数据等正在驱动服装产业进行商业模式创新。武汉金运激光股份有限公司原董事长梁伟曾指出“创新商业模式是解决 3D 打印产业发展瓶颈的关键”。上述学术研究、行业报告和企业家观点均表明，3D 打印背景下的服装企业进行商业模式创新已是势在必行。

然而，鉴于 3D 打印技术的产业化进程刚刚兴起，以往关于 3D 打印背景下服装企业商业模式创新的科学研究至今仍然缺乏。一些学者强调了服装企业在 3D 背景下开展商业模式创新的必要性，如 Tremblay 和 Yagoubi（2017）指出必须对服装企业的传统商业模式进行创新，进而将 3D 打印这一新兴技术充分转化为现代服装企业生存和发展的动力。Chang 等（2016）认为 3D 打印技术、机器人技术和自动化技术的使用拉近了生产与消费的距离，正在破坏整个服装行业的传统价值链，服装企业进行商业模式创新势在必行。Howarth（2013）指出，为了迎合 3D 打印技术的发展趋势，时装产业已经开始推动将数字制造方法融入服装制造，未来的服装企业必须对商业模式进行创新。Schluep（2017）指出，受到 3D 打印技术的影响，时装企业有必要开发出新的商业模式，进而适应市场的新变化。Loetscher 等（2017）在撰写的《环境评级和创新报告》中指出，服装企业正处在彻底变革的边缘，受到 3D 打印和机器人等新兴技术的影响，开展商业模式创新已经十分紧迫。但是，上述研究都是趋势性观点，缺乏针对 3D 打印背景下服装企业商业模式创新的具体研究，更没有提供详细的研究方法和解决方案。为此，本书对该问题进行深入研究，试图提出商业模式创新的新方法，并且据此为 3D 打印背景下的服装企业设计出具体的新型商业模式。

1.4 3D 打印背景下服装企业新型商业模式仿真的研究现状

本书设计的新型商业模式虽然可以为 3D 打印背景下的服装企业提供发展参考，但是这些静态商业模式无法为服装企业的不同商业策略提供测试功能，也无法反映市场外部因素变化可能给服装企业带来的商业影响。在此情境下，鉴于仿真技术所具有的系统动态反应能力和测试、优化能力（Zeigler et al.，2000；Ding et al.，2018），建立这些新型商业模式的仿真模型就十分有必要。可是，鉴于商业模式要素的多元性和复杂性，以往关于商业模式仿真建模的研究鲜有，仅有个别学者开展过相关研究，具体包括：Komoto 等（2013）开展了基于定量情景的制造企业全球商业模式仿真研究，建立了一种情景建模仿真方法；Jia 等（2016）采用仿真方法，研究了巧克力 3D 打印产业打造以供应链为中心的商业模式的可行性问题；Poulin 和 Montreuil（2013）提出了一种配置大规模定制（mass customization，MC）网络的仿真方法，该方法聚焦产品模型的创建，关注的核心问题是个性化细节、需求文件的生成，以及为大规模定制产品创建通用流程；Romero 等（2015）研究了商业模式的系统动力学（system dynamics，SD）仿真建模问题。上述研究成果虽然为本书开展仿真研究奠定了一定基础，但是没有任何一项研究开展过针对 3D 打印背景下服装企业商业模式的仿真研究。为此，本书针对这一问题尝试建立 3D 打印背景下服装企业新型商业模式的仿真模型，并且采用合适的仿真方法和软件展开相关的建模与仿真分析。

第 2 章　基础概念与理论

本章对 3D 打印背景下服装企业商业模式创新与仿真问题的相关概念和理论进行介绍。首先，对 3D 打印和服装企业进行概念界定；其次，对本书后续研究涉及的商业模式创新、扎根理论、系统动力学等主要理论与方法进行介绍。

2.1　基 础 概 念

2.1.1　3D 打印

3D 打印也被称为增材制造，属于快速成型技术的一种。它以 3D 数据模型文件为基础，运用粉末状塑料或金属等可黏合材料，通过逐层堆叠累积的方式来构造物体（Sachs et al.，1990；Ji and Jin，2014）。3D 打印的原料涵盖热塑性塑料、金属、尼龙、亚克力、石膏、陶瓷、蜡、砂石、纸、橡胶、可食用材料等 100 多种。目前，3D 打印在汽车、医疗、食品、航空航天、服装、饰品、建筑、饰品、模型、珠宝、艺术品、日用消费品等领域均有应用。

3D 打印本身存在多种技术，其不同之处在于采用不同材料，并以不同层构建创建部件。有些技术利用熔化或软化可塑性材料的方法来制造打印“墨水”，如选择性激光烧结（selective laser sintering，SLS）和熔融沉积式（fused deposition modeling，FDM）；有些技术用液体材料作为打印“墨水”，如立体平板印刷（stereolithography，SLA）、分层实体制造（laminated object manufacturing，LOM）；此外，还有直接金属激光烧结（direct metal laser sintering，DMLS）、数字光处理（digital light processing，DLP）、熔丝制造（fused filament fabrication，FFF）、融化压模式（melted and extrusion modeling，MEM）、电子束熔化（electron beam melting，EBM）成型、选择性热烧结（selective heat sintering，SHS）、粉末层喷头 3D 打印（powder bed and inkjet head 3D printing，PP）等多种方式。每种技术

都有各自的优缺点，在选用3D打印技术的时候，3D打印企业主要考虑3D打印速度及3D打印机价格，物体原型成本，材料及色彩的选择成本，等等。

3D打印具有两个重要特点：①制造复杂物品和多样化产品不增加成本。3D打印采用的“增材”生产工艺决定了无论生产何种产品都不会产生多余浪费。②产品设计空间无限，满足个性化需求。设计师可以完全按照客户需求来设计和修改3D打印产品，直到客户满意为止，然后打印生产即可。

2.1.2 服装企业

服装企业指的是从事服装设计、生产与销售等业务的制造企业，也可以是从事其中某一项或者几项业务组合的一类制造企业或者服务企业。传统服装行业属于劳动密集型产业，服装企业对服装技术和设备的依赖程度较低，主要依靠大量劳动力进行生产活动。

按照业务类型划分，服装企业可以分为研发型、生产型与综合型三大类。研发型服装企业以服装的研发设计为主，将服装的生产外包，通过打造品牌价值获取高附加值的服装产品销售收入。生产型服装企业以服装的代工生产为主，主要通过获取代工费获得利润。综合型服装企业依靠自身实力开展全面的服装研发、生产与销售等业务。

按照产品种类划分，服装企业可以分为童装企业、成装企业等，分别以生产儿童服装和成人服装为主；按照用途种类划分，服装企业可以分为运动装企业、休闲装企业和职业装企业等，分别以生产运动类服装、休闲类服装和职业服装为主；按照流行趋势划分，服装企业可以分为时装企业和正装企业等，分别以生产流行服装和正式场合服装为主。

传统上，服装企业的主要生产过程包括款式设计、结构设计、制版、推版、工艺设计、排料、裁剪、缝制、熨烫、整理、检验、包装、储存等环节。

2.2 商业模式理论

2.2.1 商业模式

尽管学术界关于商业模式的概念、要素、价值创造过程等开展过很多研究，但是至今没有形成统一的概念。Timmers（1998）认为，商业模式是指企业价值创造的基本逻辑，即企业在一定的价值链或价值网络中如何向客户提供产品和服务并获取利润。Osterwalder 和 Pigneur（2010）认为商业模式描述了企业如何创造价值、传递价值和获取价值的基本原理，包括客户细分（customer segments）、价值主张（value propositions）、渠道（channels）通路、客户关系、收入来源、核心资源、关键业务、重要合作和成本结构九个模块。Abdelkafi 和 Täuscher（2016）认为商业模式是一个为客户创造价值、公司捕获价值、价值回归自然的反馈回路。表 2.1 列出了其他一些主要相关定义。其中，Osterwalder 和 Pigneur（2010）的定义最为具体，且在学术领域使用频率更高，为此本书将以其为基础研究商业模式问题。

表 2.1　商业模式的主要概念

相关文献	概念
Upward 和 Jones（2016）	商业模式是一个企业如何定义和实现成功的描述
Reim 等（2015）	商业模式描述了价值创造、交付和捕获机制的设计或架构
Lund 和 Nielsen（2014）	商业模式是连接资源、流程和服务供应的平台
Baden-Fuller 和 Mangematin（2013）	商业模式是一个系统，它解决了谁是客户，谁来满足客户需求、传递满意并将价值货币化的问题
Boons 和 Lüdeke-Freund（2013）	商业模式是通过价值主张、供应链、客户管理和财务（finances）模型（成本与收益）来专门获取利润的一个计划
Sinfield 等（2012）	商业模式包括企业开发盈利产品并将其交付目标客户的所有方面
魏炜等（2012）	商业模式是焦点企业与其利益相关者的交易结构
Provance 等（2011）	商业模式是组织内部价值、战略和资源的构建
Casadesus-Masanell 和 Zhu（2010）	商业模式是企业的运作方式及如何为利益相关者创造价值的逻辑
Al-Debei 和 Avison（2010）	商业模式是企业为当前和未来发展设计的运营架构、合作关系与财务安排，反映了企业正在提供或者将要提供的核心产品或服务，商业模式的最终目标是为企业的战略发展服务
齐严（2010）	商业模式是对企业商业活动的本质特征与外在形式的概略描述，是企业商业活动整体性和一致性的综合反映，它由企业的价值形成模式和界面模式两部分构成
Teece（2010）	商业模式阐明了支撑客户价值主张的逻辑、数据和其他依据，以及为交付该价值所产生的收入和成本结构。它描述了企业为客户提供的利益，以及如何组织提供利益、如何获取价值利益
Dahan 等（2010）	商业模式是一个企业在价值网络中创建和获取价值的核心逻辑和战略选择的表示
Birkinshaw 和 Goddard（2009）	商业模式就是企业怎样赚钱
Osterwalder 等（2005）	商业模式是一个概念性工具，它包含一组元素及其关系，体现了特定企业的商业逻辑。它描述了一家企业向一个或多个客户群体提供的价值，还描述了企业的架构，以及创造、销售和传递这种价值和关系资本的合作伙伴网络，最终实现有利可图和可持续的收入来源

续表

相关文献	概念
Wells 和 Seitz（2005）	商业模式可以定义为包括三个组成元素：①价值网络及其提供的产品与服务。它定义企业之间及企业内部业务之间的关系（即如何创建价值）。②价值主张。它定义产品与服务如何被呈现给消费者以换取收入（即如何捕获价值）。③监管、激励、价格、政府政策等方面的背景（即如何在更广泛的社会经济框架内定位价值）
翁君奕（2004）	商业模式是核心界面要素形态的有意义组合，核心界面包括客户界面、内部构造和伙伴界面
Chesbrough 和 Rosenbloom（2002）	商业模式是将技术潜力与经济价值实现联系起来的启发式逻辑

2.2.2 商业模式创新

正如关于商业模式的理论研究目前处于不成熟阶段一样，有关商业模式创新的研究在理论界更是没有形成一致性结论。研究者从不同视角、针对不同领域、基于不同目标提出了多种理解。因此，商业模式创新的概念也存在多种版本。虽然这些概念表述各不相同，但是大多数概念中都对商业模式创新中的价值理念具有共识，体现出价值流在商业模式创新过程中的重要作用。本书认为，乔为国（2009）对于商业模式创新的解释较为系统，他认为商业模式创新是指企业价值创造基本逻辑的创新变化，即把新的商业模式引入社会生产体系，并为客户和自身创造价值。新引入的商业模式，既可能包括多个商业模式构成要素的变化，也可能包括要素间关系或者动力机制的变化。除此之外，表2.2列出了其他一些有关商业模式创新的重要概念。

表2.2 商业模式创新的主要概念

相关文献	概念
Saebi 等（2017）	商业模式创新是管理部门通过积极创新商业模式来影响市场环境的过程
Sorescu（2017）	商业模式创新是一种企业价值创造、价值占有或价值交付功能的改变，它会对企业的价值主张产生重大影响
Weis（2017）	商业模式创新是一种商业模式核心组件（如价值星系、价值主张等）的新组合，这种新组合或者新星系使企业能够对其环境做出反应并维持其使命，最终目标是使组织及其利益相关者获益
胡勇和乔元波（2016）	商业模式创新的角色是创建一条新的、更大的效益边界线，即以更低的机会成本实现更多的顾客价值满足
Huijben 等（2016）	商业模式创新是一种延伸管理体制的独特方式，即使是渐进式的商业模式创新也能起到这样的作用
Osterwalder 和 Pigneur（2010）	商业模式创新就是为企业、为客户、为社会创造价值
Yunus 等（2010）	商业模式创新就是开展三项举措：挑战传统智慧、建立合适的伙伴关系、开展实验

续表

相关文献	概念
Teece（2010）	商业模式创新是一种组织创新，企业通过该途径来识别并采用新的机会投资组合
Chesbrough（2010）	商业模式创新与其说是一种远见卓识，不如说是一种“试错”和事后适应的问题
McGrath（2010）	商业模式创新就是一种实验
Sosna 等（2010）	商业模式创新是组织面对外部环境变化的战略更新机制
Johnson 等（2008）	商业模式创新被定义为重新定位客户价值主张，包括重新设计利润公式并确定关键资源和流程
Markides（2006）	商业模式创新是在现有业务中发现一个完全不同的业务模型
Amit 和 Zott（2010） Schneider 和 Spieth（2013）	将商业模式创新定义为一种通过改变价值创造流程或者修改组织现有活动系统来设计新型商业模式的流程

2.2.3　商业模式画布

商业模式画布（business model canvas，BMC）是一个描述企业的“提供物（offerings）（产品或服务）、基础设施（infrastructure）、客户、财务”的可视化图表，通过阐述潜在交易来帮助企业调整其经营活动（Barquet et al.，2011）。商业模式画布方法是创始人 Alexander Osterwalder 基于他在商业模型本体论方面的研究成果提出来的，目前已经在许多组织得到了应用和测试，这些企业成功地通过商业模式画布来描述和控制商业模式，并且创建了新的战略替代方案。商业模式画布主要从四个视角审视企业运营的整体架构，即“提供什么、为谁提供、如何提供、成本与收益如何”，如图 2.1 所示。

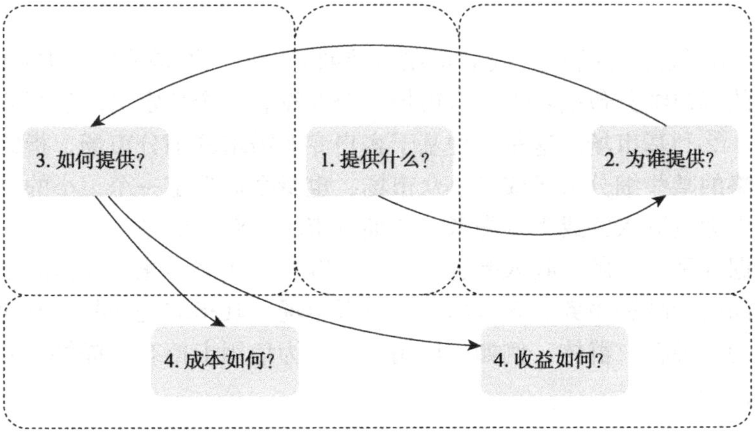

图 2.1　商业模式画布的四个视角

商业模式画布将企业运营的重要元素分成四个层面九个构造块，最终构建了基于这九个构造块的商业模式画布原型模型（图 2.2）和商业模式画布标准模型（图 2.3）。九个构造块及其具体含义如下。

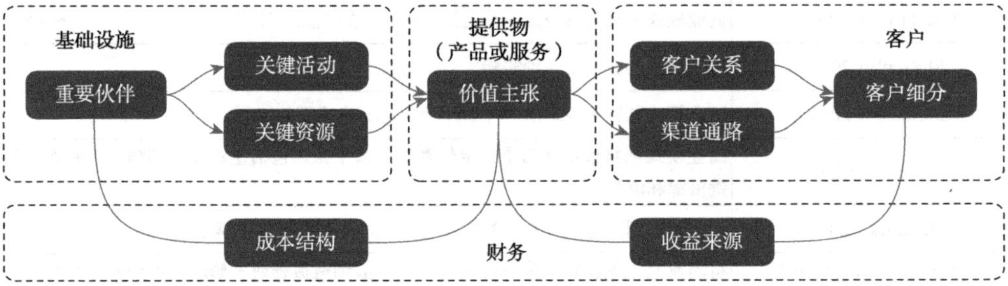

图 2.2 商业模式画布原型模型

1. 提供物

提供物也被称为价值主张，指的是为满足客户需要而提供的产品或服务的集合。其内涵是“我们该向客户传递什么样的价值？我们帮助客户解决哪一类难题？我们正在满足哪些客户需求？我们正在为客户提供哪些产品或服务？”价值主张的类别通常包括新奇、定制、性能、把事情做好、设计、品牌、价格、降低成本、降低风险、可访问性、便利性等。价值主张可以是定量的（如价格和性能等），也可以是定性的（如客户体验等）。

2. 客户

商业模式画布方法从客户细分、渠道通路和客户关系三个层面来分析客户要素。

（1）客户细分。内涵是“我们正在为谁创造价值？谁是我们最重要的客户？”不同类型的客户细分包括：①大众市场。企业没有一个特定对象的细分市场，如汽车市场。②利基市场。这是一种基于客户专业需求的细分市场，指的是被市场统治者忽略的某些细分市场或者小众市场，也指企业选定一个很小的产品或服务领域，集中力量进入并成为领先者。③细分市场。其指的是一个企业在现有客户分类中根据性别、年龄、收入等进一步区分客户。④多样化。其指的是为多种客户提供不同的产品和服务。⑤多面平台或者市场。其指的是一些企业同时服务于相互依存的多种客户群体。例如，信用卡公司为信用卡持有人提供服务，同时也协助商户接受信用卡。

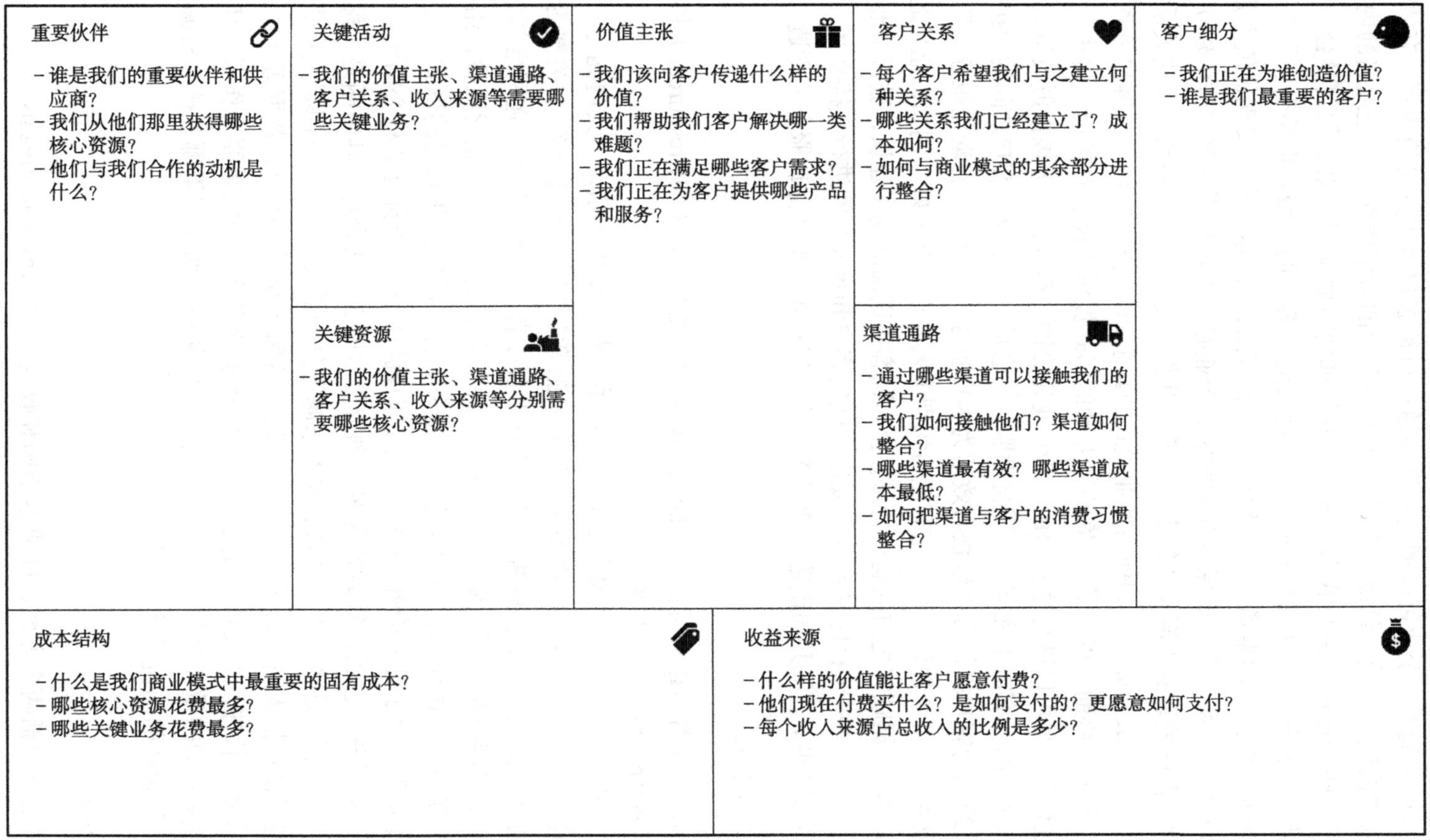

图2.3　商业模式画布标准模型

（2）渠道通路。企业可以通过不同渠道向目标客户提供其价值主张。有效的渠道将以“快速、高效、低成本”的方式传递企业的价值主张。渠道通路的内涵是“通过哪些渠道可以接触我们的客户？我们如何接触他们？渠道如何整合？哪些渠道最有效？哪些渠道成本最低？如何把渠道与客户的消费习惯整合？”一个组织可以通过它自己的渠道、合作伙伴渠道或两者的组合等方式来实现价值主张。

（3）客户关系。为了确保生存和发展，企业必须确定想要和客户群体建立的关系类型。客户关系的内涵是“每个客户希望我们与之建立何种关系？哪些关系我们已经建立了？成本如何？如何与商业模式的其余部分进行整合？”。客户关系通常包括：①个人协助。以“员工–客户”互动的形式提供协助。在售前、售中、售后的全过程中，都可以进行这种协助。②专业化协助。销售代表等被指派负责处理一组特殊客户的所有需求和问题。③自助服务。这是一种企业与客户之间的间接互动形式。组织为客户提供可以轻松有效地为客户服务的工具。④自动化服务。类似于自助服务，但更个性化，因为它有能力识别个人客户及其偏好。例如，亚马逊、京东、淘宝等根据顾客之前的购买特点，会为顾客推送商品购买建议，进行精准营销。⑤社区。创建一个社区平台可以促进不同的客户和企业之间进行直接交互，实现各方的知识共享。⑥共同创造。通过多方协同实现企业的产品或服务的创造。

3. 基础设施

基础设施通常考虑关键活动（key activities）、关键资源（key resources）和重要伙伴（key partners）三方面。

（1）关键活动。关键活动是实现企业价值主张的最重要活动。其内涵是“我们的价值主张、渠道通路、客户关系、收入来源等需要哪些关键业务”，关键活动的类型通常包括生产、提供解决方案、建立平台或者网络等。其中，在网络部分，建立合作伙伴网络是一项重要举措。此外，为了降低商业模式的运营风险，组织通常会培养买方和供应商之间的关系，通过企业合资或者商业联盟的形式与竞争对手或者非竞争对手建立合作关系，这样它们就可以专注于自身的核心活动。

（2）关键资源。关键资源是为客户创造价值所必需的资源。其内涵是“我们的价值主张、渠道通路、客户关系、收入来源等分别需要哪些核心资源”，关键资源的类型通常包括人员、金融、物资、产权（品牌、专利、版权、数据等）。

（3）重要伙伴。重要伙伴是企业为了优化运营而筛选出的重要合作者。其内涵是“谁是我们的重要合作伙伴和供应商？我们从他们那里获得哪些核心资源？他们与我们合作的动机是什么？”。

4. 财务

财务要素包括两个方面，即成本结构和收益来源（revenue streams）。

（1）成本结构。成本结构指的是用货币形式描述在不同商业模式下的最重要成本。其内涵是"什么是我们商业模式中最重要的固有成本？哪些核心资源花费最多？哪些关键业务花费最多？"在考虑成本结构的时候，商业模式画布首先界定了企业的业务架构，并将其分为如下两类：①成本驱动型。重点是尽量减少所有成本和不必要花费。②价值驱动型。相对于成本而言，企业更加专注于创造产品或服务的价值。在上述架构基础上，成本被分为如下四种：固定成本（在不同的应用中成本不变，如工资、租金等）、可变成本（因商品或服务的生产数量而变化）、规模经济（随着商品数量的有序增加而实现成本降低）、范围经济（合并与原产品有直接关系的其他业务导致成本下降）。

（2）收益来源。收益来源指的是企业从每类细分客户获得收入的方式。其内涵是"什么样的价值能让客户愿意付费？他们现在付费买什么？是如何支付的？更愿意如何支付？每个收入来源占总收入的比例是多少？"产生收入流的几种典型方法如下：资产出售（主要是商品销售）、使用费用（如物流公司服务费）、订阅费用（如网站上的视频点播订阅费用）、贷款/租赁/出租费用（如汽车租赁费等）、许可费用（如知识产权使用费）、经纪费（如经纪人出售房屋赚取佣金）、广告费用等。

2.3 其 他 理 论

2.3.1 扎根理论

扎根理论是由格拉泽和施特劳斯提出的一种在经验资料基础上建立理论的定性研究方法。1965 年，他们在一项关于医院里即将去世病人的观察研究中合作撰写了 *Awareness of Dying* 一书。在这项研究中，他们开发了一种持续比较方法，后来被称为扎根理论。扎根理论存在三个不同学派：格拉泽把扎根理论定义为一种理论发现的方法，最终形成了经典扎根理论。施特劳斯把这种方法向证实方向发展，最终形成了程序化扎根理论。Charmaz 在实证主义基础上将建构主义方法和问题引入传统扎根理论，最终形成了建构主义扎根理论。这三个学派之间的主要区别体现在对质性材料数据的搜集方法上。经典扎根理论提倡不预设任何框架的全开放性数据搜集，小样本和有限数据是可以接受的（Charmaz，2006），确定了"实质性编码和理论性编码"两个步骤；程序化扎根理论主要是在经典扎根理论基础上进行了程序化规范研究，进一步将编码过程确定为开放性编码、主轴编码和选择性编码三个步骤（陈文基等，2011）；建构主义扎根理论是在经典扎根理论基础上将实证融入了经典扎根理论，强调“引导”和“显现”，突出了“解释”的作用，要求研究者检验被研究世界的假设，并清晰地再现这些假设，并且还要发现“研究对象认为理所当然的东西是什么，或者没有说出的东西是什么，以及他们说了什么和做了什么”（Charmaz，2006；Dey，2014）。该理论认为一个认真的解释性理解往往意味着经典的质性研究。

2.3.2 系统动力学理论

系统动力学是一种计算机辅助的策略分析和设计方法，它利用栈、流、内部反馈循环、表函数和时间延迟来分析复杂系统的非线性行为，是建立、理解和讨论复杂问题的方法论和数学建模技术。系统动力学的特点是相互依赖、相互作用、信息反馈和循环因果关系，它试图基于信息反馈和行为决策原则来说明在给定情况下的有形方面（如机器、材料、金钱、人员等）和无形方面（如士气、策略、过程、结构等）之间的复杂相互作用。在数学上，系统动力学计算机仿真模型的基本结构是耦合、非线性、一阶微分（或积分）方程的系统，这种系统的模拟很容易通过将模拟时间划分为长度为 DT（delta time）[①]的离散区间，并在一段时间内通过多个 DT 时间对系统进行步进。从概念上讲，反馈概念是系统动力学方法的核心，信息反馈循环与循环因果关系图是用来概念化复杂系统和洞察模型的工具（Forrester，1961）。系统动力学方法并没有取代传统的实验和定量研究方法，而是从因果模式中获得解决问题的洞察力，进而对传统研究方法形成补充。

构成系统动力学模型的两个最重要元件是栈和流。栈表示任何应收账款、资本、延迟、库存等的累积，栈里面存有的事物数量随时间变化而增减；流是栈中事物数量增减的变化率，代表任何消费、交货、费用、生产等的移动，影响到栈中事物的存量。流的类型较多，大多数商业活动包括以下一种或多种类型的流：材料流、人员流、资本设备流、订单流、资金流和信息流。其中，材料包括所有生产和销售过程中在栈和流中存在的有形商品，无论是原材料、半成品还是最终产品；人员通常指的是实际的人；资本设备包括工厂、工具、生产货物和提供服务所需的其他设备；订单包括商品订单、运输订单、采购订单、雇员招聘单，以及新场所或新设备的合同等，其通常是一些管理决策的结果，但还没有转换成预期的结果；资金是在使用的现金，也就是说资金流是在不同栈之间的实际资金传输；信息指的是在不同栈之间传输的咨询，信息的创建、控制和分发是商业管理的一个中心活动，它的流动对商业流程具有深远影响（Kirkwood，2013）。具体而言，图 2.4 的因果关系循环图揭示了系统动力学的工作逻辑，展示了为一款耐用

① DT 是模型进行模拟计算时的步长，也称为时间增量。

品设计一个广告的情景。很显然，潜在客户群将由于销售实现而变成实际客户，由此，潜在客户和销售在一个负反馈循环中与目标联系在一起，最终将潜在客户数量降至 0。为此可以设想，通过广告开发的潜在客户数量越多，由此产生的销售量就越大，这个过程由图 2.4 中的正向箭头（潜在客户至销售）体现出来；同样，更多销售导致潜在客户减少（因为潜在客户通过销售转化为实际客户），因此从销售到潜在客户有负面影响，从而产生了负反馈循环。这个过程由图 2.4 中的负向箭头（销售至潜在客户）体现出来。图 2.5 展示了该情景对应的栈与流图，体现了潜在客户通过销售转化为实际客户的流程。其中，方框表示栈，双线箭头表示流，细箭头表示信息。

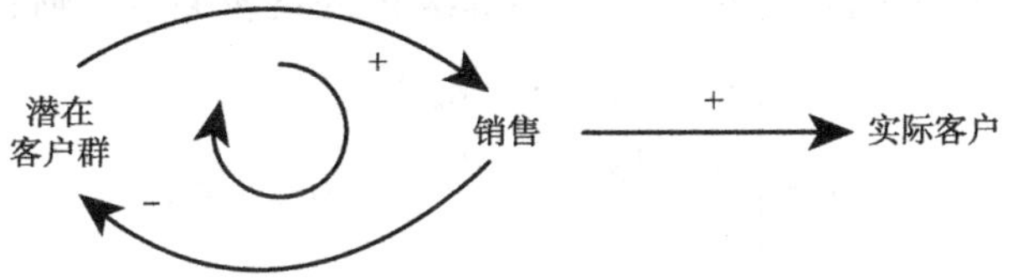

图 2.4　因果关系循环图

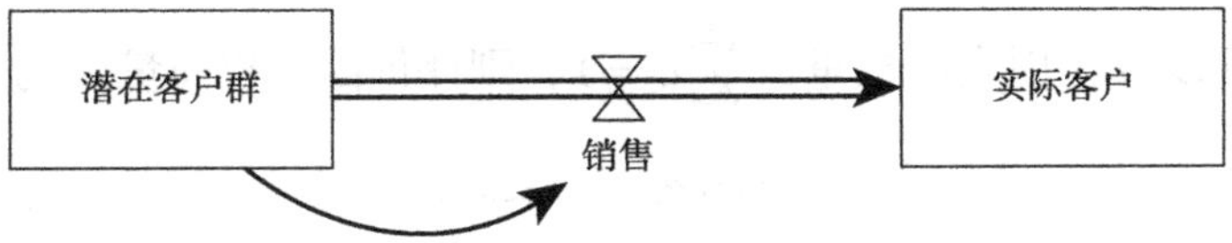

图 2.5　栈与流图

系统动力学适用于复杂的社会、管理、经济或生态系统中出现的动态问题，适用于处理长期性和周期性问题、数据不足问题、处理精度要求不高问题。系统动力学理论的应用步骤一般如下：①明确所需研究的问题，识别最重要的栈和流；②针对问题的产生原因，并针对这些原因建立动态假设；③建立计算机仿真模型系统；④对建立的模型进行有效性测试；⑤设计各种选择性方案并进行测试，探究理想参数和结果；⑥实施方案。上述步骤在实际操作过程中往往需要反复进行，以期得到理想的仿真结果。

2.3.3　模糊评价理论

模糊评价理论是借助模糊数学的隶属度理论，将一些边界不清、不易定量的因素定量化，用多个因素对被评价事物隶属等级状况进行综合性评价的一种方法（李博，2010）。它应用了模糊数学变化原理，具有模糊性、定量性和层次性的特征。模糊综合评价的基本原理是以关键影响因素为着手点，确定被评价对象若干等级的评价集合和指标权重，对各指标做出模糊评价，确定隶属函数，形成判断矩阵，将其与权重矩阵进行模糊运算，得到定量综合评价结果（陈丽羽，2011）。

模糊评价数学模型可分为一级模糊综合评价模型和多级模糊综合评价模型。两种模型的建立步骤如下。

1. 一级模糊综合评价模型的建立步骤[①]

（1）确定因素集及评语集。

确定被评价对象的因素集 U，$U=\{u_1,u_2,\cdots,u_n\}$，评语集 $V=\{v_1,v_2,\cdots,v_m\}$。

（2）构造模糊关系矩阵 R，进行单因素评判。

用 r_{ij} 表示 U 中的因素 u_i 对应于 V 中等级 v_j 的隶属关系，则有

$$R=\begin{pmatrix} r_{11} & r_{12} & \cdots & r_{1m} \\ r_{21} & r_{22} & \cdots & r_{2m} \\ \vdots & \vdots & \vdots & \vdots \\ r_{n1} & r_{n2} & \cdots & r_{nm} \end{pmatrix},\quad 0\leqslant r_{ij}\leqslant 1$$

（3）确定各因素的权重。

用 a_i 表示第 i 个因素的权重，$\sum_{i=1}^{n}a_i=1$，则评价因素权向量 A 为

$$A=(a_1,a_2,\cdots,a_n)$$

（4）综合评判。

由模糊关系矩阵 R 得到一个模糊变换为

$$T_R:F(U)\to F(V)$$

则评判的综合结果为

$$B=A\circ R=(a_1,a_2,\cdots,a_n)\circ\begin{pmatrix} r_{11} & r_{12} & \cdots & r_{1m} \\ r_{21} & r_{22} & \cdots & r_{2m} \\ \vdots & \vdots & \vdots & \vdots \\ r_{n1} & r_{n2} & \cdots & r_{nm} \end{pmatrix}$$

其中，$\circ$ 为合成算子，表示向量或矩阵间的“乘”运算。

2. 多级模糊综合评价模型的建立步骤

（1）确定被评价对象的因素集 U，$U=\{u_1,u_2,\cdots,u_n\}$，评语集 $V=\{v_1,v_2,\cdots,v_m\}$。

（2）将 U 按照某种属性划分成 s 个子因素集，即 $U_1,U_2,\cdots,U_s$。其中，$U_i=\{U_{i1},U_{i2},\cdots,U_{in_i}\}(i=1,2,\cdots,s)$，并且满足以下关系：

① 本书矩阵、向量等字母均用白体表示。

a. $n_1 + n_2 + \cdots + n_s = n$；

b. $U_1 \bigcup U_2 \bigcup \cdots \bigcup U_s = U$；

c. 对 $\forall i \neq j$，$U_i \bigcap U_j = \varnothing$。

（3）分别对每个因素集 U_i 做综合评价。确定 U_i 中各个因素相对于 V 的权重 $A_i = \left[a_{i1}, a_{i2}, \cdots, a_{in_i}\right]$，用 $\tilde{R}_i$ 表示单因素评判矩阵，则一级评价向量为

$$B_i = A_i \circ \tilde{R}_i = \left[b_{i1}, b_{i2}, \cdots, b_{im}\right], \quad i = 1, 2, \cdots, s$$

（4）将各个 U_i 看成一个因素，记该因素为 $K = \left\{\tilde{u}_1, \tilde{u}_2, \cdots, \tilde{u}_s\right\}$，得到 K 的单因素评价矩阵为

$$R = \begin{bmatrix} B_1 \\ B_2 \\ \vdots \\ B_s \end{bmatrix} \begin{pmatrix} b_{11} & b_{12} & \cdots & b_{1m} \\ b_{21} & b_{22} & \cdots & b_{2m} \\ \vdots & \vdots & \vdots & \vdots \\ b_{s1} & b_{s2} & \cdots & b_{sm} \end{pmatrix}$$

按照 U_i 对 U 的重要程度，确定权重 $A = \left(a_1, a_2, \cdots, a_s\right)$，则得二级评价向量为

$$B = A \circ R = \left[b_1, b_2, \cdots, b_m\right]$$

若 $U_i\left(i = 1, 2, \cdots, s\right)$ 包含多因素，可将 U_i 多次划分，得到三级、四级评价模型等。

第 3 章　相关研究分析

3D 打印背景下的服装企业商业模式创新是一个新兴的研究课题，其在现实中具有广泛的实际背景。目前，关于这一问题的直接研究仍然缺乏，但是相关研究已经引起了学者的关注，这些研究的学术思想和结论是本书研究的重要基础。同时，已有文献中涉及的理论与模型对于本书的研究也具有很好的借鉴和参考价值。本章对 3D 打印、商业模式创新、服装企业商业模式等研究进行可视化分析，总结目前关于 3D 打印背景下服装企业商业模式创新的研究进展，为后续研究工作奠定基础。

3.1　分析方法与工具

通过对以往相关文献的搜集和初步分析可以发现，关于 3D 打印和商业模式创新的文献量非常大。如果通过传统逐篇阅读的方法来对海量文献进行综述，那么将带来巨大的挑战。为此，有必要采用更加科学有效的方法和工具开展文献综述。

3.1.1　分析方法

科学计量学（scientometrics）是应用数理统计和计算技术等数学方法对科学活动的投入（如科研人员、研究经费）、产出（如论文数量、被引数量）和过程（如信息传播、交流网络的形成）进行定量分析，从中找出科学活动规律的一门科学学分支学科（焦亮，2011）。科学计量学的研究领域包括：科学技术和其他重要学术情报的定量研究；科学学、技术学、社会科学、艺术学和人文科学的定量研究；情报的产生、传播和使用的定量研究；图书馆、档案和数据库等信息系统的定量研究，以及情报方面的数学、统计、计算建模和信息流程研究。近年来，机器学习和数据挖掘技术的发展更加强化了科学计量学对数据提取和筛选的处理能力。

另外，科学计量学还具备针对文献主题、关键词、作者、期刊、专利、国家、地区、机构等的引文分布与合作网络分析功能。科学计量方法对于探测和识别新技术的出现和发展来说是一个基础而有效的研究方法（Serenko et al.，2010）。

3.1.2　分析工具

近年来，随着科学文献的迅猛增长和网络技术的发展，人们已经可以运用大型文献处理软件来处理海量的科学文献数据，并借助信息可视化技术更容易地观察、浏览和理解信息，最终找到数据中隐藏的规律和模式。在此背景下，由美国德雷塞尔大学陈超美教授设计开发的 CiteSpace 文献计量知识图谱工具软件应运而生。该软件是一种适于多元、分时、动态的新一代复杂网络信息可视化分析技术，能够将一个知识领域来龙去脉的演进历程集中展现在一幅引文网络图谱上，并把图谱上作为知识基础的引文节点文献和共引聚类所表征的研究前沿自动标识出来，已成为科学计量学普遍应用的一种新方法。陈悦等（2015）将这种方法命名为科学知识图谱。在 CiteSpace 中，一个领域的科学知识图谱可以通过各种不同类型的网络体现。对于关键词共现网络和文献共被引网络而言，聚类代表网络中同类群体的汇总，节点类型包括关键词或被引文献①，节点的大小代表关键词出现频次或者文献被引频次，连线的颜色代表首次文献共被引或者关键词共现的时间。根据聚类大小和平均发表年时间可以判断一个领域的热点主题及其时间演进情况。另外，通过对被引文献与关键词的爆发性探测可以确定某个领域不同时间段的研究热点及其演化过程，那些被探测到在某一段时间内的被引批次异常突出的被引文献被称为突发文献，被探测到在某一段时间内的出现频次异常突出的关键词被称为突现词。除此之外，通过对里程碑意义文献（引用度较高的文献，也称为标志文献）的分析也可以判断某个领域的研究热点。

3.1.3　文献数据的使用范围

本书对有关 3D 打印、商业模式创新、服装企业商业模式相关研究的多个数据库进行文献搜集，形成了多个数据集。但是，这些数据集之间存在大量的数据重复，如有的论文会同时隶属于 Web of Science 和 EI Village 等多个数据库。为此，本书从两个层面使用这些文献数据。首先，本书从所有搜索到的文献中筛选出一些高质量文献（如高被引文献等）进行精读，进而完成对 3D 打印、商业模式创

① 被引文献是被当前文献引用的文献，即当前文献的参考文献。在 CiteSpace 分析中，“当前文献”指的就是从数据库检索得到的文献。

新和服装企业商业模式的概况研究；在此基础上，以 Web of Science 数据库为主要数据源开展科学计量研究。如此，既实现了对国内外整体文献的梳理，也实现了对 Web of Science 数据库中 SCI（Science Citation Index，科学引文索引）和 SSCI（Social Science Citation Index，社会科学引文索引）等高质量、全球性文献的系统化分析。

3.2 关于 3D 打印的研究

3.2.1 研究概况

作为一种新兴技术，3D 打印正在引领制造业发展的新趋势。很多学者开展过有关 3D 打印的研究。从研究内容来看，多数学者研究的是 3D 打印技术问题，如 Sachs 等（1990）、王华明等（1997）、Bak（2003）、Bassoli 等（2007）、颜永年等（2013）、Campbell 和 Ivanova（2013）等；也有的学者或机构研究了 3D 打印技术对社会的影响，如《经济学人》杂志提出 3D 打印将推动第三次工业革命，《创客》一书探讨了 3D 打印的未来经济形态，Campbell 等（2011）分析了 3D 打印是否会改变人类世界，Huang 等（2012）分析了 3D 打印对社会各方面的影响，Gebauer 和 Saul（2014）重点研究了 3D 打印对制造业的深刻影响，Christensen（2013）认为 3D 打印是一种推动未来经济发展的破坏性技术；此外，还有一些学者研究了 3D 打印在医疗（Rengier et al.，2010）和服装（Chapman and Istook，2002；Eryuruk，2012）等领域的应用问题、3D 打印材料问题（Kneissl，2013）、伦理问题（Hausman，2014）、发展经验与瓶颈问题（陈雪，2013；史玉升，2016）等。

相关研究显示，3D 打印机可以印刷塑料、金属、尼龙和其他 100 多种材料（Burnett et al.，2012；Karim et al.，2012）。此外，随着 3D 打印技术和相关材料的进步，3D 打印成本不断下降，使得 3D 打印正快速地走进现实。3D 打印改变了传统的供应链业务流程，如采购、制造、物流和销售等：首先，制造业和物流业面临的挑战将更加突出。传统的品种少、大批量、少批次的生产运营模式将被多品种、少批量、多批次的 JIT（just in time，准时制）模式取代。其次，采购业务流程将变得更加简单，大量复杂的原材料采购将被直接采购 3D 打印材料替代（金玉然等，2014）。最后，受影响的还有销售业务流程。客户与消费者将更加依赖网络，他们自己设计或者从设计师那里购买 3D 打印源文件，还可能从创客联盟获得设计支持和共享，甚至获得免费的 3D 打印源文件，然后要做的就是在家里或者 3D 打印店打印自己以往需要从商场或者网店（如亚马逊、淘宝商城等）

才能买到的商品。目前，3D 打印在服装产业的应用已经取得了飞速发展，无论是时装、夹克衫、领带，还是比基尼内衣都已经进入了消费领域（Lipson and Kurman，2013；Vanderploeg et al.，2017）。

综合来看，尽管 3D 打印的相关研究已经取得了诸多成果，但是仍然缺乏针对 3D 打印的系统性、可视化综述研究。为此，本节将采用科学计量方法，利用知识图谱软件工具，对 3D 打印的国内外科学文献进行可视化综述分析。

3.2.2　数据来源与处理

选用 Web of Science 核心合集中涵盖了国内外高质量文献的 SCI 和 SSCI 数据库作为文献数据来源，使用高级检索方式，设置检索式为 TS=（"3D print*" OR "three dimensional print*" OR "additive manufacturing"），其中*的功能是用于捕捉一个词的变化形式，如“3D printing”或者“3D printed”，这样可保证数据收集的完整性。本书选择“All document types”作为数据类型，并且设置语言类型为“English”。数据获取的时间跨度为 1995~2016①。检索时间为 2015 年 12 月 15 日。通过如上方法，共检索到 1995~2016 年的 3 144 条原始文献记录。为了提高分析结果的质量，本书对所获得的文献结果进一步精炼，最终只保留了 2 648 条研究论文和 121 条综述论文，合计 2 769 条文献。

3.2.3　结果分析

1. 基于文献共被引网络的 3D 打印研究综述

“增材制造”是最大的研究热点，接下来就是“3D 生物打印（3D bioprinting）”“无溶剂光固化树脂（solvent-free visible light-cured resin）”“给药装置（drug delivery device）”“快速成型技术（rapid prototyping technologies）”等。从具体的热点演化过程来看，早期热点主要体现在医疗领域（“给药装置”，1993 年；“手术”，1995 年），然后聚焦到一些技术与材料研发问题上（“局部成分控制”，1997 年；“无溶剂光固化树脂”，2002 年；“3D 粉末打印”，2005 年；“技术参数”，2007 年；“超声波固化”，2008 年），近年来，3D 生物打印（2010 年）则成为最新兴的研究热点。另外，早期的学者主要研究“快速成型”（1995 年），“增材制造”（2009 年）在近些年来才成为研究热点。下面，本书选取两个最具有代表性的聚类加以分析。“增材制造”聚类包含了 68 篇文献，平均发表年是 2009 年，它不仅是最大

① 本节成文于 2016 年，因此检索结束时间设置在当时。

的聚类，也是平均发表年非常晚的聚类，这表明“增材制造”的相关研究在近些年取得了爆发性增长，吸引了众多关注。“增材制造”是一种与传统减材加工方法截然相反的方法，通过增加材料，采用逐层制造方式，基于 3D 计算机辅助设计（computer aided design，CAD）模型数据直接制造相应 3D 物理实体模型的制造方法（Alcisto et al.，2011），它用 3D CAD 系统生成数据模型，然后在不需要流程规划的情况下可以直接将模型制造出来，大大简化了生产复杂 3D 物体的流程（Gibson et al.，2010）。“3D 生物打印”聚类包含了 63 篇文献，其平均发表年为 2010 年，是最具前沿性的一个聚类，反映了最新兴的研究热点。“3D 生物打印”通常被认为是用 3D 打印生成生物组织（Derby，2012）。如今，“3D 生物打印”已经被用于再生医学，并且取得了巨大成就。例如，在生物组织的生成和移植方面，它被广泛应用于多层皮肤、骨、血管、气管夹板、心脏组织及软骨结构的打印（Murphy and Atala，2014）。

标志性文献通常是指在知识图谱中具有高引用量的文献（Chen et al.，2010）。这些文献受到大量关注，因此它们反映了某个领域的长期热点。3D 打印领域的前十大标志性文献如下：第一篇是 Gibson 等（2010）在 Springer 出版的一部名为 *Additive Manufacturing Technologies* 的著作，它具有 141 次的高引用量，详细介绍了增材制造的发展过程、工作原理，以及如何在不同产业进行应用；第二篇文献被引用 64 次，文章主要研究了“选择性激光烧结技术”的固化现象，分析了激光诱导固化的类型与选用材料之间的匹配问题，认为尽管 SLS / SLM[①]技术可以处理聚合物、金属、陶瓷和复合材料，但是在优化流程和材料方面仍有很长的路要走；第三篇文献讨论了“立体光刻技术”的性能特征，并把它与许多固体自由制造技术相比较；第四篇文献发表于 2005 年，是在十篇文献中发表最早的文献，讨论了采用羟磷灰石原料 3D 打印“医疗支架”的问题；第五篇文献是发表在 2012 年 *Progress in Polymer Science* 期刊上的一篇综述论文，重点研究了对“组织与器官”进行增材制造的原理，指出了 3D 生物打印的局限及对策；第六篇文献也是一部著作，名为 *Rapid Manufacturing：An Industrial Revolution For The Digital Age*，作者 Hopkinson 等阐明了“快速制造”的理论基础，重点开展了案例研究和不同产业的应用分析；第七篇文献研究了将化学试剂直接打印到化学容器的“化学合成反应”问题；第八篇文献研究了“细胞与支架”的 3D 打印问题；第九篇文献研究了利用“医疗影像”数据开展 3D 打印医疗应用的问题；第十篇文献研究了室内温度下的“钛合金”拉伸性能，该文献发表于 2012 年，但是得到了大量引用，体现出“钛合金”是近年来增材制造研究领域的前沿热点。上述基于标志性文献的分析再次体现了“增材制造”和“3D 生物打印”两大热点，同时也显示出“钛

① SLS：selective laser sintering，选择性激光烧结；SLM：selective laser melting，选择性激光熔化。

合金”“组织与器官”“选择性激光烧结技术”等 3D 打印相关研究受到了学者的大量关注。

科学界的新兴趋势可通过那些被引频率异常爆发的突现文献来衡量(Kim and Chen，2015)。为了使分析结论更具代表性，本书选取相同突现时间段内突现值最高的文献开展分析。数据显示出，近 20 多年来，3D 打印研究方面的最早突发文献可以追溯到 1992 年，这是一篇发表在 *Journal of Manufacturing Science and Engineering* 期刊上的文章，该文从 1996 年开始突现直至 2000 年，突现强度为 7.083 3，是一篇系统化、全面性描述 3D 打印技术的文章，反映了 3D 打印的早期研究热点。Sachs 等(1992)认为 3D 打印是利用计算机模型制成生产工具及功能性原型零件的过程，该过程可以被用在金属、陶瓷及金属-陶瓷复合材料部件的生产制造过程中，该过程面临的最大难题就是打印模型的结构设计问题。为了证明研究结论，他们采用持续喷墨打印技术制造了一个 50 层、每层 0.005 英寸厚的 3D 陶瓷部件。结果还显示，1997~1999 年没有新的突发文献涌现，表明当时有关 3D 打印的研究相对而言比较低迷。时间进入到 4 年后的 2000 年，一篇名为 Oral dosage forms fabricated by Three Dimensional Printing™的文献在当年一经发表就立即突现出来，并且自此持续了长达 9 年的突现，受到了学者的长期高度关注，该文献重点阐述了如何采用 3D 打印技术制造“复杂的口服剂量药品”。5 年后，一篇发表在 2003 年 *Biomaterials* 期刊上的论文 Indirect solid free form fabrication of local and global porous，biomimetic and composite 3D polymer-ceramic scaffolds 突现出来，并且也保持了 7 年的较长突现时间，该文提出利用 3D 打印来制造“陶瓷聚合物支架”的几种方法，进而实现精确控制支架的形状、材料、孔隙及内部结构，证明了 3D 打印在多功能组织及结构性组织工程的应用价值。上述两篇文献反映出两个现象：第一，3D 打印在 2000~2011 年成为医疗领域的研究热点；第二，2001~2004 年没有新的突发文献涌现出来，表明当时有关 3D 打印的研究仍未出现综合性爆发。自 2005 年以后的连续多年间，多篇突发文献陆续涌现出来，研究热点不断增加。由此，3D 打印的相关研究进入全面爆发阶段。2006 年突现的文章研究了固体自由制造技术在制造“三维组织与器官支架”方面的应用，2008 年突现的文章研究了利用 3D 打印定制“陶瓷支架”以替代骨骼，两篇文章分别突现至 2011 年和 2012 年。这表明“3D 打印支架”的相关研究在近些年延续成为 3D 打印领域的研究热点。另外，2007 年的突现文献 Rapid prototyping in tissue engineering：challenges and potential 和 2011 年的突现文献 Rapid manufacturing：an industrial revolution for the digital age 都将“快速成型技术”作为研究热点，重点研究了设计潜能、顾客定制、材料、产品经济、管理及应用等问题。进入 2012 年，随着文献 Rapid manufacturing of metal components by laser forming 的突现，“激光成型技术”成为新的研究热点。该文重点阐述了如何使用包括激光烧结、选择性激光熔化和 3D 激光熔化在内的激光成型技术直接制造金属部件。2013 年，Symes 等（2012）首次研究了 3D 打印在“化学合成反应”领域的应用，该研究利用 3D 打印机直接将化学试剂打印到化学反应矩阵容器中，从而实现将化学反应的设计、建造和临床运行都置于数字控制之中。研究者的化学实验表明，该方案具有相对便宜、自动化和再重复的特点。该文突现时间很晚（2013 年），突现时间不长（2 年），但是该文不仅是该年的最强突发文献，还是前文所述的 3D 打印领域的前十大标志性文献之一，充分反映出该文在 3D 打印领域研究中的重要性。2014 年，当年突现的著作 *Additive Manufacturing Technologies* 再次揭示了 3D 打印研究领域的新兴热点——“增材制造”，该著作在所有 3D 打印的相关文献中具有最高突现值，而且一直突现至今，同时它又位于前文所述的 3D 打印领域的前十大标志性文献之首，表明该文献的研究内容代表了 3D 打印研究的前沿热点，受到了学术界的巨大关注。

2. 基于关键词共现网络的 3D 打印研究综述

突现关键词可作为识别热点和新兴趋势的判断依据（Chen，2006）。1995~2016 年 3D 打印研究的突现关键词结果显示：从这些关键词的突现强度来看，“3D 打印”“制造系统”“快速成型”“增材制造”“固体自由制造”等依次由高到低反映了 3D 打印研究的热点程度；从热点的时间转换来看，20 世纪 90 年代中后期，作为 3D 打印技术的应用载体，“打印机”最早成为 3D 打印研究领域的热点，并且持续了 14 年之久。之后，“3D 打印”和“快速成型”研究开始涌现。进入 21 世纪后，“固体自由制造”“烧结”“制造系统”“金属基复合材料”“固化”等陆续突现。近 5 年，“增材制造”和“化学反应器皿”受到了更多关注；从热点领域的演变来看，3D 打印的早期研究主要集中在“打印机”“3D 打印”“快速成型”等基础性概念及技术支持方面。自 2001 年之后，主要研究集中在“固体自由制造”“烧结”“金属基复合材料”“固化”等深层次技术突破方面。最近几年则主要集中在以“化学反应器皿”为代表的 3D 打印与其他学科之间的交叉研究及对“增材制造”的系统性研究方面。

3.3 关于商业模式创新的研究

3.3.1 研究概况

得益于 20 世纪 90 年代互联网经济的蓬勃发展，商业模式概念开始兴起。现代管理学之父彼得·德鲁克认为“当今企业之间的竞争，不是产品之间的竞争，而是商业模式之间的竞争”。那么，商业模式的核心问题是什么？答案是商业模式创新（Lindgren and Taran，2011；Sako，2012；Apak et al.，2013）。近年来，越来越多的企业意识到这一点。一方面，由于消费者的个性化和产品的多样化，企业仅仅依靠技术创新已经很难满足客户不断增长的创新需求；另一方面，技术层面的创新也必须通过商业模式创新将其商业化，这一点在电子商务、开源软件等产品迭代速度较快的电子消费领域尤为明显，此外，商业模式的同质化现象也越来越明显，企业的传统竞争优势正在丧失。由此，商业模式创新正在成为现代企业应该具备的关键能力，甚至是后发企业赶超成熟企业的一种重要方式（Morris et al.，2013）。

在社会各界的高度重视下，商业模式创新的相关研究迅速发展。

（1）一些学者研究了商业模式创新动力问题。例如，Osterwalder（2004）认为，在价值系统中，商业模式创新既可以由供应链驱动，也可以由需求链驱动。企业商业模式创新的动力可以包括改变目标顾客、顾客关系、伙伴承诺、价值主张、价值结构、核心能力、分销渠道、收入流及成本结构等诸多方面。王鑫鑫（2012）提出企业商业模式创新的动力来自技术推动、需求拉动、竞争逼迫、企业高管和系统驱动五种力量。项国鹏等（2014）总结了新技术市场化推动力、市场环境压力、市场机会拉动力三项商业模式创新动力。

（2）一些学者研究了商业模式创新的路径。例如，Prendeville等（2017）认为生态困境是商业模式创新的重要方向。Osterwalder等（2005）从商业定位、市场模型和利润模型三个方面讨论了商业模式创新的路径。Mitchell和Coles（2003）提出了构成商业模式创新的必要条件：第一，提供全新的产品或服务、开创新的产业领域，或以前所未有的方式提供已有的产品或服务。第二，其商业模式至少有四个要素明显不同于其他企业，而非少量的差异。第三，有良好的业绩表现，体现在成本、营利能力、独特竞争优势等方面。Osterwalder等（2005）认为，企业进行商业模式创新可分为三个步骤：第一个步骤是对商业模式的不同部分进行描述；第二个步骤是通过对商业模式进行深入分析，形成新的商业创意；第三个步骤是对之前的商业创意进行整合，最终形成新的商业模式。孙永波和陈柳钦（2011）提出商业模式创新的路径主要有基于价值链的创新、基于价值网络的创新、基于价值星系的创新、基于资源能力的创新和基于盈利模式的创新。

（3）还有一些学者关注了商业模式创新方法问题。这些方法通常包括：SWOT[①]分析模型、长尾理论、商业模式分析模型、价值链分析、价值流分析、价值网分析、作业基础管理、流程管理及其分析工具、商业模式构成要素图、参照

① SWOT：strengths（优势）、weaknesses（劣势）、opportunities（机遇）、threats（威胁）。

法、相关分析法、关键因素法、价值创新法、发明问题解决理论（theory of inventive problem solving，TRIZ）等（Chen et al.，2008；李志强和赵卫军，2012；Rayna et al.，2014；Rayna and Striukova，2016a）。

（4）还有个别学者开展了商业模式创新趋势研究。赵绘存（2016）研究了商业模式创新的发文学科、国家、知识基础，并用关键词指标分析了商业模式创新的发展态势，该研究为本节提供了有益借鉴。

总结上述以往研究，可以发现至今仍然缺乏针对商业模式创新的系统性可视化综述分析。为此，本节将针对这一问题开展研究。

3.3.2 数据来源与处理

为了全面获得基础科学和社会科学的高质量文献数据，本书同时将涵盖国内外高质量文献的 SCI 和 SSCI 两大数据库作为检索源，将高级检索式设置为：TS=（"business model" OR "business mode" OR "comemercial model" OR "comercial mode"）AND TS=（innovate OR innovati*），进行主题检索。由于目前在 SCI 和 SSCI 检索中能搜索到最早的有关商业模式创新的文献是 1997 年，本书设置搜索时间为 1997~2016 年。此外，为了提高分析质量，本书只选取综述和论文两种文献类型。检索到的数据被分为核心数据集和扩展数据集。其中，通过主题检索直接搜集到的数据集称为核心数据集，扩展数据集是点击 Web of Science 引文报告中“施引文献”链接后得到的更大数据集。

3.3.3 核心数据集结果分析

1. 基于文献共被引知识图谱的商业模式创新研究综述

核心集中基于不同算法的主要聚类概况如表 3.1 所示。TFIDF（term frequency-inverse document frequency，词频–逆文档频率）、LLR（log-likehood ratio，对数似然比）和 MI（mutual information，互信息）是 CiteSpace 中生成聚类标记的三种主要算法。表 3.1 按照 CiteSpace 对聚类标签的三种不同提取算法分别列出了聚类的名称。相关信息显示，价值创造、实际战略、新兴商业模式和电子商务是最大的四个聚类，它们体现了商业模式创新研究的主要热点主题。其中，价值创造的聚类最大，体现了其在商业模式创新研究领域的突出地位。另外，由于“平均发表年”体现了一个聚类中文献的平均发表年份，时间越晚说明该聚类越具有研究前沿性。因此，商业模式挑战（2011 年）、产品服务体系（2009 年）和价值创造（2007 年）等平均发表年限较晚的聚类体现了商业模式创新研究的前沿热点。

表 3.1　核心集中基于不同算法的主要聚类概况

聚类号	大小	轮廓值	标签（TFIDF 方法）	标签（LLR 方法）	标签（MI 方法）	平均发表年
0	127	0.773	价值创造	商业模式创新	核心能力	2007 年
1	63	0.979	实际战略	实际战略	推出新产品	1997 年
2	63	1.000	反应	反应	新兴商业模式	2002 年
3	57	0.980	文件共享	电子商务	不兼容性	1998 年
4	52	0.914	商业模式挑战	商业模式挑战	工业产品服务系统	2011 年
7	40	0.854	文献综述	产品服务体系	基于能力的解决方案	2009 年

注：CiteSpace 会自动剔除与核心网络关联性低的聚类，因此表中聚类号并非完全连续

2. 基于突发文献的商业模式创新研究综述

一个主题的动态特征可以通过文献被引用次数的大幅度增加来体现，这些被引文献被称为突发文献，突发文献表明科学界正在研究的热点领域（Chen，2006）。一般情况下，为了分析结果更具代表性，仅仅对突发性较强的文献进行分析，如果某年出现多篇突发文献，那么只选择突现强度最大的文献进行分析。本书从 1997~2016 年同年间突发性最强的 30 篇文献中提炼出 8 篇文献，如表 3.2 所示。表 3.2 中的开始年与结束年反映了不同热点的时间演进情况，突现强度体现了热点文献的受关注程度。

表 3.2　核心集中同年间最强突发文献统计（1997~2016）

文献	引用突现		
	强度	开始年	结束年
Amit 和 Christoph（2001）	6.287 0	2005 年	2009 年
Chesbrough 和 Rosenbloom（2002）	15.461 2	2006 年	2010 年
Mangematin 等（2003）	3.505 8	2007 年	2011 年
Magretta（2002）	6.036 9	2008 年	2010 年
Chesbrough（2006）	4.446 3	2009 年	2013 年
Morris 等（2005）	10.767 7	2011 年	2013 年
Chesbrough（2010）	9.280 8	2012 年	2016 年
Teece（2010）	16.605 6	2013 年	2016 年

第一篇文献发表在 2001 年的 *Strategic Management Journal* 期刊上。该文献从

2005 年开始突现，到 2009 年结束，是最早突现的文献。作者 Amit 和 Christoph（2001）开发了一个价值创造源的模型，通过比较 59 家美国和欧洲电子商务企业的商业模式，认为电子商务企业的价值创造潜力取决于高效性、互补性、锁定和新奇。显然，电子商务企业的价值创造是商业模式创新研究的早期热点之一。第二篇文献从 2006 年开始突现，到 2010 年结束，突现强度达到 15.461 2，是商业模式创新研究领域的一篇极其重要的热点文献。该文发表在 2002 年的 *Industrial & Corporate Change* 期刊上，作者 Chesbrough 和 Rosenbloom（2002）认为商业模式能够挖掘技术的潜在价值，并以施乐公司为例，通过对其商业模式评估来分析技术的潜在价值，进而不断完善商业模式。第三篇文献（Mangematin et al.，2003）通过对 60 家法国生物技术中小企业的发展分析，识别了研究型企业和聚焦利基市场的企业所对应的两种不同商业模式，并定义了每个模式的发展轨迹和本质。第四篇文献（Magretta，2002）详细阐述了商业模式的概念及内涵，认为一个好的商业模式是企业成功至关重要的一部分，强调了“商业模式能够完善尚不成熟的战略”观点。第五篇文献是作者 Chesbrough 继上述 2002 年发表的文献后，于 2006 年由哈佛商业学院出版的一部名为 *Open Business Models：How to Thrive in the New Innovation Landscape*（Chesbrough，2006）的专著，他认为现代商业领袖必须开放自身视野，采用“开放创新”的商业模式去充分共享外部的知识产权，他还提出了一种商业模式的诊断方法，并且首次提出了“创新中介”的理念，指明了链接创新与知识产权保护的路线图。第六篇文献发表于 2005 年，Morris 等（2005）提出了商业模式的 6 个构成要素，并列举了 3 种商业模式的应用情况。该文发表较早，但是在六年后的 2011 年才开始突现，反映了文章研究内容在近年来得到了更多学者的认可和重视，继而成为商业模式创新研究领域十分重要的热点文献之一。第七篇和第八篇文献均发表于 2010 年，截至 2016 年都仍然处于突现中，由此成为最新兴的两个热点文献。其中，第七篇文献（Chesbrough，2010）突现于 2012 年，其作者认为，仅增加投资和探索新技术而不进行商业模式创新将无法全面提升企业竞争实力，商业模式创新的主要障碍是现有资产和业务模式之间的冲突，要真正突破此障碍就必须实现组织变革。第八篇文献（Teece，2010）从 2013 年开始突现，短短 3 年间其突现强度高达 16.605 6，成为前 30 篇文献中突现强度最大、关注度最高的热点文献。这篇名为 Business models，business strategy and innovation 的论文发表在 2010 年 *Long Range Planning* 期刊的第 2/3 期，其作者采用价值创造的机制设计了一个特定的商业模式，认为商业模式的本质是企业提供价值给客户并引导客户来支付价值的方式，该研究最终成为将商业模式与商业战略、创新管理等经济理论相联系的经典企业理论。

3.3.4 基于扩展数据集的全面分析

1. 基于突现词的商业模式创新研究综述

突现词能够作为识别新兴发展趋势的指标（Chen，2006）。分析发现，20 世纪末突现了关键词信息技术；21 世纪前十年突现出互联网、资源观点、电子商务、自助服务、大规模定制和生物技术等关键词；2010 年之后则突现出云制造、云计算、企业社会责任、远程医疗、气候变化和可持续发展等关键词。上述突现关键词反映了商业模式创新研究领域不同时期的研究热点及其演进趋势。其中互联网和电子商务的突现强度远远高于其他关键词，说明这是商业模式创新的重点领域。

2. 基于突发文献的商业模式创新研究综述

扩展数据集中每年突现强度最大的突发文献及其对应的商业模式创新热点如表 3.3 所示。表 3.3 中清晰地展示了每篇文献的热点突现时间段及不同热点的时间演进情况。可以看到，最早期的突发文献发表在 1998 年的 *MIT Sloan Management Review* 期刊上，该文随后迅速突现，从 1999 年开始直至 2006 年结束，突现时间长达 8 年，显然得到了众多学者的高度关注，对后期商业模式创新研究有重要影响。作者 Venkatraman 和 Henderson（1998）认为，现有的组织战略和架构已经无法满足信息时代的要求，需要对“组织架构”进行重新整合，构建新型商业模式；Chesbrough（2003）是一部关于“开放创新”的著作，该书出版较早，但是从 2009 年才开始突现，说明其作者早期前沿性的观点在后期得到了重视，该文献提出了一种在分布式知识环境下的开放创新模式，该模式强调研发环境对商业模式创新的影响，认为研发管理者需要熟悉商业模式和技术市场化的架构，高级管理者需要调整研发机构的定位并使之成为一个获取外部知识的工具和知识生产者；Xu（2012）的文献虽然发表较晚，但是 2014~2016 年连续突现，很好地体现出当前热点。该文章认为，“云计算”可以改变传统的生产经营模式，帮助企业调整产品创新的经营策略。另外，在“云制造”中，分布式资源被封装到云服务中，客户可以根据自身要求使用不同的云服务。

表 3.3　扩展集中同年间最强突发文献及其对应热点演变

文献	强度	开始年	结束年	时间（1997~2016 年）	商业模式创新热点
Venkatraman 和 Henderson（1998）	11.211 4	1999 年	2006 年		组织架构
Hamel（1999）	5.309 5	2000 年	2007 年		美国硅谷的商业模式

续表

文献	强度	开始年	结束年	时间（1997~2016 年）	商业模式创新热点
Eisenhardt 和 Martin（2000）	9.485 5	2001 年	2008 年		动态能力
Brynjolfsson 和 Smith（2000）	4.655 5	2002 年	2008 年		互联网销售渠道特征
Amit 和 Christoph（2001）	58.737 8	2003 年	2009 年		电商企业的价值创造
Christensen 和 Raynor（2003）	10.050 8	2004 年	2011 年		破坏性创新
Winter 和 Szulanski（2001）	18.514 3	2005 年	2009 年		商业模式的复制战略
Chesbrough 和 Rosenbloom（2002）	30.751 0	2006 年	2010 年		技术的潜在价值
Dabholkar 和 Bagozzi（2002）	7.708 8	2007 年	2010 年		自助技术服务
Yin（2003）	15.858 5	2008 年	2011 年		案例研究
Chesbrough（2003）	23.454 1	2009 年	2011 年		开放创新
Osterwalder 等（2005）	6.569 5	2010 年	2013 年		商业模式分类
Meuter 等（2005）	15.641 6	2011 年	2012 年		自助技术服务
Hotho 和 Champion（2011）	18.390 8	2012 年	2013 年		小型企业创新挑战
Teece（2010）	23.501 1	2013 年	2014 年		企业战略创新
Xu（2012）	22.757 1	2014 年	2016 年		云计算、云制造

表示 1997~2016 年的整个时间跨度；表示文献发表以后的时间；表示文献突现的时间跨度

综合上述分析，本书发现商业模式创新的研究热点在不断转换，并且呈现出如下演进过程：①1999~2001 年，热点主要围绕企业内部的组织架构和动态能力等进行商业模式创新，包括 Hamel（1999）对美国硅谷的商业模式研究也是如此。②2002~2009 年，随着互联网技术的兴起与冲击，商业模式创新热点聚焦到电子商务、破坏性创新、自助技术服务和开放创新等方面。③2010~2013 年，研究热点提升为理论创新，Osterwalder 等（2005）对商业模式分类的研究和 Teece（2010）对企业商业模式战略创新的研究就是在这一时间段突现出来的。同时，这一阶段对“小型企业”的商业模式创新更加关注，最为突出的就是 Hotho 和 Champion（2011）的相关研究。④2014~2016 年，受到云计算和大数据等技术的快速发展影响，云制造和云计算等相继成为商业模式创新研究的新热点。

3. 基于标志性文献的商业模式创新研究综述

通过CiteSpace产生2005~2015年每年的经过Pathfinder方法修剪后的TOP100共引文献网络，然后将每年的信息文件逐个输入冲积流生成器程序，经过信息筛选和布局调整，本书得到商业模式创新标志性文献冲积流结果。信息显示，有4篇标志性文献被高亮显示。其中，Chesbrough 和 Rosenbloom（2002）是一篇关于商业模式在价值捕获中作用的文献，该文献冲击流线最长，在10多年间一直保持连续，并且在2008~2010年得到集中关注。Christensen 和 Raynor（2003）是一部保持了7年连续性的著作，其作者认为创新是可以预测的，企业应该通过创造破坏性（而不是被破坏）来实现创新。Bonaccorsi 等（2006）的连续性持续了6年，该文献研究了软件企业的开源商业模式，根据对意大利146家软件企业的调查，认为企业已经适应了将所有权许可和开源软件结合起来的现行主导环境，因此企业应该选择混合商业模式。Chesbrough（2007）认为开放的商业模式能够使一个组织更有效地创造和获取价值，创新领域的研究前沿是开放性商业模式。该文献从2009年一直持续到2015年，引领着商业模式创新的研究趋势。

3.4 关于服装企业商业模式的研究

3.4.1 研究概况

在激烈的市场竞争中，服装企业的生存和发展依靠的不仅仅是劳动力成本、原料成本、人工成本、研发设计、服装售价等个别因素的影响，越来越多的企业和学者在近年来开始关注服装企业的商业模式问题。

在国外，Pedersen（2013）采用多案例方法分析了服装产业商业模式的机遇与障碍；Broega 等（2017）提出了一种考虑了环保原则的全球化时装商业模式；Lueg 等（2015）以一家北欧时装企业为例，研究了企业的可持续性在低成本商业模式中的作用，认为企业可持续性降低了商业模式的风险；Lorenzoni（2016）认为时装对服装业有着深远的影响，它被用来作为一种手段来获得竞争性的领先地位，但是很多时装企业最初的想法只是以廉价或非常便宜的价格提供时髦的产品，并尽一切能力尝试捕捉趋势而不是强化和引导趋势，这些企业往往最终都将被淘汰；Carugati 等（2008）重点研究了 Zara——一家总部位于西班牙的全球著名服装公司，探讨其推行服务创新的成功商业模式；Guercini 和 Milanesi（2017）讨论了一个意大利奢侈品企业的商业模式，研究了以前的商业模式和国际化之间的关系，提供了一个“ELFBM①框架”，考察了采用这种商业模式的企业在国际化过程中的差异，扩展了针对奢侈品时装的研究。

在国内，一些学者研究了服装企业商业模式创新的必要性，如裘晓雯（2008）较早对我国服装企业的商业模式问题进行了研究，阐述了我国服装企业开展商业模式创新的重要性，提出了我国服装企业商业模式创新的途径；赵琛等（2012）认为具有新型商业模式的服装企业正在不断蚕食采用传统商业模式的服装企业市场，他们还分析了服装企业商业模式的创新类型和路径。有的学者利用扎根理论研究了服装企业商业模式结构问题，如董春英（2012）提出了一种网络型服装企业商业模式，运用扎根理论对案例进行商业模式分析，最终构建出网络型服装企业商业模式理论结构框架。有的学者从价值链和价值网的角度研究了服装企业的商业模式问题，如刘晓欢（2012）从价值链角度，运用实地调研、问卷调查等方法对代表性服装企业进行数据收集和分析，指出了我国服装企业的商业模式发展方向；陈鑫（2016）基于价值网络理论，以海澜之家集团股份有限公司为案例，分析了商业模式的核心内容。

综合上述分析来看，关于服装企业商业模式的研究还比较少，而且没有关于服装企业商业模式的可视化综述研究。为此，本部分将采用科学计量方法，运用 CiteSpace 软件，开展针对这个问题的研究。

3.4.2　数据来源与处理

服装企业的商业模式研究局限在一个特定领域，因此相关的高质量文献数量不会非常多。在此情况下，为了更全面地获得基础科学和社会科学领域的国内外高质量文献数据，本书将 Web of Science 的 SCI、SSCI、A&HCI、CPCI-S 和 CPCI-SSH②数据库全部列入了数据检索源。采用高级检索方式，将检索结构式设置为：TS=（"business model" OR "business mode" OR "comemercial model" OR "comercial mode"）AND TS=（cloth* OR fashion OR costume OR dress OR accouterments OR apparel OR habiliment），时间设置为“All years”，进行主题检索。结果显示，共有 110 篇文献，最早文献出现在 2000 年。

① ELFBM：extreme luxury fashion business model，极致奢华服装商业模式。

② A&HCI：Arts & Humanities Citation Index，艺术与人文科学引文索引；CPCI-S：Conference Proceedings Citation Index-Science，科学技术会议录引文索引； CPCI-SSH ：Conference Proceedings Citation Index-Social Sciences & Humanities，社会科学与人文科学会议录引文索引。

3.4.3　结果分析

1. 基于文献共被引网络的服装企业商业模式研究综述

本书列出了如表 3.4 所示的 15 个主要聚类。依据这些聚类的结果，本书得到服装企业商业模式的研究热点主要如下（按照聚类大小排序）：低成本商业模式、公司的可持续性、产品服务系统、废弃物影响、意大利服装产业、新市场方向、可持续性创新、循环经济、公司社会责任、奢侈品供应链、物联网、智能穿戴式多功能时尚产品平台、云计算、逆向供应链、零售战略、改款时装、产品开发流程、Zara 模式、时装产业、提供品牌介入。总结这些热点可以发现，时装和环境主题出现的频率最高，说明发展时装产业和发展绿色经济已经成为服装企业商业模式的关注热点。

表 3.4　三种不同方法生成的聚类数据

聚类号	大小	提取自关键词	提取自摘要	提取自题目	平均引用年
0	100	商业模式	低成本商业模式	公司的可持续性	2010 年
1	87	产品服务系统	废弃物影响	废弃物影响	2012 年
2	77	无形	意大利服装产业	意大利服装产业	2009 年
4	62	新市场方向	可持续性创新	可持续性创新	2008 年
5	60	循环经济	新分类	新分类	2013 年
6	58	公司社会责任	时装供应链	时装供应链	2007 年
8	53	循环经济	奢侈品供应链	奢侈品服装供应链	2013 年
9	49	物联网	智能穿戴式多功能时尚产品平台	智能穿戴式多功能时尚产品平台	2014 年
10	47	云计算	业务	调查	2012 年
12	41	商业模式	逆向供应链	逆向供应链	2010 年
13	38	零售战略	概念模型	概念模型	2005 年
15	32	改款时装	测试	产品开发流程	2011 年
16	31	循环经济	新系统	Zara 模式	2002 年
18	25	时装产业	工业区	工业区	2003 年
19	23	介入	提供品牌介入	提供品牌介入	2011 年

注：CiteSpace 会自动剔除与核心网络关联性低的聚类，因此表中聚类号并非完全连续

除此之外，“产品服务系统”“废弃物影响”“循环经济”“奢侈品供应链”“智

能穿戴式多功能时尚产品平台”的平均出现时间相对较晚，因此代表了服装企业的新兴热点。其中，“智能穿戴式多功能时尚产品平台”成为服装企业商业模式的最新兴研究热点也确实与经济发展高度吻合。

2. 服装企业商业模式的经典研究文献综述

为了更加具体地揭示服装企业商业模式文献的研究内容，通过 CiteSpaceIII 的数据挖掘，找到如下六篇服装企业商业模式研究经典文献。第一篇（Zott and Amit，2010）是由 Zott 和 Amit 在 2010 年发表的 Business model design：an activity system perspective，该论文将企业的商业模式概念化为一个相互依赖的活动系统，该系统使企业能够与其合作伙伴一起创造价值和分享价值。第二篇论文（Zott et al.，2011）是由 Zott 等发表的，是一篇关于商业模式的文献综述，阐述了以往学者对于商业模式主题的理解差异。第三篇文献（Osterwalder and Pigneur，2010）是 Osterwalder 和 Pigneur 出版的一部风靡全球的著作 *Business Model Generation：A Handbook for Visionaries，Game Changers，and Challengers*，著名的“商业模式画布”方法就源于该著作。第四篇文献（Eisenhardt and Graebner，2007）研究了基于案例（尤其是多案例）的理论构建问题，反映出在进行服装企业商业模式的研究过程中，案例研究占据了重要地位。第五篇文献（Bocken et al.，2014）阐述了可持续性商业模式架构的构建问题。第六篇文献（Casadesus-Masanell and Ricart，2010）研究了战略、商业模式和战术之间的关系，认为商业模式是企业战略的反映。通过上述分析可以发现，经典文献中的多数成果都只与服装企业商业模式间接相关，学术领域至今仍缺乏针对服装企业商业模式的高质量科学研究。

第4章　3D打印背景下的服装企业传统商业模式

本章对服装企业的传统商业模式、3D 打印服装的发展状况与趋势等进行阐述，并且在此基础上，采用文献研究方法详细分析 3D 打印技术对服装企业传统商业模式的影响。本章将进一步明确 3D 打印背景下服装企业开展商业模式创新的必要性与可行性。

4.1　服装企业的传统商业模式

4.1.1　服装企业的传统商业模式概述

商业模式画布方法能够比较系统地描述出一类企业的商业模式架构（Osterwalder and Pigneur，2010；Dudin et al.，2015；Joyce and Paquin，2016；Toro-Jarrín et al.，2016），因此，本部分将采用这种方法从价值主张、客户细分、客户关系、渠道通路、关键活动、关键资源、重要伙伴、收益来源和成本结构 9 个方面阐述服装企业的传统商业模式。

从“价值主张”角度来看，传统服装企业为客户提供的价值产品包括两大类：即成品服装和定制服装（李晗，2017）。成品服装指的是企业根据市场预测进行产品设计和生产的既定产品。从生产方式来看，这类产品主要通过备货式生产（make to stock，MTS），即先生产出产成品，然后再向市场出售存货产品，因此这种生产方式存在大量的服装库存成本。另外一种生产方式是订单式生产（make to order，MTO），即服装企业根据客户的需要针对现有版型的服装产品按照订单数量进行生产（余粤粤，2014；薛艳慧，2015；Youssef，2018）。定制服装指的是服装企业根据客户需求设计专门的服装款式，其采用按单设计（engineer to order，ETO）

的生产方式。在定制模式上，又分为全定制（bespoke）、半定制（made to measure，MTM）和微定制（modify to details，MTD）三种。全定制就是完全的个性化定制，包括版型、面料、颜色、尺寸等都是为客户量身设计和生产，基本都是全手工制造。半定制就是客户先挑选出适合自身的版型，然后企业根据客户要求进行尺寸等方面的修改。微定制就是依据客户需求对服装的部分细节进行微小修改（王育楠和郑磊，2014；田国鹏，2016）。

从“客户细分”角度来看，传统服装企业的最终客户包括大众消费者、企业客户和个性化消费者等（胡凌和钱莹，2014）。

从“客户关系”角度来看，由于传统服装企业需要与竞争对手争夺目标消费者，它们需要从多方面采取措施，如改善产品质量、增加服装款式、提升生产速度、提供优惠价格、扩大品牌知名度等，进而打造区别于竞品的竞争优势（李燕飞，2014）。

从“渠道通路”角度来看，传统服装企业通常采用一级市场（代理商、加盟商）、二级市场（分销商）和三级市场（直营店、加盟店和个体终端）相结合的多级渠道开展销售（胡凌和钱莹，2014）。

从“关键活动”角度来看，传统服装企业会开展服装设计、生产和销售活动，这些活动都存在自营或者外包的可能（Broega et al.，2017）。

从“关键资源”角度来看，传统服装企业的关键资源通常包括设计师、生产设备、生产工人、销售人员、厂房等。但是，有的服装企业只进行代工生产因而不需要设计师和销售人员，有的服装企业专攻研发与品牌建设，因而不需要生产设备和生产工人等（黄晶晶，2011；Guercini and Milanesi，2017）。

从“重要伙伴”角度来看，生产方式不同决定了其伙伴也不同。当生产自营的时候，面料供应商为服装企业提供布料材料，辅料供应商为服装企业提供生产所需的其他必要部件。当生产外包的时候，为企业提供代工生产的 OEM（original entrusted manufacture，原始委托生产）服装企业和为企业提供贴牌产品的 ODM（original design manufacture，原始设计制造）服装企业都是核心服装企业的重要合作伙伴。当采用混合生产（外包与自营生产同时进行）的时候，面料供应商、辅料供应商、OEM 服装企业和 ODM 服装企业则都是核心服装企业的重要伙伴（Lorenzoni，2016；Guercini and Milanesi，2017；Tremblay and Yagoubi，2017）。

从“收益来源”角度来看，传统服装企业的收入主要来源于成品服装和定制服装的销售，除此之外还包括中间商加盟费等（Tremblay and Yagoubi，2017）。

从“成本结构”角度来看，当生产自营的时候，传统服装企业的花费主要是面料辅料成本、人工成本、设备购置费用、厂房费用、品牌推广费用、销售渠道建设与维护费用等。当生产外包的时候，传统服装企业的花费主要是人工成本、品牌推广费用、销售渠道建设与维护费用、生产外包费用等。当采用混合生产的时候，服装企业的费用是上述两种模式的综合（周国民，2015；Guercini and Milanesi，2017；陈傲霜，2017）。

4.1.2　服装企业的传统商业模式画布

综合上文分析，本书构建的服装企业传统商业模式画布如图 4.1 所示。

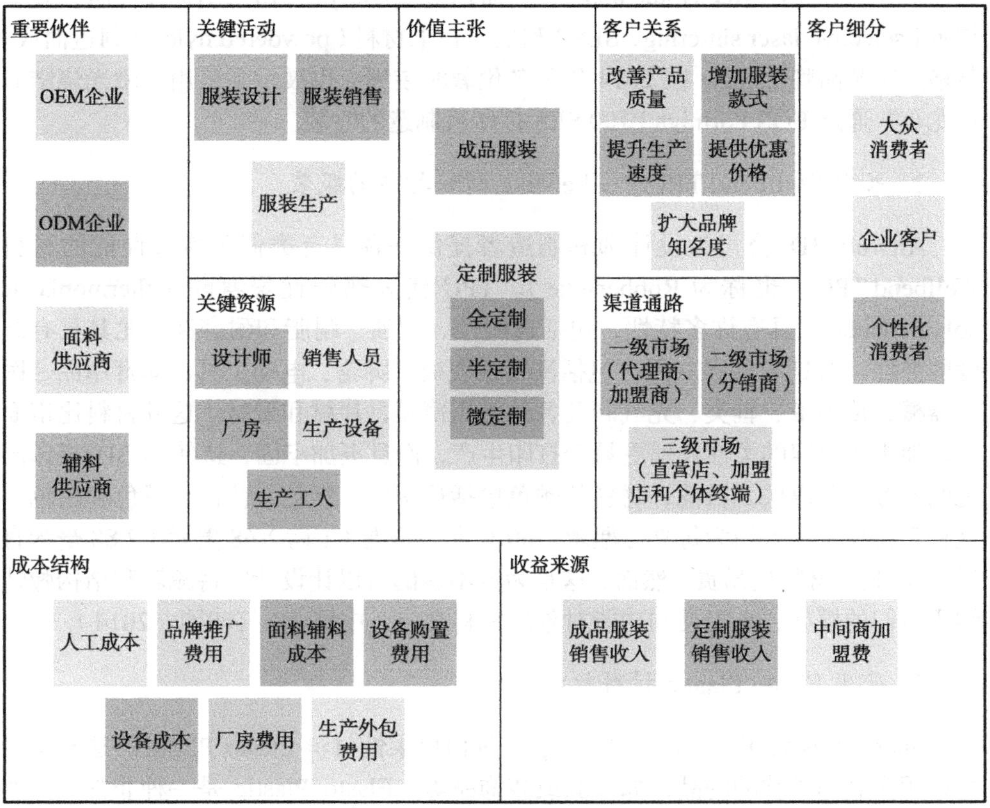

图 4.1　服装企业传统商业模式画布

4.2　3D 打印服装的发展状况与趋势

4.2.1　基于不同材料的各类 3D 打印服装陆续涌现

现阶段，阻碍 3D 打印服装产业快速发展的主要障碍是材料问题。坚硬、呆板是早期 3D 打印服装给人的印象。但是，近年来在这方面取得了快速发展。一些新材料不断出现，更加向消费者可以接受的方向发展，由此催生了大量 3D 打印服装产品的出现。

1. 采用尼龙粉末材料打印的服装

2013 年 3 月 4 日，好莱坞魅力女星 Dita von Teese 身穿一款由 3D 打印制成的黑色长礼服在美国 Ace Hotel 亮相。该礼服由 Shapeways 公司采用选择性激光烧结技术（selective laser sintering，SLS）和尼龙粉末材料（powdered nylon）制造而成。苏格兰时装品牌 Pringle 在 2014 年秋冬伦敦时装周上也展示了采用“激光烧结的尼龙布”通过 EOS Formiga P100 SLS 打印机制造的时装。

2. 采用 Wolfbend TPU/Rubber-like 材料打印的服装

Airwolf 3D 公司为设计师和制造者提供一种具有类似于橡胶性能的材料 Wolfbend TPU（也称为 Rubber-like）。TPU 代表热塑性聚氨酯（thermoplastic polyurethane），具有许多特性，包括透明性、耐油、耐脂和耐磨性，尤其具有高度的弹性。TPU 有许多应用，包括汽车仪表板、脚轮、电动工具、体育用品、医疗器械、传动带、鞋类、充气阀及各种挤压薄膜、片材和型材。这种材料比市面上其他更受欢迎的柔性长丝更易于打印生产，而且更加牢固，这使得 3D 打印层之间不存在分离层。目前，材料的颜色包括透明色、红色、蓝色、黑色和白色。这种新材料价格大约为每立方厘米 2.60 美元，每卷（1 磅）68 美元（2.88 毫米直径），比其他材料更昂贵。然而，这是为数不多的可以让设计师将减震和结构弹性纳入他们的模型、小工具和功能对象的材料之一（中国 3D 打印网，2014）。

3. 采用 Elasto Plastic 材料打印的服装

Shapeways 公司在 2012 年提供了一种白色柔性材料 Elasto Plastic。这种材料可以用来制作柔软的物品，如衣服或装饰品等。Elasto Plastic 是一种非常灵活的弹性橡塑，呈颗粒状，耐热上限为 90º C，高温可能会显著改变材料性能。当 3D 打印的厚度超过 5 毫米后，将非常坚固。测试显示，其弹塑性可以达到 19.5 毫米，大模型的误差率为 10%左右。2013 年，Shapeways 公司对 Elasto Plastic 又进行了改进，进而为创客提供更好的选择。新材料具有难以置信的耐久性和非常高的冲击强度、弹性和压缩性。由于其特殊的表面纹理，该材料还具备了高水平的静态摩擦力。Shapeways 公司仅仅将其提供给 3D 打印创客使用，便于他们验证新产品性能。该材料在 Shapeways 公司的网站有售，其售价为每立方厘米 0.26~0.42 美元。

4. 采用 Nylon 12 材料打印的服装

世界首例完全 3D 打印比基尼材料 N12（Nylon 12 的缩写）已经批量发售。该产品由 Continuum Fashion 公司的设计师 Jenna Fizel 和 Mary Haung 设计，具有耐用性和高弹性的特点，产品规格完全可以按照顾客的身体尺寸进行定制生产，进而满足客户需求。由于 Nylon 12 是天生的防水材料（Griehl and Ruestem，1970），该款比基尼也是目前唯一一款在潮湿的情况下依然让人感到舒适的产品。这款产品在 Shapeways 公司的网站有售。

5. 采用合成材料与有机材料的复合材料打印的服装

2014 年 6 月，Electroloom 公司制造出第一台专门用来打印柔软布料服装的 3D 打印机——“阿尔法”（Alpha），这款机器利用电纺原理自动生产聚酯纤维混棉的衣物。其使用的材料是合成材料与有机材料的复合材料（composites of synthetic and organic materials）。电纺，即电场引导型织布（field guided fabrication，FGF），是 Electoloom 公司的打印材料与其他 3D 打印材料不同的地方。该公司正在朝着用棉花打印生产出耐穿的衣服方向发展。可以想象，如果未来可以直接用棉花作为原材料进行 3D 打印服装，那么将推动服装产业的彻底革命。

6. 采用 FilaFlex 材料打印的服装

以色列时装设计师 Danit Peleg 利用西班牙 Recreus 公司生产的 FilaFlex 材料制造了一种“蕾丝般的纺织品”，然后用售价 1 800 美元的 Witbox 3D 打印机制造了这些织物时装。Danit Peleg 已经开设了专门的 3D 打印服装网站（https://danitpeleg.com），网站上提供了一些可供选择的服装款式和定制模块，在客户选择了产品后或者完成了自我组装设计后，该公司可以按需为客户进行 3D 打印生产，然后通过全球物流送达客户。2017 年，Peleg 实现了一个重要的行业里程碑，她在自己的网站上推出了全世界第一件在线定制销售的 3D 打印夹克 Bomber Jacket。该款夹克质地十分柔软，穿起来非常舒适，售价为每件 1 500 美元左右。

7. 采用 WillowFlex 可降解材料的 3D 打印服装

环境保护是当今时代发展的重要趋势。时尚设计师 Babette Sperling 在 2017 年使用 WillowFlex 有机纤维材料打印生产了多款服饰。这种材料是由 BioInspiration 公司在 2015 年研发出来的，是一种可降解的无害环保材料，而且可以用作堆肥循环使用（已经得到欧盟和美国工业级别的堆肥认证）。该材料具有耐热性和耐寒性，可以保持 100℃以上的物品完整性，可以用来打印茶杯，也可以用来制作冰块。该材料的另外一个特点是具有良好的弹性，可以用来打印衣服、鞋子、成人玩具、餐具、眼镜框等。一个 300 克的原料线轴售价 28 美元左右，一个 500 克的线轴售价 44 美元左右。

8. 采用纳豆细胞氨纶弹性纤维的 3D 打印生物皮肤衣

得益于纳豆细胞（natto cells）对温度、湿度和热量的敏感性，麻省理工学院的一个研究小组 BioLogic 通过 3D 打印技术将纳豆细胞打印在氨纶弹性纤维中，制造了一种革命性的生物皮肤衣（bio-skin clothing）。当热量或湿度增加时，每个纳豆细胞都能迅速膨胀原来大小的 50%，因此，使用这一材料制造的衣服可以自动打开通风口。运动品牌 New Balance 和皇家艺术学院时装设计师在 2015 年共同设计了一套具有此类功能的运动服装。设计师在服装的不同部位引入此类材料，进而实现设计不同的通风类型。当运动员体温上升时，特殊部位就会打开通风口，当体温下降到一定程度后，通风口便会关闭。

4.2.2 生产工艺日趋完善，生产方式不断丰富

1. 3D 打印服装的生产工艺日趋完善

1）采用常规 3D 打印机生产

从现有的 3D 打印服装来看，其基本都是依靠常规 3D 打印机进行生产的。这些打印机包括 Witbox 3D 打印机、Mammoth Stereo Lithography 光固化 3D 打印机、Objet Connex 多材料 3D 打印机、EOS Formiga P100 SLS 打印机等。

2）采用专用的服装 3D 打印机生产

Electroloom 公司制造出的专门用来打印柔软布料服装的 3D 打印机——“阿尔法”（Alpha）是世界上第一台正式面世的服装 3D 打印机。该款打印机自身具有体型磨具，内置了多套客户体型方案，从事专门的 3D 服装打印生产。

3）采用 3D 打印笔生产

WobbleWorks 公司在 2013 年向市场推出了全球第一支专门采用 3D 打印生产的 3D 打印笔。两位来自中国香港的时装设计师在 2015 年已经采用这款名为 3Doodler 的 3D 打印笔成功制造了一件漂亮的连衣裙。他们设计了两种不同的服装图案，然后选用 PLA（polylactic acid，聚乳酸）材料通过 3D 打印笔在连衣裙上反复交织绘制，从服装设计、3D 建模，到为连衣裙加上 3D 效果，总共耗时三个月。

4）采用喷涂成型生产

“即时喷涂增材制造技术”正在重新定义时装的生产方式。通过喷雾器喷射的方式制造衣服听起来可能像科幻小说，但是伦敦帝国学院的 Manel Torres 博士

在 2010 年发明的一种喷罐编织技术（spray-on fabric）使之成为现实，他成功地制造了世界上第一件通过喷涂方法得到的服装。这类服装可以被反复清除、洗涤和磨损，甚至可以被溶解为原材料来制造新的衣服。衣服的生产过程是通过 3D 打印方式将纤维反复交叉喷涂在人体上，因此此类产品是一次性成型，不需要任何修整。

5）采用 Cosyflex 3D 打印技术生产智能服装

英国的 Tamicare 公司在 2005 年获得了一项名为 Cosyflex 的纺织品 3D 打印技术专利。该专利整合了弹性材料和纺织纤维技术，通过 3D 打印技术生产出一种全向伸缩的无纺布面料。这种面料主要由天然的、完全可生物降解的材料制成，具备了突出的伸长、复原和抗褶皱性能，体现出巨大的灵活性和多样性。2013 年 11 月，Tamicare 公司正式发布了世界上第一款 3D 打印纺织品布料——Cosyflex。鉴于布料的舒适度及成本的低廉性，该公司还投产了一次性内衣（只需要 3 秒即可生产完毕）。Cosyflex 技术还采用了多阶段、多变量的 3D 打印工艺，因此允许无限地变化织物。Cosyflex 技术的另外一项重要创新就是能将电子元件直接打印到服装中，设计者再也不用担心“设计的产品面临生产难题”，而是能够以更加自由的方式开展各种设计，这是 3D 打印服装产业发展过程中的一个里程碑事件。

2. 3D 打印服装的生产方式不断丰富

1）直接打印成型

2016 年，波士顿服装品牌 Ministry of Supply 与 3D 打印机公司 Shima Seiki 合作，使用“全球第一台”可以在卖场直接打印大件服装的 3D 打印机 Mach2XS 生产出一款高质量的无缝接男士外套。这款外套可以四向拉抻，具有防皱、吸湿、排汗功能，而且没有任何缝合，完全由 3D 打印直接成型，零售价为 345 美元。Mach2XS 打印机的最大编织速度为每秒 1.4 米，打印一件无缝接男士外套的时间大约为 1.5 小时（Ahmed，2017）。Thursday Finest 公司也利用 3D 打印技术直接打印生产出一系列个性化的美利奴羊毛定制领带。除此之外，英特尔公司于 2017 年推出的一款 3D 打印机原型机（由 Shima Seiki 公司制造，售价每台 18 万美元）可以使零售商在大约 45 分钟内就生产一件衣服，与传统的服装生产过程相比，速度大为提高，其一方面可以降低企业的成品库存，另一方面也可以更快地满足客户的需要。这无疑将极大地推动 3D 服装打印产业的发展和壮大。另外，Mach2XS 打印机在生产过程中基本不产生任何废料，相对于以往 35%的废料比例而言（Ahmed，2017），将为企业节省大量的原料成本。直接打印成型生产的主要瓶颈是一台机器一次只能打印一件衣服，并且打印的前期准备时间相较传统服装生产稍长，在一定程度上降低了生产效率。

2）压缩打印

Nervous System 设计室开发出一种名为 Kinematics 的压缩打印系统，该系统结合了计算几何技术和刚体物理学理论，将折纸技巧与 3D 打印相结合，提供了一种利用 3D 打印技术将任何 3D 图形转化为柔性结构的方法，可以把大的物体通过计算机模拟技术进行空间压缩（物体体积通常会缩小 85%），进而适应 3D 打印要求。Kinematics 系统还能生产出复杂的可穿戴设备，这些可穿戴设备可以灵活地与身体保持一致。

3）拼接成型

全世界绝大多数的 3D 打印服装都不是完全一次性打印成型的，基本都是模块化打印，然后通过人工参与拼接成型，尤其是早期的 3D 打印时装更是如此。好莱坞魅力女星 Dita von Teese 身穿的 3D 打印黑色礼服、荷兰设计师 Iris van Herpen 设计的褐色连衣裙和斗篷裙、美国设计师 Bitonti 设计的 Verlan 礼服和 3D 印花连衣裙等都是拼接成型的 3D 打印服装。

4.2.3　速度越来越快，规模化生产成为现实

随着 3D 打印机性能、服装设计和生产程序等方面不断改进，3D 打印服装的生产效率快速提高。Danit Peleg 公司打印一件 3D 打印夹克 Bomber Jacket 的时间已经由 300 小时缩短到 100 小时，阿迪达斯快闪店打印一件成品美利奴羊毛衫大约需要 4 小时，Ministry of Supply 公司打印一件男士无缝接外套的时间大约只需要 1.5 小时，Thursday Finest 公司平均 20 分钟就能打印一条可供直接销售的领带，英特尔公司推出的一款 3D 打印原型机大约 45 分钟就可以打印出一件衣服。打印时间的缩短，清除了影响 3D 打印服装产业发展的一个重要障碍。尽管其仍然达不到流水作业的生产效率，但是对于 3D 打印定制化生产而言，这个速度已经可以满足客户的日常需要了。因此，这极大地推动了 3D 打印服装产业的发展。

另外，生产能力一直是困扰 3D 打印技术产业化的重要瓶颈。受制于这一障碍，服装 3D 打印也仍然存在这一难题。但是，近年来出现了一些可喜变化。英国 Tamicare 公司的 Cosyflex 纺织品 3D 打印技术已经实现了低成本、高密度生产，可以在短短几秒内就打印出成品。2015 年 11 月，该公司的第一条具有年产 300 万件能力的生产线正式运行，实现了 3D 打印技术首次用于纺织品的大规模生产，大大提高了 3D 打印服装的规模化生产能力。

4.2.4　价格逐渐降低，品质越来越好

近年来，随着 3D 打印服装原材料的技术进步和 3D 打印生产效率的提高，3D 打印服装产品的价格呈现出逐渐降低的趋势，出现了很多普通消费者也可以消费得起的商品。例如，JSshoe 生产的 3D 打印针织鞋售价大约为每双 89 美元，Ministry of Supply 公司销售的 3D 打印男士外套售价大约为每件 345 美元，阿迪达斯销售的 3D 打印羊毛衫售价大约为每件 215 美元。价格的下降对 3D 打印服装产业的发展起到了极大的推动作用。

另外，随着 3D 打印服装原材料的进步及 3D 打印机精度和色彩表现力的提高，3D 打印服装的品质越来越好。以全世界主流的服装 3D 打印机而言，Objet Connex 500 的色彩分辨率达到了 *X* 轴 600 DPI（dots per inch，每英寸点数）、*Y* 轴 600 DPI、*Z* 轴 1 600 DPI，精度达到了 0.1 毫米，而 EOS Formiga P110 的最高精度更是达到了 0.06 毫米，这些数据证明了 3D 打印服装可以具有很好的表现力。此外，从 4.2.1 小节对各类 3D 打印原材料的介绍已经可以看出，3D 打印服装的舒适度问题已经得到了良好突破，采用尼龙粉末材料、Wolfbend TPU/Rubber-like 材料、Elasto Plastic、Nylon 12 材料、合成材料与有机材料的复合材料和 FilaFlex 材料等制造的 3D 打印服装已经涵盖了从柔软内衣到舒适外套等多种类型，很多服装已经完全实现了市场化销售。

4.2.5　定制化服装需求强劲，单品利润丰厚

“个性化定制”已经成为全球经济发展的重要趋势。在这个大背景下，服装定制也成为不可阻挡的时代潮流。国外品牌 Fendi、Gucci、Burberry、Ralph Lauren、优衣库和耐克等都推出了自己的定制服务。在国内，报喜鸟、红领集团、月白嫁衣、衣邦人、华孚色纺、拉峰定制等知名品牌也在大力发展服装定制业务。驱动这些企业大力发展服装定制业务的动力主要有两方面：第一，市场需求强劲。以我国市场为例，2016 年我国大众服装定制市场空间规模为 1 022 亿元。一项来自淘宝网的调查数据显示，在手机淘宝活跃用户中，63.6%的用户愿意定制服装。第二，单品利润丰厚。对于个性化定制服装而言，消费者更愿意花费比普通商品更高的价格购买（Malengier et al.，2017）。上述趋势为 3D 打印服装产业的发展提供了市场推动力。3D 打印技术在服装定制过程中具有更加个性化的生产和设计优势，因此可以预见，3D 打印服装的定制化需求必将越来越大。此外，鉴于 3D 打印生产的定制服装比常规定制服装具有更高的科技含量，因此也将具有

更高的利润率。

4.2.6 尚未形成 3D 打印服装产业的商业模式生态系统

从近年来 3D 打印服装产业的发展来看，各类 3D 打印服装产品不断涌现，尽管这些产品的性能不断完善，但是至今并没有形成基于产业链的商业模式生态系统。目前，仅有个别设计师展示了 3D 打印服装产品，个别设计师开设了 3D 打印服装定制网站，以及个别服装公司开展了 3D 打印服务。但是，上述这些业务形式并没有形成涵盖合作伙伴、销售渠道、收入来源、成本结构、价值主张、信息传递等要素的系统性商业模式，这将阻碍 3D 打印服装企业及产业的市场化发展。为此，对 3D 打印服装企业的商业模式进行创新已经成为亟待突破的难题。

4.3 3D 打印技术对服装企业传统商业模式的影响

4.3.1 对于价值主张和客户的影响

3D 打印技术的迅猛发展给服装企业传统商业模式中的“价值主张”和“客户”要素带来了诸多影响。随着 3D 打印技术的不断发展，3D 打印服装正在快速走入现实，而且个性化定制的 3D 打印服装正在驱动服装潮流发展（Reilly，2014；Sedhom，2015；Loy and Canning，2016；Sorescu，2017）。在此情境下，对于服装企业而言，为消费者提供以普通成衣为主的时代将发生巨变（Sorescu，2017）。在未来，每个人都会渴望购买到适合自身体型并具有独特款式与功能的个性化 3D 打印服装（Kim et al.，2015；Spahiu et al.，2016；Gebhardt et al.，2017）。为此，服装企业的客户群将发生变化（Wang and Chen，2014；Loy and Canning，2016；Grimmelsmann et al.，2018）。由此带来的结果是，服装企业必须针对新的客户群进行价值主张调整（Treadaway，2009；Sun and Lu，2015；Perry，2018）。

4.3.2 对于关键活动和渠道通路的影响

服装企业传统商业模式中的“关键活动”和“渠道通路”要素也将受到 3D 打印技术的明显影响。服装企业的传统生产模式在 3D 打印背景下将面临更多挑战，自营生产模式和众包生产模式等将出现新的变化（Shang et al.，2014；Ben-Ner and Siemsen，2017；卫保卫等，2018）。此外，3D 打印技术的出现使得服装定制化生产比以往更加容易进行（Shang et al.，2014；Senanayake，2015），这将导致服装企业的传统备货式生产进一步被弱化，同时催生其他生产模式的涌现（潘冬璇，2016；Lin，2017）；另外，生产模式的变化也将反馈到商品的销售渠道领域。传统上，以成衣销售为主的服装企业在渠道方面基本都采用了冗长的多层次结构（尤其是备货式生产）（朱丹和林涛，2015），但是 3D 打印技术使得服装的生产可以本土化进行（Pal et al.，2016），因此，传统的长渠道策略将面临调整（Shang et al.，2014；Wang and Chen，2014；Senanayake，2015；Valtas and Sun，2016）。

4.3.3 对于关键活动和关键资源的影响

3D 打印技术也将对服装企业传统商业模式中的“关键活动”和“关键资源”两个要素产生影响。服装企业传统商业模式中的关键活动主要包括服装的设计、生产和销售活动等，3D 打印技术的出现将改变服装企业的传统关键活动（Toeters et al.，2013；Wang and Chen，2014；Vanderploeg et al.，2017），例如，传统的织布生产已经被 3D 打印替代，传统的简单定制已经被数字化、体验式的个性化定制替代，传统的供应链合作网络平台将被新型的协同网络替代（Christopher and Ryals，2014；Valtas and Sun，2016；Spahiu et al.，2017），由此也将催生新的服装设计流程（Peterson et al.，2010；Beaudette et al.，2014；Senanayake，2015；巫朝港，2015）。同时，鉴于相关要素变化的影响，服装企业传统商业模式中的关键资源也将出现调整（Treadaway，2009；Sedhom，2015；Sanatgar et al.，2017；Jia，2017），传统的服装生产设备、服装原材料、服装辅料等都将随着 3D 打印制造工艺的改变而做出调整。

4.3.4 对于重要伙伴和客户关系的影响

3D 打印技术对服装企业传统商业模式中的“重要伙伴”和“客户关系”要素也有影响。传统服装企业的重要伙伴通常包括面料供应商、辅料供应商、OEM 企业和 ODM 企业等。由于 3D 打印服装的出现，原来的面料供应商将发生变化（Peterson et al.，2010；Sedhom，2015；Sun，2017），因为 3D 打印服装原料已经不是传统布料，而是一些新型材料。同时，由于采用 3D 打印生产服装，传统的 OEM 和 ODM 企业将退出服装企业的重要伙伴范畴，取而代之的是具有 3D 打印能力的新型 OEM 或者 ODM 服装企业（Chan et al.，2017）。此外，3D 打印技术对于服装企业与客户之间关系的影响也是明显的（Sedhom，2015；Li，2016；

Jia，2017；Spahiu et al.，2017）。由于 3D 打印技术拉近了企业与客户的直接距离，服装企业在推动客户黏性的一些举措上将有别于传统模式（Toeters et al.，2013；Reilly，2014；Sun，2017；Tania，2017；Perry，2018）。

4.3.5　对于成本结构和收益来源的影响

近年来，一些相关研究关注了 3D 打印技术对服装企业传统商业模式的影响，其中个别研究涉及成本结构与收益来源问题。相对于传统服装制造而言，3D 打印服装的生产工艺和生产原料等有着重大变化，因此这必将改变服装企业的制造成本（Beaudette et al.，2014；潘冬璇，2016；Truett L J and Truett D B，2017；Vanderploeg et al.，2017）。在收益来源方面，传统服装企业的获利渠道主要是成衣销售和少量的定制服装销售，此外也会从渠道商那里获得一些代理费或者加盟费（Wang and Chen，2014）。但是，由于 3D 打印服装可以更好地满足客户的定制化需求（de Raeve et al.，2012；Corral and Walker，2017），因此，3D 打印服装在未来会越来越多，并由此改变企业的获利途径（Pal et al.，2016；Spahiu et al.，2017）。

第 5 章　3D 打印背景下服装企业的商业模式创新

第 4 章明确了 3D 打印背景下服装企业开展商业模式创新的必要性。但是，要开展商业模式创新，首先需要有创新方法作为依托。然而，现有文献缺乏关于商业模式创新模型和工具的研究。多数商业模式创新理论在指导企业开展商业模式创新中的可操作性不高，缺乏结构化的商业模式创新模型和可供实践的商业模式创新工具。鉴于此，本章的首要任务就是开发出新的商业模式创新模型与工具。在开发商业模式创新模型时，本书考虑采用扎根理论，但是传统扎根理论在处理当今海量数据等方面也存在诸多不足。综上分析，本章先对传统扎根理论进行改进并提出新的研究范式，然后根据新范式构建商业模式创新模型（包括理论模型和工具模型），最后根据商业模式创新模型为 3D 打印背景下的服装企业开展商业模式创新。

5.1　扎根理论的新研究范式的提出

扎根理论是重要的质性研究方法论之一，通常通过“田野研究”[①]针对一些现象、事件或者问题进行理论构建研究（Knaak and Patten，2016）。但是，随着时代的发展和进步，影响这些“现象、事件或者问题”的因素越来越多，领域交错日趋复杂，质性材料[②]数据呈现出海量化趋势（卡麦兹，2009）。此时，通过传统“笔记”等方法搜集数据及对数据进行编码的方式很难适应未来的理论构建需要。为

① 是指研究者为了取得第一手的原始资料，有意识地深入实地与现场开展调查工作，并通过对这些资料的定性分析来理解和解释现象的一种社会研究方式。

② 是指在以“田野研究”为主的调研过程中，通过访谈、观察、实物分析等方法获取的关于调研对象的第一手资料。

了解决这一问题，迫切需要对传统扎根理论进行完善和创新。

5.1.1 传统扎根理论研究范式

1. 扎根理论的传统质性材料

在扎根理论方法论中，“一切皆为数据”（Charmaz，2014）。研究的质量和可信度都高度依靠数据信息。格拉泽等经典扎根理论学者认为，通过“田野研究”搜集到的小样本和有限数据并不会带来什么问题。这种推论有助于研究者安排自己的数据搜集方式方法，但是也会导致“砸碎了再掠取”（smash and grab）的数据搜集策略和肤浅分析（Dey，2014）。因此，以往的扎根理论必须要对数据进行“深描”，进而挖掘数据的潜力。尽管后期出现的构建主义扎根理论学派试图通过“解释”这一途径来完善小样本数据带来的不足，但还是无法回避传统扎根理论研究中数据获取量不充分的问题。到目前为止，传统扎根理论仍然没有针对这一问题给出新的解决方案。这一现象的出现，归根结底是因为传统扎根理论的根扎在了现实生活中的“田野”里。在这种思维下，传统上只有通过个案实践途径来获取质性资料数据。但是，随着人类历史的发展，人们所经历的事件、问题或者现象发展受到的影响因素急速膨胀，不仅包括个人情绪、健康等内因，也包括政治、经济、法律、环境等外因，甚至包括内外因协同影响的情感等因素。此时，在这个数据大爆炸时代，通过传统“田野研究”途径正越来越难以捕获高质量的质性材料数据。时代发展正呼唤研究者开展基于“大样本、科学数据”质性材料的扎根理论研究。

传统扎根理论的另一现象是在获取质性材料数据的过程中，研究者自身在很多时候也被置于研究之中（Dey，2014）。无论是在“田野研究”过程中，还是在个人经历、个人观点等的访谈调查过程中，数据搜集者都将个人观点糅入被调研对象、事件或者问题之中，最终得到的结论其实是基于研究者个人世界的理论模型，这是形成普适性理论的巨大障碍。从本质上讲，这本身就与传统扎根理论中的无预定框架、开放性数据获取范式相违背。为此，寻求在数据搜集过程中能将调研者的影响降到最低甚至排除的方法将是扎根理论研究的重要方向。

针对传统扎根理论中的质性材料问题，能否找到可以获取可信赖、大样本质性材料数据的途径和方法？这些数据是否可以弱化甚至摆脱研究者自身对其的影响？如果可以，这显然是对传统扎根理论的重要完善。

2. 扎根理论的传统研究范式

扎根理论的传统研究范式如图 5.1 所示（Corbin and Strauss，2008）。先对研究现象进行界定、明确范围，然后采用多种方法对研究对象进行小样本数据搜集，之后对数据进行编码与分析，进而形成初步的理论模型。接着，通过理论模型与新资料的持续比较来确定理论饱和度。当理论饱和后，还需要通过文献讨论来支撑该理论，且引用实际访谈资料来佐证。此过程如果得到确认，则理论生成或构建完毕，如果没有得到足够的支撑，则需要对模型进行修正，直至最后的理论定型。

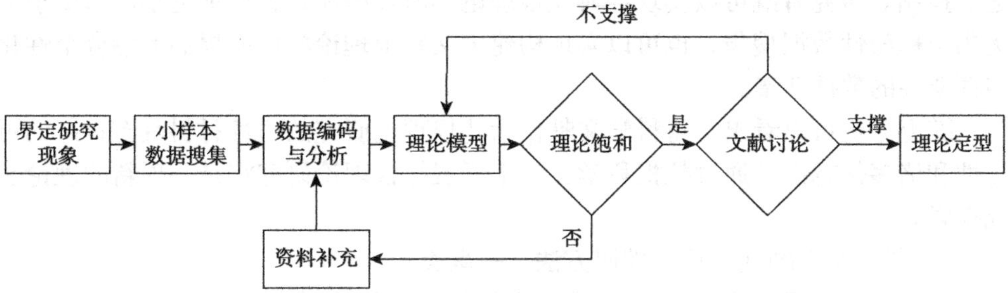

图 5.1　扎根理论的传统研究范式

5.1.2　扎根理论的新研究范式

在 5.1.1 小节的分析基础上，本书对扎根理论的传统研究范式进行改进，提出基于科学文献聚类分析的扎根理论的新研究范式，简称科学文献聚类范式（scientific literature clustering paradigm，SLCP）。将“科学文献”作为扎根理论质性材料是 SLCP 研究范式与传统扎根理论研究范式的本质区别。基于这一变化，本小节将设计新的文献编码方法、数据编码机制和范式架构等，最终构建出完整的扎根理论研究范式体系。

1. SLCP 研究范式的设计思路

1）新的质性材料——科学文献

科学文献是在科学期刊上发表的有关自然科学和社会科学原始经验和理论成果的学术性出版物（Chen，2006；Zhang et al.，2011；Chen and Leydesdorff，2014）。出版的科学文献基本都经过严格的同行评议，保证了文献的可靠性和先进性，从而与传统扎根理论中的“文献”[①]形成了鲜明区别；科学文献的类别涵盖了研究性文献、专利和技术报告、评论文章、书籍和百科全书等大学科和成百上千个子学科（Price，1976），体现了科学文献的广泛性。另外，随着时代的发展，科学文献体现出来的新特征是数据海量化（Chen，2006；方斌，2010；王玮和杨润和，2015）。

上述两点反映出科学文献具备了“大样本和数据密集型”特征，而针对这种

① 传统扎根理论中的“文献”并没有界定属性，很多文献缺乏科学性，降低了文献材料的可靠性和有效性。

数据密集型的科学发现已被认为是科学研究的第四范式（Tolle et al.，2011；Hey，2012），将对科学研究产生巨大影响。科学文献的另外一个重要特征是可控性：第一，实现了对研究者个人因素影响数据质量的控制。研究者可以通过剔除“自引文献”的方法彻底去除自身因素对质性材料数据的影响。第二，实现了对研究主题的控制。研究者既可以实现经典扎根理论学派及程序化扎根理论学派所要求的无预定框架性数据搜集，也可以实现构建主义扎根理论学派所提倡的融合个性化与框架性的数据搜集。

综上分析可以看出，将科学文献作为扎根理论研究的质性材料具有良好的可行性和诸多优越性，通过扎根科学文献来开展扎根理论研究将是一项新的理论研究探索。

2）科学文献的扎根理论编码方法——聚类

将物理或抽象对象的集合分成由类似的对象组成的多个类的过程称为聚类（黄小丽，2015）。文献的聚类方法很多，包括基于划分的聚类算法、基于层次的聚类算法、基于密度的聚类算法、基于网格的聚类算法、基于神经网络的聚类算法、基于统计学的聚类算法等（王旭仁等，2014；郭均鹏等，2015）。不同的聚类算法会对聚类结果产生不同影响，但是无论采用哪种方法，聚类所追求的目的都是相同的，那就是将从文献中抽取出来的“类似概念或者主题”归在相同的类别中，最终形成一个具有“概念化名称的聚类”。由此可以发现，聚类的本质与传统扎根理论的数据编码本质是相似的。“编码，在经典扎根理论中，是指通过对事件之间、事件与概念的不断比较，从而促成更多‘范畴与特征’的形成及对数据的概念化”（Strauss and Corbin，1990）。在这里，本书从文献中提取的“类似概念或者主题”与传统扎根理论的“范畴和特征”实现了对应，两者共同的过程是对“数据的概念化”。对科学文献数据的聚类过程实质上就相当于传统扎根理论的编码过程。因此，聚类可以成为扎根理论的数据编码方法。

3）科学文献的聚类手段——科学计量学方法

科学计量学是通过数理统计和计算技术等数学方法对科学、技术和创新领域的学术内容进行量化和评估，从中找出科学规律的一门科学学分支学科（焦亮，2011）。科学计量学的研究内容包括解析科学引文，绘制科学领域图谱，评估机构、期刊、作者和文献的影响力等。科学计量学方法通常采用对文献主题、关键词、作者、期刊、专利、国家、地区、机构等进行聚类的方法开展相关分析（Natarajan，1991；Ma et al.，2014）。近年来，机器学习（Holzinger，2015；吴晓英和明均仁，2015）和数据挖掘（周海花和华薇娜，2014；王菲菲，2014）技术的发展更是进一步强化了科学计量学方法对大规模数据的处理能力。综合来看，科学计量学方法具备的情报信息定量研究能力和针对大规模数据的计算机处理能力，已经为 SLCP 的科学文献聚类提供了有效手段。

2. SLCP 研究范式的构建

1）范式的架构

本书所提出的扎根理论的新研究范式 SLCP 由于选取的质性材料与以往有所区别，而且又采用了科学计量学手段进行聚类和分析，范式结构将发生如图 5.2 所示的变化。其中，圆角矩形模块体现了 SLCP 研究范式与扎根理论的传统研究范式的主要区别。SLCP 研究范式也需要在开始阶段界定研究现象，接下来需要针对研究对象进行科学文献数据搜集，然后借助科学计量学手段对文献数据进行聚类、编码和分析，进而生成或者提出理论模型。之后，SLCP 研究范式需要进行理论饱和度检验，原因是尽管产生理论所采用的质性材料是大样本海量数据，但是在生成理论的过程中，需要进行文献聚类、数据编码和聚类分析，因此仍然有可能产生理论偏差。在确定了理论模型之后，SLCP 研究范式需要通过文献讨论来支撑该理论。如果相关的文献研究可以支撑理论，则理论定型完毕。如果相关的文献研究不支撑理论，则存在两种可能：第一种情况可能是获取的数据不准确，如在检索数据时遗漏了关键领域的主题检索词，或者检索词表述不准确，或者数据库选择有误等；第二种情况可能是在采用科学计量手段进行聚类和分析的过程中出现了问题，如聚类方法不当、聚类参数设置有误或者分析过程有误等。在上述情况下，需要开展理论与文献的持续比较，进而不断完善理论，直至理论获得文献的支撑为止，最终实现理论定型。

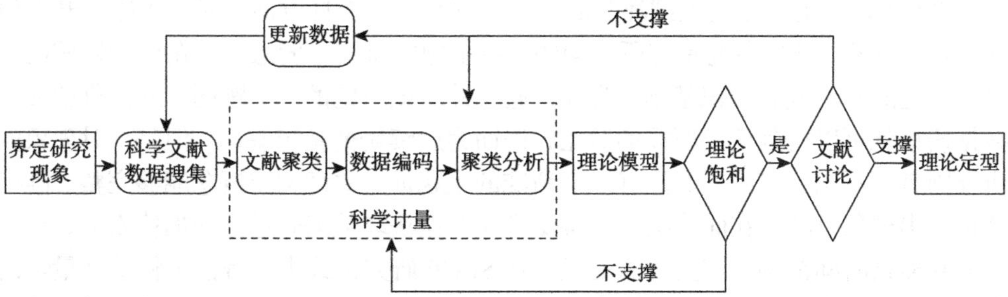

图 5.2　SLCP 研究范式的结构与分析流程

2）范式的数据编码机制

与传统扎根理论的数据编码机制相比较，在采用 SLCP 研究范式进行数据编码时，由于其扎根的数据源不同及由此所带来的数据处理手段不同，产生了不同的数据编码机制（图 5.3）。先通过科学计量方法对科学文献数据进行聚类生成，然后对生成的聚类数据进行编码转换。聚类中的标签对应了开放性编码（程序化扎根理论）或者实质性编码（经典扎根理论）的“初始概念”，聚类名称是针对“初始概念”的“提炼概念”，至此转换完毕。此时，如果研究者选用经典扎根理论作为后续研究方法，则可以依据“初始概念”进行范畴化分析及后续研究；如果选用程序化扎根理论作为后续研究方法，则可以针对“提炼概念”开展范畴化分析及后续研究。

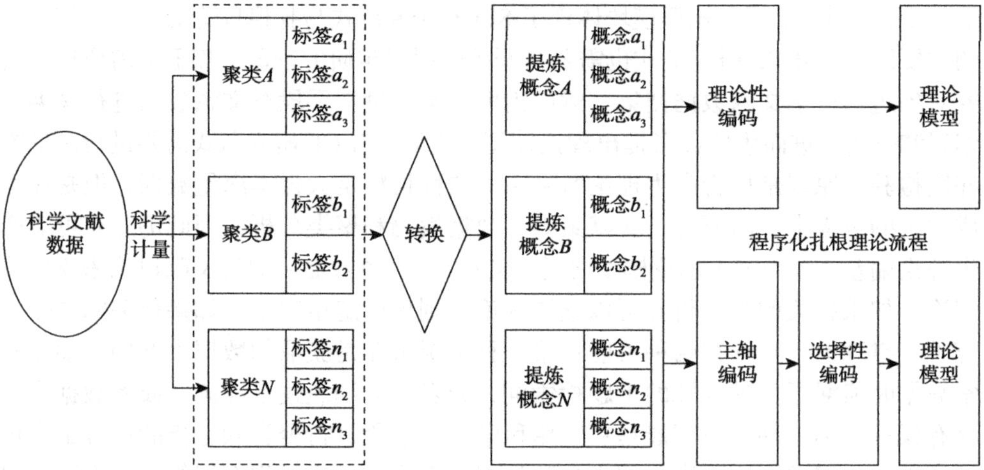

图 5.3　SLCP 研究范式的数据编码机制

3）范式的数据获取问题

SLCP 研究范式中的关键环节之一是数据获取。在这方面，对“主题”开展研究和对“现象”开展研究是有所不同的。对主题的研究一般意味着在科学领域已经有了一定的理论或者知识基础。为此，通过针对该主题的“主题词”进行科学文献数据搜集就可以得到研究所需的数据，进而为后续研究奠定基础。但是，对现象的研究则有所不同，因为可能没有一个精准的主题词、关键词或概念能够完整、准确地描述出现象范畴。在此情况下，需要研究者在获取数据时适当增加检索词、检索领域和搜索时间范围。需要注意的是，在 SLCP 研究范式中，得益于科学计量学的先进技术，当采用计算机对科学文献进行聚类的时候，可以实现对当前文献的施引文献和被引文献的追溯分析。因此，研究者在搜索科学文献时，检索词限定在主要的知识领域即可实现数据的高覆盖率，并不需要过度扩大检索范围。

5.2　基于 SLCP 研究范式的商业模式创新模型构建

本节基于 SLCP 研究范式先构建商业模式创新理论模型，然后进一步构建商业模式创新工具模型，进而形成系统性的商业模式创新模型体系，为本书后续开展 3D 打印背景下的服装企业商业模式创新奠定理论基础。

5.2.1　商业模式创新理论模型构建

1. 数据搜集与处理

依据 SLCP 研究范式，本书需要先搜集有关“商业模式创新”的科学文献数据，然后对其进行聚类分析。在这里，为了保证科学文献的质量，本书选用 Web of Science 平台的 SCI 和 SSCI 数据库，最终共检索得到 602 条文献记录。之后，本书分别利用科学计量软件工具 VOSviewer 和 CiteSpaceⅢ对收集的科学文献进行聚类处理。其中，采用 VOSviewer 软件的作用是实现对 602 条文献的直接聚类分析（小范围基础性分析），采用 CiteSpaceⅢ软件的作用是实现对 602 条文献的被引文献的聚类分析（大范围全面分析）。如此一来，使得针对商业模式创新相关科学文献的聚类分析更加全面，进而为后续编码工作提供充分可靠的数据依据。在应用 VOSviewer 软件时，经过反复测试，最终得到 288 个与“商业模式创新”高度相关的聚类标签。接下来，本书采用 CiteSpaceⅢ对 602 条文献的被引文献（共 13 670 条记录）进行聚类分析，最终得到 737 个与“商业模式创新”高度相关的聚类标签。在上述分析基础上，本书对 VOSviewer 软件和 CiteSpaceⅢ软件得到的聚类标签结果进行交叉比对，剔除重复性的概念词语和不准确的标签数据，最终得到 870 个与“商业模式创新”高度相关的聚类标签。接下来，将基于这些标签开展编码工作。

2. 初始概念提炼：开放式编码

开放式编码阶段的主要工作分为标签化、概念化和类属化三个步骤，它是将文字资料逐行编码，进而抽象为概念，并理清概念的形成及概念间的关系，最后将有一定联系的概念通过再次抽象、概括和归纳，从而得到初始范畴的过程（郑称德等，2011）。具体而言，标签化是对搜集到的材料数据贴标签，概念化是对所有标签进行概念提炼，类属化是对有一定联系的概念进行深层次抽象和归纳，为后续的范畴提炼提供材料（刘蕙，2017）。

在本书研究中，由于对“商业模式创新”科学文献质性材料的聚类已经完成，这些聚类的标签内容也已同步生成。为此，本书将直接针对这些聚类内容进行标签化和概念化工作。在这里，为了提高编码效果和效率，本书进一步对已经得到的聚类标签进行内容解读，然后合并具有相同或者相似含义的标签，最终对如表 5.1 所示的 368 个重要标签进行概念化。

表 5.1　开放式编码的贴标签（概念化）

编号	贴标签（概念化）	编号	贴标签（概念化）	编号	贴标签（概念化）
a_1	3D 打印技术	a_{34}	买家	a_{67}	合作性竞争的商业模式
a_2	吸收能力	a_{35}	能力	a_{68}	版权
a_3	配件销售	a_{36}	能力发展	a_{69}	版权改革
a_4	电子商务创新	a_{37}	能力重构	a_{70}	核心能力
a_5	敏捷企业	a_{38}	捕获价值	a_{71}	企业商业模式的转型
a_6	代理成本	a_{39}	挑战	a_{72}	企业文化
a_7	调整管理模式	a_{40}	云	a_{73}	公司创业
a_8	战略联盟	a_{41}	云商业模式	a_{74}	公司治理
a_9	双元性创新	a_{42}	云计算	a_{75}	企业的社会责任
a_{10}	模拟企业环境	a_{43}	价值共创	a_{76}	企业战略
a_{11}	吸引风险资本投资者	a_{44}	共存的商业模式	a_{77}	创造新的消费者价值
a_{12}	生物技术	a_{45}	认知先行	a_{78}	创造价值
a_{13}	边界对象	a_{46}	认知方法	a_{79}	创新理论
a_{14}	破坏性创新	a_{47}	认知弹性	a_{80}	创新网络
a_{15}	经营理念创新	a_{48}	协作	a_{81}	创意项目
a_{16}	企业孵化	a_{49}	协作机制	a_{82}	创造力
a_{17}	放射型价值链	a_{50}	协同商业建模	a_{83}	众包
a_{18}	区域经济的发展	a_{51}	协作网络	a_{84}	文化变迁
a_{19}	商业模式	a_{52}	协同服务创业	a_{85}	文化产业
a_{20}	商业模式画布	a_{53}	供应链协同	a_{86}	客户知识管理
a_{21}	商业模式组合	a_{54}	破坏性数字创新	a_{87}	客户满意度
a_{22}	商业模式困境	a_{55}	兼容性	a_{88}	客户价值
a_{23}	商业模式演变	a_{56}	竞争	a_{89}	客户参与
a_{24}	商业模式维度	a_{57}	竞争优势	a_{90}	筹资机制
a_{25}	商业模式创新绩效	a_{58}	竞争性模仿	a_{91}	设计代工
a_{26}	商业模式视角	a_{59}	互补性资本	a_{92}	提升电子商务动态能力
a_{27}	商业模式透明度悖论	a_{60}	概念性商业模式框架	a_{93}	发展全方位创新能力
a_{28}	商业模式创新	a_{61}	约束机制	a_{94}	设计可持续产品服务体系
a_{29}	商业模式动力学	a_{62}	消费者	a_{95}	诊断
a_{30}	业务建模	a_{63}	消费	a_{96}	数字交换
a_{31}	在线服务（online service，OLS）	a_{64}	随机方法	a_{97}	数字创新
a_{32}	经营策略	a_{65}	持续性创新	a_{98}	不连续性
a_{33}	企业制度创新	a_{66}	合作	a_{99}	可持续创新

续表

编号	贴标签（概念化）	编号	贴标签（概念化）	编号	贴标签（概念化）
a_{100}	破坏性的商业模式	a_{133}	财务绩效	a_{166}	知识产权
a_{101}	破坏性潜力	a_{134}	创造性破坏	a_{167}	企业间合作
a_{102}	破坏性技术	a_{135}	金融服务	a_{168}	内部整合
a_{103}	多元化	a_{136}	企业成长	a_{169}	互联网
a_{104}	主导产业的逻辑	a_{137}	企业绩效	a_{170}	组织间的认知
a_{105}	服务驱动的创新	a_{138}	企业级响应	a_{171}	投资
a_{106}	动态能力	a_{139}	先行者优势	a_{172}	移动网络运营商
a_{107}	动态一致性	a_{140}	远见	a_{173}	知识管理体系
a_{108}	创新扩展	a_{141}	价值管理架构化	a_{174}	知识转移
a_{109}	动态的专利分析方法	a_{142}	社区	a_{175}	知识生态系统
a_{110}	经济激励	a_{143}	未来的竞争优势	a_{176}	基于知识的创新
a_{111}	经济绩效	a_{144}	全球知识采购流程	a_{177}	后发企业
a_{112}	新产品开发	a_{145}	全球化	a_{178}	精益创新能力
a_{113}	电子期权交易所	a_{146}	阶段–关口（stage-gate）流程	a_{179}	合法化
a_{114}	新兴经济体	a_{147}	异质性	a_{180}	商业模式的耦合
a_{115}	新兴市场	a_{148}	隐藏的价值	a_{181}	低成本的商业模式
a_{116}	以新兴技术为基础的服务	a_{149}	高科技	a_{182}	低收入市场
a_{117}	实证分析	a_{150}	高动荡的市场	a_{183}	管理创新的视角
a_{118}	实证调查	a_{151}	人力资本	a_{184}	管理策略
a_{119}	最终用户	a_{152}	渐进式创新	a_{185}	企业动态能力
a_{120}	专业消费者的营利性	a_{153}	孵化器	a_{186}	市场定位
a_{121}	企业领导方法	a_{154}	信息技术	a_{187}	市场的不确定性
a_{122}	企业家为中心的模式	a_{155}	信息系统	a_{188}	营销
a_{123}	创业导向	a_{156}	创新驱动	a_{189}	营销能力
a_{124}	企业家	a_{157}	创新经济	a_{190}	大规模定制
a_{125}	建立平台	a_{158}	创新性成长的风险	a_{191}	匹配异构的开放式创新
a_{126}	P2P[1)] 商业模式评价	a_{159}	制度创业	a_{192}	中介作用
a_{127}	视角广阔性	a_{160}	集成化产品与服务	a_{193}	缺少联动
a_{128}	探索	a_{161}	集成化解决方案	a_{194}	缺少社会技术配置
a_{129}	外部业务模型匹配	a_{162}	整合信息通信技术	a_{195}	混合资源
a_{130}	外部介入	a_{163}	集成产品	a_{196}	移动应用产业
a_{131}	选择性注意	a_{164}	整合	a_{197}	手机银行
a_{132}	文件共享	a_{165}	综合再利用系统	a_{198}	移动平台生态系统结构

续表

编号	贴标签（概念化）	编号	贴标签（概念化）	编号	贴标签（概念化）
a_{199}	基于本体论的动态联盟（dynamic alliance）	a_{229}	组织创新	a_{259}	销售管理
a_{200}	模块化	a_{230}	组织学习	a_{260}	创业型企业
a_{201}	多维商业模式	a_{231}	组织绩效	a_{261}	服务框架
a_{202}	跨国企业	a_{232}	外包	a_{262}	服务质量
a_{203}	虚拟运营商（virtual network operator，VNO）的服务	a_{233}	克服组织惯性	a_{263}	服务创新
a_{204}	纳米技术	a_{234}	并行的商业模式	a_{264}	基于服务的商业模式
a_{205}	嵌套的网络效应	a_{235}	合作伙伴关系	a_{265}	股东价值
a_{206}	网络	a_{236}	顾客忠诚度	a_{266}	冗余资源
a_{207}	网络运营商的商业模式	a_{237}	专利开发	a_{267}	智能设备
a_{208}	网络模型	a_{238}	专利流氓	a_{268}	智能生活
a_{209}	网络位置	a_{239}	货币	a_{269}	初始信任
a_{210}	网络企业的商业模式定位	a_{240}	劝导技术（persuasive technology）	a_{270}	社会资本
a_{211}	新型 B2B[2)] 企业间的关系	a_{241}	政策	a_{271}	社会绩效
a_{212}	以柔性为导向的商业模式	a_{242}	动力学	a_{272}	社交媒体（social media）
a_{213}	创造新的市场	a_{243}	定价策略	a_{273}	社会网络
a_{214}	网络化商业模式	a_{244}	私有化驱动的创新	a_{274}	社会企业家精神
a_{215}	产品创新	a_{245}	生产服务体系	a_{275}	基于软件的混合商业模式
a_{216}	下一代网络	a_{246}	生产模型	a_{276}	特定方案的商业模式
a_{217}	利基定制（niche customization，NC）	a_{247}	生产力	a_{277}	基于赞助商的商业模式
a_{218}	非政府组织	a_{248}	产品服务系统	a_{278}	利益相关者理论
a_{219}	NPE[3)] 专利收购	a_{249}	公共部门创新	a_{279}	初创企业
a_{220}	OEM 供应商	a_{250}	研发和设计	a_{280}	战略决策
a_{221}	基于本体的动态联盟服务	a_{251}	激进式创新	a_{281}	战略创新
a_{222}	开放式服务创新	a_{252}	盈利	a_{282}	战略柔性
a_{223}	开放性知识转移	a_{253}	价值链	a_{283}	战略定位
a_{224}	开放源代码	a_{254}	法规宣传	a_{284}	战略思维
a_{225}	机会	a_{255}	电子中介创新	a_{285}	战略利基管理
a_{226}	最优分配	a_{256}	资源管理服务	a_{286}	基于信息技术的商业模式创新
a_{227}	组织变革	a_{257}	资源基础观	a_{287}	供应链管理
a_{228}	组织形式	a_{258}	风险	a_{288}	可持续性

续表

编号	贴标签（概念化）	编号	贴标签（概念化）	编号	贴标签（概念化）
a_{289}	促进移动虚拟网络运营商扩散	a_{316}	开放的商业模式	a_{343}	工业产品服务系统
a_{290}	可持续能源	a_{317}	开放式创新	a_{344}	惯性
a_{291}	对称假设	a_{318}	开源软件	a_{345}	信息
a_{292}	系统性商业模式创新	a_{319}	开放性	a_{346}	可再生能源
a_{293}	创新定位	a_{320}	策划网络	a_{347}	可再生微型发电
a_{294}	团队学习框架	a_{321}	组织的可持续发展	a_{348}	研究性创业
a_{295}	连续性的技术变革	a_{322}	专利收购	a_{349}	响应
a_{296}	技术创新	a_{323}	专利路线图	a_{350}	逆向服务
a_{297}	技术成熟度	a_{324}	基于专利的投资组合方法	a_{351}	二次商业模式创新
a_{298}	技术转移	a_{325}	技术变革	a_{352}	敏捷化的商业模式
a_{299}	技术路线图	a_{326}	技术杂交	a_{353}	路径依赖
a_{300}	技术服务	a_{327}	技术创业	a_{354}	不适合的技术商业化
a_{301}	技术驱动的业务创新	a_{328}	新的方向	a_{355}	小型 Hub 企业
a_{302}	双边平台的成功	a_{329}	混合方法研究	a_{356}	中小企业利用无形资产
a_{303}	使用意愿	a_{330}	价值攫取	a_{357}	创新性设备
a_{304}	以用户为中心的方法	a_{331}	价值捕获	a_{358}	创新扩散
a_{305}	价值驱动	a_{332}	价值创造	a_{359}	创新管理
a_{306}	价值最大化	a_{333}	价值创新	a_{360}	创新模式
a_{307}	风险资本	a_{334}	创业过程	a_{361}	知识创造
a_{308}	垂直整合	a_{335}	外部知识	a_{362}	方法问题
a_{309}	现有的商业模式	a_{336}	金融化	a_{363}	权力
a_{310}	效率	a_{337}	游戏化	a_{364}	产品
a_{311}	包容性增长	a_{338}	绿色化	a_{365}	产品开发
a_{312}	企业竞争力	a_{339}	智力资本导航方法	a_{366}	协同生产
a_{313}	不纯正的专利所有者	a_{340}	增量学习	a_{367}	伦理
a_{314}	新的多目标决策框架	a_{341}	个体经营模式	a_{368}	科学背景
a_{315}	在线免费游戏	a_{342}	工业生态学		

1）P2P：peer to peer，点对点网络借款；2）B2B：business to business，企业对企业；3）NPE：non-practicing entity，非实施主体

然后，对表 5.1 中的所有概念进行类属化操作。按照概念的相似性和概念间的相互逻辑关系，通过抽象、概括、归纳将其整合为初始范畴，结果如表 5.2 所示，共得到了与“商业模式创新”最相关的 74 个初始范畴。

表 5.2　开放式编码的类属化

编号	初始范畴	编号	初始范畴
A_1	市场参与者（a_{34}、a_{62}、a_{119}、a_{218}、a_{220}）	A_{25}	企业治理（a_{74}、a_{95}）
A_2	价值主张（a_{13}、a_{77}、a_{104}）	A_{26}	企业认知（a_{45}、a_{46}、a_{47}、a_{170}）
A_3	顾客取向（a_{89}、a_{98}、a_{103}、a_{303}）	A_{27}	合作关系（a_8、a_{66}、a_{167}、a_{199}、a_{211}、a_{235}、a_{269}、a_{278}）
A_4	营销策略（a_3、a_{240}、a_{243}、a_{272}）	A_{28}	创业成长（a_{73}、a_{123}、a_{159}、a_{327}、a_{334}、a_{348}）
A_5	运作媒介（a_4、a_{92}、a_{113}、a_{192}、a_{255}）	A_{29}	网络改进（a_{51}、a_{80}、a_{205}、a_{206}、a_{208}、a_{209}、a_{273}、a_{320}）
A_6	成本类型（a_6、a_{258}）	A_{30}	竞争优势（a_{57}、a_{139}、a_{143}、a_{225}、a_{312}）
A_7	专利（a_{109}、a_{219}、a_{237}、a_{238}、a_{313}、a_{322}、a_{323}、a_{324}）	A_{31}	约束因素（a_{61}、a_{131}、a_{187}、a_{193}、a_{194}、a_{238}、a_{313}、a_{344}、a_{353}、a_{354}）
A_8	生产方式（a_{83}、a_{91}、a_{232}、a_{366}）	A_{32}	筹资机制（a_{11}、a_{90}、a_{171}）
A_9	供应链管理（a_{53}、a_{138}、a_{287}、a_{349}）	A_{33}	评价方法（a_{64}、a_{117}、a_{118}、a_{126}、a_{314}）
A_{10}	资本类型（a_{59}、a_{151}、a_{270}、a_{307}、a_{356}）	A_{34}	渠道提供（a_{142}、a_{232}、a_{355}）
A_{11}	新兴技术（a_1、a_{12}、a_{40}、a_{42}、a_{204}、a_{224}）	A_{35}	技术变革（a_{101}、a_{102}、a_{149}、a_{295}、a_{296}、a_{297}、a_{298}、a_{299}、a_{300}、a_{301}、a_{325}、a_{326}）
A_{12}	创新方法（a_9、a_{10}、a_{14}、a_{20}、a_{21}、a_{29}、a_{30}、a_{50}、a_{58}、a_{65}、a_{99}、a_{105}、a_{134}、a_{152}、a_{191}、a_{199}、a_{242}、a_{244}、a_{251}、a_{291}、a_{292}、a_{304}）	A_{36}	协作机制（a_{48}、a_{49}、a_{51}、a_{129}）
A_{13}	利润获取（a_{43}、a_{63}、a_{120}）	A_{37}	整合创新（a_{164}、a_{168}、a_{180}、a_{195}、a_{308}）
A_{14}	企业成长（a_{16}、a_{93}、a_{136}）	A_{38}	绩效（a_{25}、a_{111}、a_{133}、a_{137}、a_{226}、a_{231}、a_{271}）
A_{15}	创新风险（a_{158}、a_{258}）	A_{39}	产权（a_{68}、a_{69}、a_{166}）
A_{16}	创新模仿（a_{28}、a_{41}、a_{44}、a_{67}、a_{100}、a_{176}、a_{181}、a_{201}、a_{212}、a_{214}、a_{234}、a_{264}、a_{275}、a_{276}、a_{277}、a_{286}、a_{301}、a_{341}、a_{351}、a_{352}、a_{360}）	A_{40}	企业文化（a_{72}、a_{75}、a_{84}、a_{85}、a_{367}）
A_{17}	商业模式运作（a_{19}、a_{22}、a_{23}、a_{24}、a_{26}、a_{27}、a_{309}）	A_{41}	价值驱动（a_{110}、a_{305}）
A_{18}	经营管理（a_7、a_{15}、a_{32}、a_{33}、a_{71}、a_{183}、a_{184}、a_{249}）	A_{42}	组织变革（a_{227}、a_{228}、a_{229}、a_{321}、a_{233}）
A_{19}	创新能力（a_2、a_{36}、a_{37}、a_{70}、a_{178}）	A_{43}	产品创新（a_{112}、a_{163}、a_{215}、a_{364}、a_{365}）
A_{20}	价值管理（a_{38}、a_{43}、a_{78}、a_{141}、a_{265}、a_{330}、a_{331}、a_{332}、a_{333}、a_{339}）	A_{44}	数字化（a_{54}、a_{96}、a_{97}）
A_{21}	竞争威胁（a_{39}、a_{56}、a_{58}、a_{130}、a_{177}）	A_{45}	动态能力（a_{92}、a_{106}、a_{107}、a_{185}）
A_{22}	创新驱动（a_{108}、a_{156}、a_{157}、a_{293}、a_{358}、a_{359}）	A_{46}	服务创新（a_{105}、a_{190}、a_{217}、a_{222}、a_{261}、a_{262}、a_{263}）
A_{23}	设备（a_{267}、a_{357}）	A_{47}	服务类型（a_{31}、a_{52}、a_{116}、a_{135}、a_{203}、a_{221}、a_{256}、a_{300}、a_{350}）
A_{24}	市场环境（a_{18}、a_{130}、a_{145}、a_{157}、a_{187}、a_{268}）	A_{48}	价值链（a_{17}、a_{253}）

续表

编号	初始范畴	编号	初始范畴
A_{49}	客户黏度（a_{87}、a_{236}）	A_{62}	移动网络（a_{169}、a_{172}、a_{196}、a_{197}、a_{198}、a_{207}、a_{289}）
A_{50}	评价指标（a_{55}、a_{127}、a_{147}、a_{252}、a_{288}）	A_{63}	产品服务组合（a_{94}、a_{160}、a_{245}、a_{248}、a_{343}）
A_{51}	平台化（a_{125}、a_{132}、a_{153}、a_{169}、a_{302}）	A_{64}	生产能力（a_{35}、a_{246}、a_{247}）
A_{52}	领导者（a_{121}、a_{122}、a_{124}、a_{140}、a_{274}、a_{363}）	A_{65}	资源禀赋（a_{257}、a_{266}、a_{290}）
A_{53}	理论动力（a_{60}、a_{79}、a_{128}、a_{329}、a_{362}、a_{368}）	A_{66}	研发设计（a_{82}、a_{146}、a_{237}、a_{250}）
A_{54}	价值最大化（a_{148}、a_{265}、a_{306}、a_{310}、a_{311}）	A_{67}	学习能力（a_{2}、a_{230}、a_{294}、a_{340}）
A_{55}	知识（a_{86}、a_{144}、a_{166}、a_{173}、a_{174}、a_{175}、a_{176}、a_{223}、a_{335}、a_{361}）	A_{68}	企业类型（a_{5}、a_{177}、a_{202}、a_{260}、a_{279}）
A_{56}	战略管理与创新（a_{8}、a_{76}、a_{280}、a_{281}、a_{282}、a_{283}、a_{284}、a_{285}）	A_{69}	营销管理（a_{188}、a_{189}、a_{259}）
A_{57}	市场选择（a_{114}、a_{115}、a_{150}、a_{182}、a_{213}）	A_{70}	开放化（a_{191}、a_{222}、a_{223}、a_{224}、a_{316}、a_{317}、a_{318}、a_{319}）
A_{58}	信息化（a_{154}、a_{155}、a_{162}、a_{216}、a_{345}）	A_{71}	游戏化与免费化（a_{315}、a_{337}）
A_{59}	系统功能（a_{161}、a_{165}、a_{200}）	A_{72}	绿色化（a_{338}、a_{342}、a_{346}、a_{347}）
A_{60}	法律政策（a_{179}、a_{241}、a_{254}）	A_{73}	金融化（a_{239}、a_{336}）
A_{61}	竞争定位（a_{145}、a_{186}、a_{210}、a_{328}）	A_{74}	创意项目（a_{81}）

3. 范畴提炼：主轴式编码

基于扎根理论的新研究范式 SLCP，本部分使用标准的程序化扎根理论构建商业模式创新理论模型。程序化扎根理论共分为开放式编码、主轴式编码和选择式编码三个主要阶段。基于前文已经进行的开放式编码，本部分将继续开展主轴式编码。主轴式编码是开放式编码完成之后紧接着需要做的工作，该阶段的主要任务是将上一阶段得到的各个范畴加以联系，发现并识别出与研究问题有关的主要范畴和副范畴，并找到各个范畴间潜在的逻辑关系及因果层次关系（丁焕明，2016）。

典范模型是主轴式编码过程中的一种重要分析工具。典范模型就是循着“因果条件—现象—脉络—中介条件—行动策略—结果”的主线，将开放式编码中得出的各项范畴联结在一起的过程（程静怡，2014）。通过典范模型分析，我们可以对某个事件理解得更加全面和透彻，从而为下一步通过选择式编码选取核心范畴做准备。借助典范模型这一工具，本书对初始概念进行系统的梳理，以“为什么要进行商业模式创新、怎么进行商业模式创新、如何评价商业模式创新结果”为逻辑主线，对各类属按性质和范畴进行逻辑关系分析和层次构建，结果如表 5.3 所示。

表 5.3　基于典范模型的主要范畴逻辑关系分析与层次构建（主轴式编码）

层次	主要范畴	编号	副范畴	初始范畴	范畴性质
动因层	价值驱动	AA_1	外部动力	A_{11} 新兴技术、A_{17} 商业模式运作、A_{22} 创新驱动、A_{24} 市场环境、A_{35} 技术变革、A_{53} 理论动力、A_{60} 法律政策	推动商业模式创新的企业外部因素
		内在逻辑关系		“新兴技术”的出现及“技术变革”可能对传统商业模式产生影响，推动企业进行商业模式创新；“创新驱动”是企业发展的重要路径；良好的“市场环境”是商业模式创新的根基；行业内的现行“商业模式运作”境况是驱动企业开展商业模式创新的重要参考因素；一些新理论和新方法的出现将成为企业尝试进行商业模式创新的“理论动力”；政治上的“法律政策”将为商业模式创新提供保障和支撑	
		AA_2	内部动力	A_{26} 企业认知、A_{30} 竞争优势、A_{41} 价值驱动、A_{52} 领导者、A_{68} 企业类型、A_{74} 创意项目	推动商业模式创新的企业自身因素
		内在逻辑关系		企业对商业模式和创新等领域的“企业认知”是其开展商业模式创新的基础；自身“竞争优势”强弱会直接影响商业模式创新的结果；“领导者”是企业商业模式创新的核心决策者，他们的创新思维与创新能力对企业商业模式创新起到重大作用；不同类型企业对商业模式创新有着差异性需求，因此“企业类型”对商业模式创新的驱动影响也是明显的；一些新的“创意项目”往往驱动企业开展商业模式创新，进而满足客户需要；企业的本质是营利，因此，“价值驱动”是企业开展商业模式创新的自然属性	
		AA_3	约束阻力	A_{15} 创新风险、A_{21} 竞争威胁、A_{31} 约束因素	不利因素对商业模式创新形成负驱动
		内在逻辑关系		商业模式创新将面临诸多“创新风险”，各种“竞争威胁”不断演变出新，同时还会受到多种“约束因素”的制约，这些因素无疑都将成为商业模式创新的负驱动	
	内在逻辑关系			在内部动力和外部动力的正驱动下及各种约束阻力的负驱动下，企业决定是否有必要开展商业模式创新	
行动层	价值目标	AA_4	发展目标	A_{14} 企业成长、A_{28} 创业成长、A_{54} 价值最大化、A_{56} 战略管理与创新	顶层设计，引领创新方向
		内在逻辑关系		商业模式创新的目的就是实现“创业成长”和“企业成长”及普通企业的壮大，从经济角度实现“价值最大化”，从战略角度实现“战略管理与创新”	
		AA_5	实现方法	A_{12} 创新方法、A_{16} 创新模仿、A_{20} 价值管理、A_{37} 整合创新、A_{42} 组织变革	商业模式创新的方法与工具
		内在逻辑关系		“创新方法”是开展商业模式创新的重要路径；同时，也可以对不同行业、不同竞争对手的现有商业模式采用移植等手段进行“创新模仿”与“整合创新”，打造新商业模式；通过“价值管理”，企业可以对商业模式进行精准创新；“组织变革”使得企业架构发生变化，将间接推动商业模式创新	
	内在逻辑关系			以发展目标为引领，通过一系列方法实现商业模式创新	

续表

层次	主要范畴	编号	副范畴	初始范畴	范畴性质
行动层	价值主张	AA_6	市场定位	A_{57}市场选择、A_{61}竞争定位	新型商业模式的市场导向
		内在逻辑关系		企业可以通过不同“市场选择”来改变竞争策略，构建差异性的商业模式；“竞争定位”突出了本企业与竞争者之间在产品或服务上的不同特点，企业可以对最有利的竞争优势加以开发，构建新的商业模式	
		AA_7	产品和服务	A_{43}产品创新、A_{46}服务创新、A_{47}服务类型、A_{63}产品服务组合	新型商业模式的提供对象
		内在逻辑关系		“产品”和“服务”是商业模式运营的核心对象，进行“产品创新”和“服务创新”显然是商业模式创新的核心环节；此外，可以协同考虑产品和“服务类型”问题，通过“产品服务组合”来实现商业模式创新	
		AA_8	客户	A_2价值主张、A_3顾客取向、A_{49}客户黏度	新型商业模式的服务对象
		内在逻辑关系		客户的“价值主张”体现了企业未来需要提供的产品或服务方向，是企业价值主张形成的根基；“顾客取向”反映了客户的需求变化，企业可以据此设计新的商业模式；“客户黏度”反映了客户的有效性，据此设计新型商业模式可以改善企业的商业运营绩效	
	内在逻辑关系			针对“市场在哪”“客户是谁”“提供什么”进行商业模式创新	
	价值创造	AA_9	核心能力	A_8生产方式、A_9供应链管理、A_{18}经营管理、A_{19}创新能力、A_{25}企业治理、A_{45}动态能力、A_{64}生产能力、A_{66}研发设计、A_{67}学习能力	打造新型商业模式所需要的关键能力
		内在逻辑关系		通过“生产方式”的改变，可以催生出不同的商业模式；“供应链管理”“经营管理”“企业治理”涉及企业运营的诸多层面，通过对其问题进行分析与挖掘，可以寻找商业模式创新的机遇；“创新能力”是企业开展商业模式创新的核心能力要求；“动态能力”是商业模式创新的本质特点，因为商业模式创新本身就是一种动态性变革；“生产能力”是企业运营的基本能力，但是生产能力的改变有可能改变以往商业模式的运行机制，从而伴随着潜在的商业模式创新；“研发设计”是现代企业高度关注的领域，其能力高低可以间接推动企业商业模式的变革；“学习能力”是一个企业发展的内在动力，可以促进商业模式创新	
		AA_{10}	关键资源	A_7专利、A_{23}设备、A_{27}合作关系、A_{39}产权、A_{40}企业文化、A_{55}知识、A_{65}资源禀赋	打造新型商业模式所需要的关键资源
		内在逻辑关系		一些新“专利”、新“设备”的出现使以往难题得到了解决或者优化，这很可能催生新型商业模式；企业间“合作关系”是商业模式创新的重要基础和变量，不同的合作关系可能催生出不同的商业模式；新“产权”和“企业文化”的转变会使企业经营理念也发生变革，进而传递到商业模式改变；当企业对“知识”的重视和利用程度提高时，商业模式创新就容易成功；当企业拥有更加丰富的“资源禀赋”时，开展商业模式创新就会更容易	
	内在逻辑关系			核心能力与关键资源是价值创造的主要载体。通过对二者相关要素的调整实现商业模式创新	

续表

层次	主要范畴	编号	副范畴	初始范畴	范畴性质
行动层	价值传递	AA_{11}	渠道	A_4营销策略、A_{34}渠道提供、A_{69}营销管理	产品与服务的传递通道
		内在逻辑关系		商业模式中产品与服务的提供依托的是营销渠道，结合营销策略和营销管理，对营销渠道进行创新，将可能实现新型商业模式的构建	
		AA_{12}	价值链	A_1市场参与者、A_5运作媒介、A_{48}价值链	价值流传递
		内在逻辑关系		商业模式运作过程中的主要“市场参与者”借助各种“运作媒介”实现价值链接。通过参与者特征和运作媒介的优化，有可能实现商业模式创新	
		AA_{13}	信息系统	A_{58}信息化、A_{59}系统功能、A_{62}移动网络	价值传递的信息载体与控制系统
		内在逻辑关系		“信息化”是企业商业运营的必然趋势，因此通过对这一要素的分析可以发现商业模式创新的契机；“系统功能”是信息化的功能体现，借助系统功能的优化，可以改变已有商业模式的运行流程或机制；“移动网络”是对信息化和系统功能的融合应用，也是商业模式创新的主要路径	
		AA_{14}	价值网络	A_{29}网络改进、A_{36}协作机制、A_{44}数字化、A_{51}平台化、A_{70}开放化、A_{71}游戏化与免费化、A_{72}绿色化、A_{73}金融化	传递价值的网络结构
		内在逻辑关系		价值网络改进的优化可以实现改变网络的布局、效率、效益等一系列效果，进而催生商业模式变革；价值网络中参与者之间的“协作机制”创新，也可以推动商业模式的改变；此外，“数字化”“平台化”“开放化”“游戏化与免费化”“绿色化”“金融化”都是商业模式创新的方向	
	内在逻辑关系			渠道、价值链、信息系统和价值网络共同支撑商业模式创新中的价值传递。通过对四者相关要素的调整可以实现商业模式创新	
	价值捕获	AA_{15}	成本结构	A_6成本类型	商业模式运营中的支出项目
		内在逻辑关系		成本是商业模式运营的重要考量因素。企业可以通过对不同“成本类型”的分析，挖掘优化商业模式的措施	
		AA_{16}	资产组成	A_{10}资本类型、A_{32}筹资机制	商业模式运营中实现的资产获得
		内在逻辑关系		“资本类型”反映了商业模式中的价值存放状态，通过调整资本类型组合，可以推动商业模式创新；“筹资机制”反映了商业模式中的资本来源，调整资本来源渠道也可以推动商业模式变革	
		AA_{17}	利润收益	A_{13}利润获取	商业模式运营中获得的利润
		内在逻辑关系		“利润获取”是商业模式创新的目标，丰富利润获取渠道可以推动传统商业模式的变革	
	内在逻辑关系			企业通过资产增值及成本支出后实现利润收益。成本结构、资产组成和利润收益共同支撑商业模式创新中的价值捕获。通过对三者相关要素的调整可以推动商业模式创新	

续表

层次	主要范畴	编号	副范畴	初始范畴	范畴性质
评价层	价值评价	AA_{18}	对比评价	A_{33}评价方法、A_{38}绩效、A_{50}评价指标	商业模式创新评价
	内在逻辑关系			采用科学的“评价方法”和“评价指标”对商业模式创新结果进行价值评估，“绩效”反映了商业模式创新的效率和效果	
内在逻辑关系				“价值驱动”反映了商业模式创新的动因；“价值目标”明确了商业模式创新的方向；“价值主张”“价值创造”“价值传递”“价值捕获”反映了商业模式创新的过程，也是商业模式创新的主要对象；“价值评价”对商业模式创新的结果进行评价和反馈。上述要素协同运行，构建了完整的商业模式创新体系	

结合上述针对主要范畴的逻辑关系分析和层次提炼，本书最终确定了如表 5.4 所示的主轴式编码结果。

表 5.4　基于典范模型确定的主要范畴及其结构（主轴式编码）

层次	主要范畴	副范畴	初始范畴
动因层	价值驱动	AA_{1}外部动力	A_{11}新兴技术、A_{17}商业模式运作、A_{22}创新驱动、A_{24}市场环境、A_{35}技术变革、A_{53}理论动力、A_{60}法律政策
		AA_{2}内部动力	A_{26}企业认知、A_{30}竞争优势、A_{41}价值驱动、A_{52}领导者、A_{68}企业类型、A_{74}创意项目
		AA_{3}约束阻力	A_{15}创新风险、A_{21}竞争威胁、A_{31}约束因素
行动层	价值目标	AA_{4}发展目标	A_{14}企业成长、A_{28}创业成长、A_{54}价值最大化、A_{56}战略管理与创新
		AA_{5}实现方法	A_{12}创新方法、A_{16}创新模仿、A_{20}价值管理、A_{37}整合创新、A_{42}组织变革
	价值主张	AA_{6}市场定位	A_{57}市场选择、A_{61}竞争定位
		AA_{7}产品和服务	A_{43}产品创新、A_{46}服务创新、A_{47}服务类型、A_{63}产品服务组合
		AA_{8}客户	A_{2}价值主张、A_{3}顾客取向、A_{49}客户黏度
	价值创造	AA_{9}核心能力	A_{8}生产方式、A_{9}供应链管理、A_{18}经营管理、A_{19}创新能力、A_{25}企业治理、A_{45}动态能力、A_{64}生产能力、A_{66}研发设计、A_{67}学习能力
		AA_{10}关键资源	A_{7}专利、A_{23}设备、A_{27}合作关系、A_{39}产权、A_{40}企业文化、A_{55}知识、A_{65}资源禀赋
	价值传递	AA_{11}渠道	A_{4}营销策略、A_{34}渠道提供、A_{69}营销管理
		AA_{12}价值链	A_{1}市场参与者、A_{5}运作媒介、A_{48}价值链
		AA_{13}信息系统	A_{58}信息化、A_{59}系统功能、A_{62}移动网络
		AA_{14}价值网络	A_{29}网络改进、A_{36}协作机制、A_{44}数字化、A_{51}平台化、A_{70}开放化、A_{71}游戏化与免费化、A_{72}绿色化、A_{73}金融化
	价值捕获	AA_{15}成本结构	A_{6}成本类型
		AA_{16}资产组成	A_{10}资本类型、A_{32}筹资机制
		AA_{17}利润收益	A_{13}利润获取
评价层	价值评价	AA_{18}对比评价	A_{33}评价方法、A_{38}绩效、A_{50}评价指标

如表 5.4 所示，本书将开放式编码阶段得到的 74 个初始范畴聚类归纳为 18 个副范畴，进而整合为“价值驱动、价值目标、价值主张、价值创造、价值传递、价值捕获、价值评价”7 个主要范畴。这些主要范畴共同构成了如图 5.4 所示的商业模式创新的一级构件。

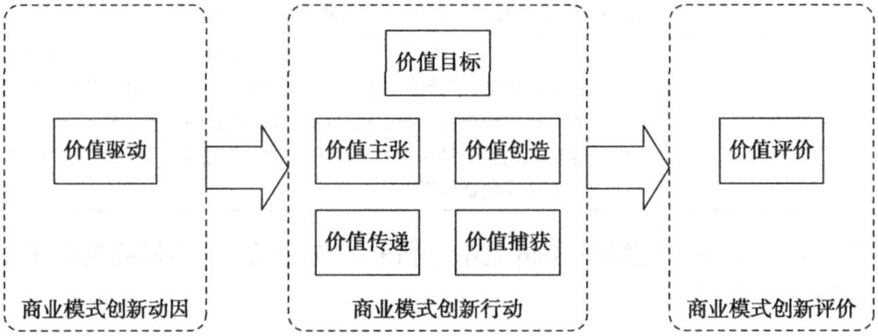

图 5.4　商业模式创新的一级构件

从图 5.4 可以看出，商业模式创新的一级构件可以分为三部分：第一部分是商业模式创新动因，即“价值驱动”；第二部分是商业模式创新行动，即针对“价值目标、价值创造、价值主张、价值传递、价值捕获”进行创新；第三部分是商业模式创新评价，即“价值评价”。连接这些核心构件的载体是价值流。很显然，商业模式创新符合“输入—转化—输出”的系统理念，是一种由创新动因（价值驱动）、创新行动（价值目标创新、价值主张创新、价值创造创新、价值传递创新、价值捕获创新）和创新评价（价值评价）共三个阶段七个组件构成的创新系统。

4. 模型构建：选择式编码

1）核心范畴的确定

选择式编码是扎根理论编码过程的最后阶段，也是形成最终理论模型阶段，其主要任务是通过严谨地分析，找出可以系统地与其他范畴相互联系且能贯穿商业模式创新发展始终的“核心范畴”，以此来解释说明整个研究的“故事主线”。其中，核心范畴是对主要范畴或副范畴进行的再次提炼，有着归纳性和领导性的作用，并以核心性、解释性、频繁性等特征贯穿整个事件的始终（刘璐瑶，2014）。根据上述各阶段编码工作，本书发现可以“价值目标”和“价值主张”两个因素同时作为商业模式创新运行系统的核心，其中，“价值目标”体现了宏观层面的决策核心，“价值主张”体现了运营层面的核心，形成双轮驱动的商业模式创新架构。其他各范畴都是围绕这两个“核心范畴”进行的系统活动。

图 5.5 展示了将“价值目标”和“价值主张”作为核心范畴的扩散性提取过程，可以发现，“价值驱动”“价值创造”“价值传递”“价值捕获”“价值评价”五

个主要范畴与核心范畴密切相关，都在核心范畴的直接辐射圈内，但是这几个主要范畴与核心范畴间的相对地位不是完全相等的，它们是围绕着核心范畴展开各自活动的相互作用体，与核心范畴协同进行商业模式创新。

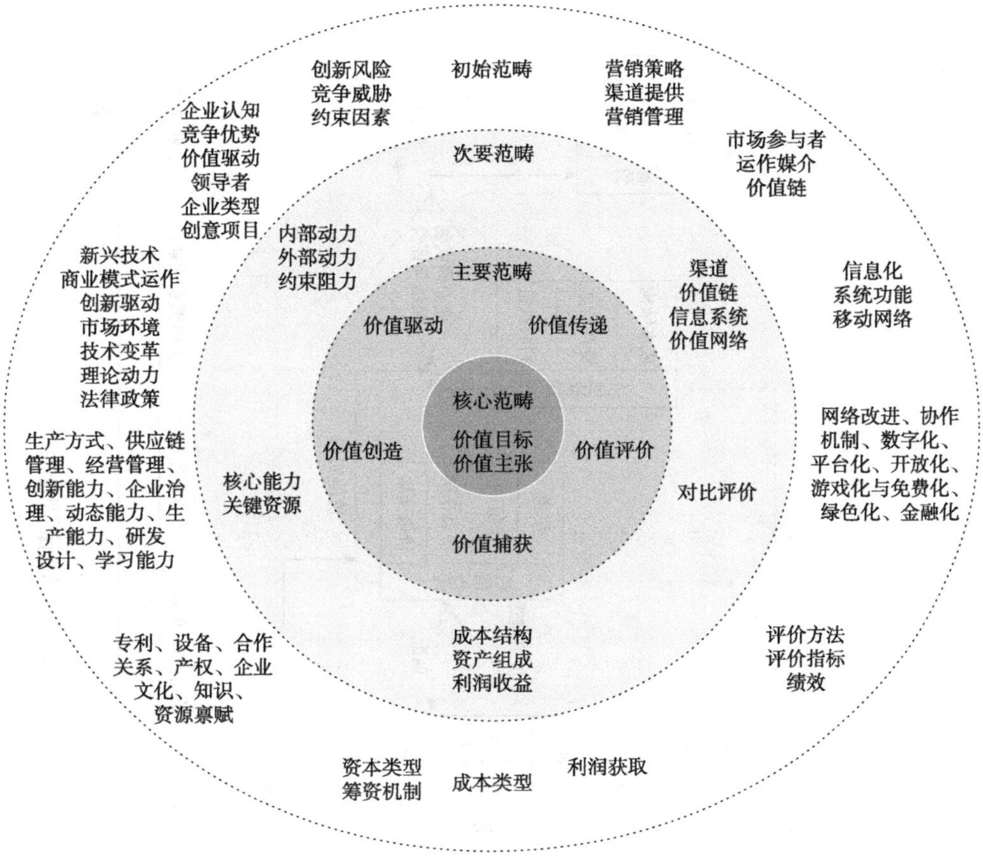

图 5.5　核心范畴扩散性提取过程

2）理论模型的构建

综合以上研究，本书提出：商业模式创新是一种由创新动因（价值驱动）、创新行动（价值目标创新、价值创造创新、价值主张创新、价值传递创新、价值捕获创新）和创新评价（价值评价）共三个阶段七个组件构成的、以价值流为载体的、以价值目标和价值主张为核心的创新系统。针对这一结论，本书提炼出“商业模式创新理论模型”。商业模式创新理论模型从动因层、行动层和评价层构建了“是否进行商业模式创新”“怎么进行商业模式创新”“如何评价商业模式创新”的商业模式创新体系。

为了进一步阐释商业模式创新理论模型的运行机制，本书构建了如图 5.6 所示的商业模式创新理论模型。具体而言，该模型包括如下三个运行阶段。

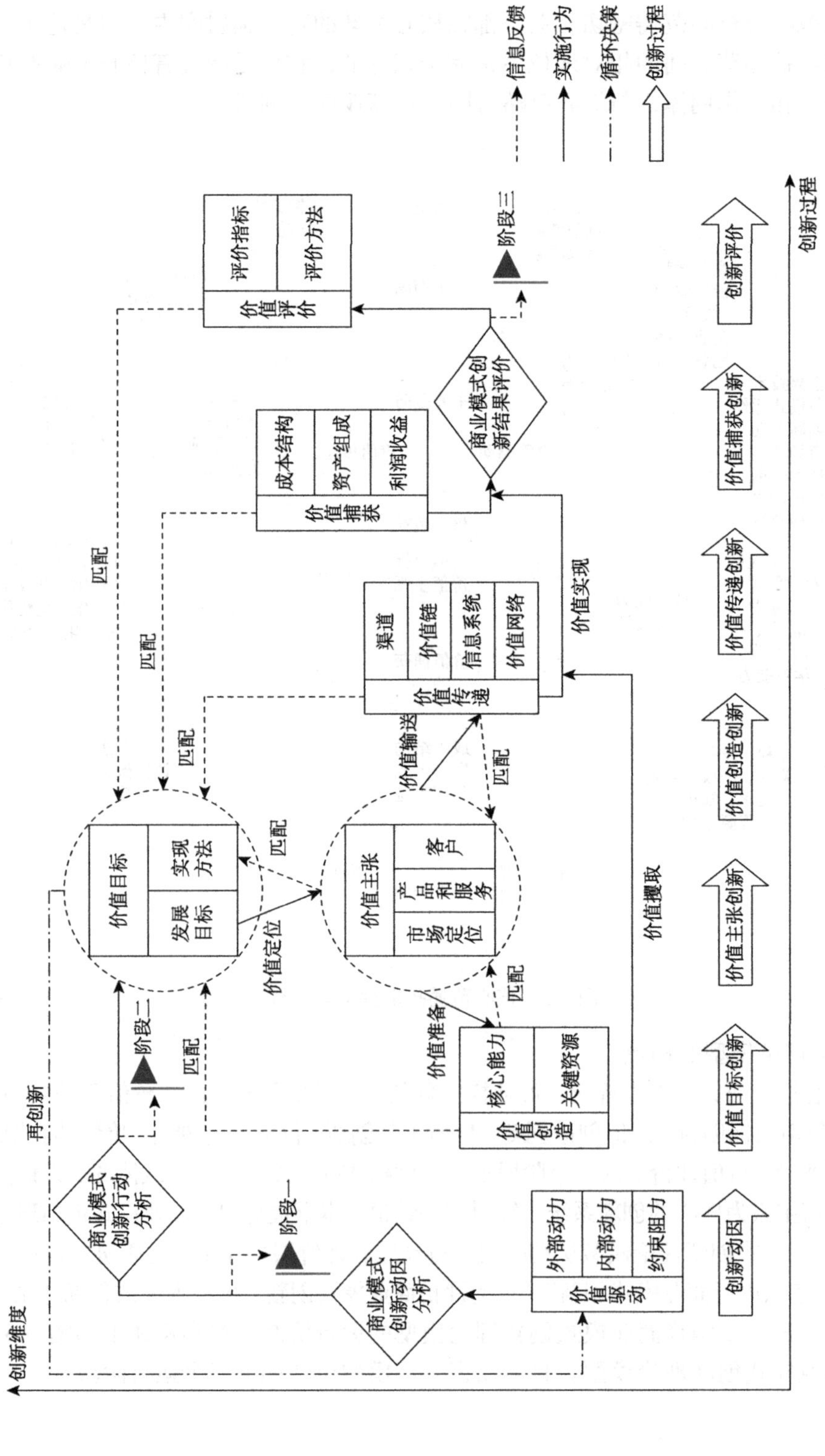

图5.6　商业模式创新理论模型

（1）第一阶段：商业模式创新动因分析。基于价值视角，企业首先针对外部动力（市场环境、创新驱动、技术变革、理论动力、法律政策等）、内部动力（企业认知、竞争优势、价值驱动、领导者、创意项目等）和约束阻力（创新风险、竞争威胁、约束因素等）分析是否有必要进行商业模式创新，是否可以为企业创造价值。

（2）第二阶段：商业模式创新行动分析。确认需要开展商业模式创新后，企业将从发展目标和实现方法的角度审视自身的价值目标，并对其开展宏观层面的顶层创新，以此明确后续商业模式创新的方向。不同的价值目标将引发后续不同的商业模式创新决策；然后，在价值目标基础上，企业将进入运营层面的商业模式创新。企业首先需要根据价值目标针对商业模式中的"市场定位、产品和服务、客户"进行价值主张创新，进而适应市场和客户的新要求，为后续价值活动奠定基础；其次，在价值主张的引导下，考虑能为企业生存和发展创造价值的"核心能力"和"关键资源"要素，开拓创新领域，挖掘创新潜力，实现新的价值创造；再次，通过"渠道、价值链、信息系统、价值网络"在内的一系列实施路径进行价值传递方式创新，满足客户对于产品和服务的新要求；最后，结合"成本结构、资产组成、利润收益"要素实现终端环节的价值捕获方式创新，实现企业自身的利益诉求。在该阶段的每个商业模式创新行动中，其结果必须同时符合"价值目标"与"价值主张"约束，也就是说，商业模式创新是一个服从整体目标与核心目标的系统性创新工程。

（3）第三阶段：商业模式创新评价分析。经过第二阶段得到的新型商业模式是否可以使企业获得价值增加，以及这种商业模式能否适应市场变化，这些都需要在第三阶段开展评价分析。在该阶段，可以采用不同的评价方法对新型商业模式进行评价，最后借助评价结果分析新型商业模式的可行性。如果新型商业模式不合理，那么就需要对商业模式进行再创新或者再改进，直到获得满意的商业模式为止。

5. 理论饱和度检验

理论饱和度检验是对理论模型的可靠性进行检验，是理论定型的重要步骤。理论饱和度检验的标准主要有以下四个方面：一是资料来源是否全面、真实、可靠；二是各阶段编码是否有重要概念或解释范畴的遗漏；三是得到的理论模型是否扎根于最原始的资料；四是对构建的理论模型自身适用性进行评价（陈家忠，2016）。

按照 SLCP 研究范式的设计，当理论模型确定之后，需要对理论模型进行理论饱和度检验。在本书关于商业模式创新模型的研究中，已经严格按照程序化扎根理论研究方法中各阶段的要求对商业模式创新进行了模型构建，因此使得前三个标准能够得以有效保障。对于最后一个标准来说，本书一方面采用随机抽样方法从原始文献中选取了 30 篇文献，用已经得到的理论模型来验证理论构建过程中是否有重要概念的遗漏或者有新的重要范畴产生；另一方面，本书用与商业模式创新相关的 20 篇新发表论文（本书数据检索日期为 2015 年 12 月 15 日，新发表论文指的是在此日期之后发表的来自 Web of Science 的 SCI 和 SSCI 论文）进行了相同检验。上述两方面的分析结果显示，本书提出的商业模式创新理论模型具有较好的理论饱和度，即现有的理论模型体系包含了已有文献和新文献材料中的要素或是范畴。这说明本书构建的商业模式创新理论模型已经实现理论饱和。

6. 文献讨论与理论定型

按照 SLCP 研究范式的设计，当通过理论饱和度检验之后，需要通过文献讨论对理论模型进行再次确认，并最终实现理论定型。为此，本书再次对商业模式创新相关研究进行梳理，探究与本书提出的商业模式创新理论模型相关的支撑文献。结果发现，Rayna 在他的多项研究中均提到了商业模式创新的一种架构（Rayna and Striukova，2014；Rayna and Striukova，2016b；Rayna and Striukova，2016a），研究认为商业模式创新主要由“value proposition、value creation、value delivery、value capture、value communication”，即“价值主张、价值创造、价值传递、价值捕获和价值通信”构成。该研究成果与本书提出的商业模式创新理论模型中的多个构件是相同的，从侧面验证了本书提出的商业模式创新理论模型具有一定的合理性。Kerzner（2017）指出，“价值目标”是为企业或客户提供最优价值的目标组合。陶虎和周升师（2016）认为商业模式是一种创造客户价值和实现企业“价值目标”的逻辑。Younker（2001）指出管理“价值目标”可以实现降低成本的目标，同时满足客户需求。Dore（2003）研究了企业全球化治理过程中的外部和内部控制机制问题，指出股东“价值目标”的有效性植根于“全球资本竞争”。O'Connor 等（2003）的研究表明，为了实现价值最大化，许多创新性的管理过程（也被称为最佳实践、价值提升实践或者价值管理）在实现客户“价值目标”方面（包括时间、成本、质量和安全）取得了较好的业绩。Walters 和 Rainbird（2004）更是一针见血地指出，运营管理的结果就是企业“价值目标”的实现，从根本上说，这是企业的一个过程驱动的结果。Ghezzi 等（2010）共同提出六个组成部分来描述商业模式的框架，即价值创造、价值目标、内部资源优势、企业市场定位、价值捕获、企业家的时间、视野和野心。上述研究阐释了“价值目标”在企业商业模式运营中的重要价值，也反映了“价值目标”“价值创造”“价值捕获”等商业模式要素间的关联性，体现出将“价值目标”设置为商业模式创新核心范畴的合理性。原磊（2008）认为商业模式从根本上讲是企业“价值创造”的逻辑。基于此种认识，他提出了商业模式的“3-4-8”构成体系。其中，“3”代表联系界面，包括顾客价值、伙伴价值、企业价值；“4”代表构成单元，包括价值主张、价值网络、价值维护、价值实现；“8”代表组成因素，包括目标顾客、价值内容、网络形态、业务定位、伙伴关系、隔绝机制、收入模式、成本管理。该构成体系对“价值主张”和“价值实现”等的阐述验证了本书所提出的商业模式创新相应构件的合理性。Tuominen 和 Anttila（2008）的研究结果表明商业创新能力和企业“价值传递”之间有着很强的正相关关系，验证了价值传递在商业模式创新中的作用。Kamoun（2008）提出了一种由价值主张、价值创造、价值传递和价值捕获组成的商业模式框架，并且认为这种架构本质上就是“价值驱动”的结果，只不过他的研究并没有将“价值驱动”上升到商业模式创新的系统要素。Franca 等（2017）设计了一种商业模式创新方法，该方法将战略性可持续发展框架（framework for strategic sustainable development，FSSD）与商业模式画布进行结合，“价值驱动”因素被重点考虑进去。Furseth 和 Cuthbertson（2016）提出了在高级消费社会中基于“价值驱动”的服务型商业模式创新概念，研究了通过渐进性创新和破坏性创新来获得价值增加的途径，显示出“价值驱动”在商业模式研究领域中已经具有学术共识。Berger 等（2009）从客户关系管理流程入手，分析了零售银行的最佳实践和“价值评估”问题，van der Raadt 等（2005）从业务价值的角度研究了数字音乐产业的 Web 服务商业模式创新问题，并且通过 e^3-value 仿真方法对商业模式的价值进行评价，该研究方法（仿真）也为本书的后续商业模式创新评价提供了重要参考。原磊和张小光（2016）研究了商业模式评估的理论框架问题，认为商业模式评估可以采用两个基本工具：一是商业模式价值容量评估，建立商业模式的价值创造模型，对商业模式所能创造的“最大价值空间”进行评估；二是建立商业模式评估指标体系，评估商业模式相比竞争对手所具备的“关键特征”，从而对其市场竞争力进行预判。上述研究对商业模式创新中的“价值评估”进行了深度研究，可见商业模式创新价值评估已经在学术领域受到关注，显然本书所建模型涵盖该因素是具有一定理论基础和合理性的。

综合上述文献研究，可以看到，本书基于 SLCP 研究范式所构建的商业模式创新理论模型中包含的价值驱动、价值目标、价值主张、价值创造、价值传递、价值捕获、价值评价这七大要素具有良好的理论研究基础，而且这些要素之间的相关研究也比较充实，各要素之间具备良好的内联性和逻辑性，进一步验证了本书提出的商业模式创新理论模型的合理性。至此，本书提出的商业模式创新理论模型定型。

5.2.2　商业模式创新工具模型构建

基于本书提出的商业模式创新理论模型，结合该理论模型的扎根生成过程，本书反向追溯扎根源头，综合相关标签内涵，设计出针对不同阶段的商业模式创新工具集合（简称为工具箱）。

1. 价值驱动阶段的商业模式创新工具

商业模式创新并不是凭空发生的，它是在外部动力、内部动力和各方面约束阻力的共同作用下，促使企业做出的一种战略性决策。由 SLCP 研究范式编码的结果可知，促使企业进行商业模式创新的外部动力主要考虑 3D 打印、生物、纳米、云计算等新兴技术破坏性潜力与影响，现有商业模式的困境、维度、视角、透明度等，是否形成了创新驱动发展的外部环境，全球化、区域化、智能生活、外部介入等市场环境，技术成熟度、技术转移、技术路线图、技术服务、技术杂交等技术变革，是否有指导商业模式创新的新理论出现，法规政策带来的吸引力；内部动力主要考虑企业认知、组织间的认知，已有、未来的竞争优势（包括先行优势），企业家远见、企业家精神等，企业所属类型与商业模式创新的匹配度，是否有新创意项目出现；约束阻力（负驱动）方面考虑缺少各方联动、惯性思维障碍、避免选择性注意、缺少社会性技术配置、被竞争性模仿、不纯正的专利所有者和专利流氓、潜在的外部介入威胁同行后发企业的抢占。具体地，本书构建了如表 5.5 所示的价值驱动阶段的商业模式创新工具箱。

表 5.5 价值驱动阶段的商业模式创新工具箱

模块	构件	工具
价值驱动	外部动力	• 考虑 3D 打印、生物、纳米、云计算等新兴技术破坏性潜力与影响 • 考虑现有商业模式的困境、维度、视角、透明度等 • 考虑是否形成了创新驱动发展的外部环境 • 考虑全球化、区域化、智能生活、外部介入等市场环境 • 考虑技术成熟度、技术转移、技术路线图、技术服务、技术杂交等技术变革 • 考虑是否有指导商业模式创新的新理论出现 • 考虑法规政策带来的吸引力
	内部动力	• 考虑企业认知、组织间的认知 • 考虑已有、未来的竞争优势，包括先行优势 • 考虑企业家远见、企业家精神等 • 考虑企业所属类型与商业模式创新的匹配度 • 考虑是否有新创意项目出现
	约束阻力	• 考虑缺少各方联动 • 考虑惯性思维障碍 • 考虑避免选择性注意 • 考虑缺少社会性技术配置

续表

模块	构件	工具
价值驱动	约束阻力	● 考虑被竞争性模仿 ● 考虑不纯正的专利所有者、专利流氓 ● 考虑潜在的外部介入威胁 ● 考虑同行后发企业的抢占

2. 价值目标阶段的商业模式创新工具

企业决定对商业模式进行创新之后，就需要建立不同的创新目标以与商业模式创新发展相匹配。由 SLCP 研究范式编码的结果可知，其中，在发展目标方面，主要针对企业孵化、成长性事业，股东等利益相关者利益，制度创业、技术创业、研究性创业，开放式创新战略、利基战略管理、柔性创新战略，以及挖掘隐藏价值，实现价值最大化等开展商业模式创新；在实现方法方面，考虑渐进式、激进式、破坏性和持续性的创新方法，使用商业模式创新画布，发展耦合式商业模式，双元性创新、竞争性模仿创新、匹配异构的开放式创新、系统动力学等来推动商业模式创新。在价值目标确立之后，不同企业以目标客户需求为导向，通过细分客户、响应不同顾客群体的产品和服务偏好来准确定位价值主张，这一过程在商业模式创新中至关重要。具体地，本书构建了如表 5.6 所示的价值目标阶段的商业模式创新工具箱。

表 5.6　价值目标阶段的商业模式创新工具箱

模块	构件	工具
价值目标	发展目标	● 考虑企业孵化、成长性事业 ● 考虑挖掘隐藏价值，实现价值最大化 ● 考虑股东等利益相关者利益 ● 考虑制度创业、技术创业、研究性创业 ● 考虑开放式创新战略、利基战略管理、柔性创新战略
	实现方法	● 考虑渐进式、激进式、破坏性、持续性的创新方法 ● 考虑使用商业模式创新画布 ● 考虑发展耦合式商业模式、复合式商业模式 ● 考虑双元性创新、竞争性模仿创新、匹配异构的开放式创新 ● 考虑系统动力学、本体论、对称假设创新方法 ● 考虑业务建模 ● 考虑智力资本导航方法 ● 考虑私有化驱动、服务驱动、用户驱动、信息驱动、技术驱动的创新

续表

模块	构件	工具
价值目标	实现方法	● 考虑云商业模式、敏捷化商业模式、低成本商业模式、个人商业模式、多维商业模式、柔性商业模式、网络化商业模式 ● 考虑基于软件的混合商业模式、基于赞助商的商业模式、特定方案的商业模式 ● 考虑价值共创 ● 考虑克服组织惯性，改变组织形式

3. 价值主张阶段的商业模式创新工具

价值主张是商业模式创新生态圈的核心要素，它是商业模式创新其他各部分价值活动的联系纽带。在价值目标直接引导下和价值创造条件支持下，价值主张将管理者与利益相关者联系起来，努力创造消费者剩余，满足相关利益者的利润诉求。由 SLCP 研究范式编码的结果可知，在市场定位方面，主要考虑全球化、新兴市场、低收入市场、定制市场等举措；在产品和服务方面，主要考虑集成产品开发、开放式服务创新、利基定制、大规模定制、在线服务等举措；在客户方面，主要考虑顾客忠诚度、客户参与度、顾客满意度等因素。具体地，如表 5.7 所示，本书构建了价值主张阶段的商业模式创新工具箱。

表 5.7　价值主张阶段的商业模式创新工具箱

模块	构件	工具
价值主张	市场定位	● 考虑全球化　● 考虑新兴市场 ● 考虑低收入市场　● 考虑创造新的市场 ● 考虑高动荡的市场　● 考虑定制市场
	产品和服务	● 考虑集成产品开发、新产品开发、产品创新 ● 考虑开放式服务创新 ● 考虑开发服务框架、提高服务质量 ● 考虑利基定制 ● 考虑大规模定制 ● 考虑在线服务 ● 考虑协同服务 ● 考虑以新兴技术为基础的服务、基于本体的动态联盟服务 ● 考虑金融服务、虚拟运营商服务、资源管理服务、技术服务 ● 考虑逆向服务 ● 考虑可持续产品服务体系设计 ● 考虑集成化产品与服务

续表

模块	构件	工具	
价值主张	客户	● 考虑边界对象 ● 考虑客户参与度 ● 考虑顾客使用意愿	● 考虑顾客忠诚度 ● 考虑顾客满意度 ● 考虑创造新的消费者价值

4. 价值创造阶段的商业模式创新工具

为了实现商业模式创新目标，在充分考虑提出的价值主张之后，企业需要考虑商业模式创新所需要的核心能力和关键资源。通过这些要素的分析，可以挖掘商业模式创新的机会。由 SLCP 研究范式编码的结果可知，在核心能力方面，主要考虑众包、设计代工 ODM、供应链协同、企业制度创新、开展精益创新等举措；在关键资源方面，主要考虑 NPE 专利收购、基于专利的投资组合、创新性设备、智能设备、版权改革、全球知识采购、知识转移等举措。企业在具备创造价值的能力与资源条件之后，通过价值传递的各项活动就产生了价值。具体地，本书构建了如表 5.8 所示的价值创造阶段的商业模式创新工具箱。

表 5.8　价值创造阶段的商业模式创新工具箱

模块	价值创造	
构件	核心能力	关键资源
工具	● 考虑众包、外包、协同生产 ● 考虑设计代工 ODM ● 考虑供应链协同、企业级响应 ● 考虑企业制度创新 ● 考虑公共部门创新 ● 考虑吸收能力 ● 考虑开展精益创新 ● 考虑提升电子商务的动态能力 ● 考虑生产力、生产模型、生产服务体系 ● 考虑阶段-关口流程 ● 考虑团队学习能力 ● 考虑企业创造力、专利开发能力、研发和设计能力 ● 考虑增量学习	● 考虑开展动态的专利分析 ● 考虑 NPE 专利收购 ● 考虑专利开发、专利路线图 ● 考虑基于专利的投资组合 ● 考虑创新性设备、智能设备 ● 考虑建立战略联盟、动态联盟 ● 考虑利益相关者 ● 考虑版权改革 ● 考虑社会责任与伦理 ● 考虑客户知识管理、知识管理体系 ● 考虑全球知识采购 ● 考虑知识产权、知识转移、知识生态系统、知识创造 ● 考虑冗余资源、可持续能源

5. 价值传递阶段的商业模式创新工具

实现了价值创造之后，企业通过一系列途径将价值传递给客户和消费者。由 SLCP 研究范式编码的结果可知，在价值传递过程中，渠道方面主要考虑配件销售、劝导技术、定价策略、社交媒体、外包方式、社区、小型 Hub 企业策略；价值链方面主要考虑非政府组织、电子商务创新、OEM 供应商、电子期权交易、放射型价值链等策略；信息系统方面主要考虑移动网络运营商、移动应用产业、手机银行、互联网、下一代网络等举措；价值网络方面主要考虑改进网络位置、建立创新网络、社会网络、企业级响应速度、文件共享、孵化器、开放性知识转移、游戏化、绿色化、货币化、金融化、提供免费服务等举措。价值传递为价值捕获提供了价值实现的过程，价值实现就是企业创造的价值被市场认可和接受。具体地，本书构建了如表 5.9 所示的价值传递阶段的商业模式创新工具箱。

表 5.9　价值传递阶段的商业模式创新工具箱

模块	价值传递			
构件	渠道	价值链	信息系统	价值网络
工具	• 考虑配件销售 • 考虑劝导技术 • 考虑定价策略 • 考虑社交媒体 • 考虑外包方式 • 考虑社区 • 考虑小型 Hub 企业	• 考虑非政府组织 • 考虑电子商务创新 • 考虑电子商务模式 • 考虑 OEM 供应商 • 考虑电子期权交易 • 考虑放射型价值链 • 考虑买家、消费者、最终用户	• 考虑整合信息通信技术 • 考虑建立信息系统 • 考虑移动网络运营商 • 考虑网络运营商商业模式 • 考虑移动应用产业 • 考虑手机银行 • 考虑促进移动虚拟网络运营商扩散 • 考虑移动平台生态系统 • 考虑互联网 • 考虑集成化解决方案 • 考虑模块化 • 考虑下一代网络	• 考虑改进网络位置 • 考虑改变网络模型 • 考虑建立创新网络 • 考虑社会网络 • 考虑主体协作机制 • 考虑数字创新商业化 • 考虑与外部商业模式的匹配性 • 考虑企业级响应速度 • 考虑建立共享平台 • 考虑文件共享 • 考虑孵化器 • 考虑开放性知识转移 • 考虑开放源代码 • 考虑开源软件 • 考虑游戏化 • 考虑提供免费服务 • 考虑绿色化 • 考虑可再生能源 • 考虑货币化、金融化

6. 价值捕获阶段的商业模式创新工具

价值捕获是价值实现的关键过程，只有有效的价值捕获才能使得商业模式创新系统完整运作，为企业带来持续的价值，并保持市场竞争优势。由 SLCP 研究范式编码的结果可知，价值捕获在成本结构方面主要考虑代理成本因素和风险成本因素；在资产组成方面主要考虑互补性资本、人力资本、社会资本、风险资本、筹资机制等因素；在利润收益方面主要考虑专业消费者的营利性、经济绩效、社会绩效、创新绩效等因素。具体地，本书构建了如表 5.10 所示的价值捕获阶段的商业模式创新工具箱。

表 5.10　价值捕获阶段的商业模式创新工具箱

模块	价值捕获		
构件	成本结构	资产组成	利润收益
工具	• 考虑代理成本 • 考虑风险成本	• 考虑互补性资本 • 考虑人力资本 • 考虑社会资本 • 考虑风险资本 • 考虑筹资机制 • 考虑中小企业利用无形资产	• 考虑专业消费者的营利性 • 考虑最优分配 • 考虑经济绩效 • 考虑社会绩效 • 考虑财务业绩 • 考虑组织绩效 • 考虑创新绩效 • 考虑企业绩效

7. 价值评估阶段的商业模式创新工具

在实现价值捕获之后，需要判断整个商业模式创新生态系统的运行效果，其标准主要包括两个方面：其一是创新能否带来企业期望的利润绩效；其二是创新能否满足预先制定的创新目标。因此，将评估结果与创新目标相比较，当评估结果无法与创新目标相匹配时，就要重新辨别现行的商业模式，对其进行调整和再创新，以增强商业模式的生命力。当评估结果与商业模式创新目标一致时，新的商业模式就可以投入运行。由 SLCP 研究范式编码的结果可知，价值评估由评价方法和评价指标两个要素构成。在评价方法上可以采用实证调查方法、多目标决策方法等，在评价指标上可以考虑可持续性、异质性、营利性等多种指标。评价方法和评价指标两个因素并不能直接推动商业模式创新，但是可以通过方法改进和指标优化来间接促进商业模式改善。具体地，本书构建了如表 5.11 所示的价值评估阶段的商业模式创新工具箱。

表 5.11　价值评估阶段的商业模式创新工具箱

模块	价值捕获	
构件	评价方法	评价指标
工具	● 考虑随机方法 ● 考虑实证调查方法 ● 考虑多目标决策方法 ● 考虑实证分析方法	● 考虑兼容性 ● 考虑可持续性 ● 考虑异质性 ● 考虑视角广阔性 ● 考虑营利性

8. 商业模式创新工具模型的设计

综合以上商业模式创新工具箱的举措，本书设计了如图 5.7 所示的商业模式创新画布。画布由七个模块组成，分别对应着商业模式创新理论模型中的价值驱动、价值目标、价值主张、价值创造、价值传递、价值捕获和价值评估七个构件。每个模块中列出了该部分涉及的主要创新领域，每个领域下面列出了在商业模式创新过程中可供考虑的创新方法或举措，本书称之为“创新热区”。

画布分为三个层面，第一层由“价值驱动”“价值目标”“价值主张”三个模块组成，反映了针对商业模式的创新动因和创新核心（管理核心+运作核心）的顶层考虑；第二层由“价值创造”和“价值传递”两个模块组成，反映了针对商业模式运作要素的具体创新考虑；第三层由“价值捕获”和“价值评估”两个模块组成，反映了针对商业模式运行结果的评价考虑。该画布汇集了商业模式创新时需要考虑的主要因素或者举措，是学者或者企业工作者开展商业模式创新研究与实践的一种新工具，可以有效提高商业模式创新的效率和效果。该画布也是本书后续开展 3D 打印背景下服装企业商业模式创新的依托工具。

5.2.3　商业模式创新工具模型的合理性验证

1. 评价方法的选择

商业模式创新画布是本书提出的创新性工具，因此对该工具的合理性进行验证是有必要的。对商业模式创新画布的合理性进行验证的首要工作就是选择合适的评价方法。德尔菲法通过对专家调查来获得评价结果，具有良好的准确率（王春枝和斯琴，2011）。该方法是以匿名函件方式，广泛征求专家意见的一种定性预测法，其对特定论题的“探索性研究”特别适用（刘波等，2014）。德尔菲法具有四个特点，分别是匿名性、专业性、收敛性和统计性。其中，匿名性保证了参与

价值驱动

外部动力
- 考虑3D打印、生物、纳米、云计算等新兴技术破坏性潜力与影响
- 考虑现有商业模式的困境、维度、视角、透明度等
- 考虑是否形成了创新驱动发展的外部环境
- 考虑全球化、区域化、智能生活、外部介入等市场环境
- 考虑技术成熟度、技术转移、技术路线图、技术服务、技术杂交等技术变革
- 考虑是否有商业模式创新的新理论出现
- 考虑法规政策带来的吸引力

内部动力
- 考虑企业认知、组织间的认知
- 考虑已有、未来的竞争优势，包括先行优势
- 考虑企业家远见、企业家精神等
- 考虑企业所属类型与商业模式创新的匹配度
- 考虑是否有新创意项目出现

约束阻力
- 考虑缺少各方联动
- 考虑惯性思维障碍
- 考虑避免选择性注意
- 考虑缺少社会性技术配置
- 考虑被竞争性模仿
- 考虑不纯正的专利所有者、专利流氓
- 考虑潜在的外部介入威胁
- 考虑同行后发企业的抢占

价值目标

发展目标
- 考虑企业孵化、成长性事业
- 考虑挖掘隐藏价值，实现价值最大化
- 考虑股东等利益相关者利益
- 考虑制度创业、技术创业、研究性创业
- 考虑开放式创新战略、利基战略管理、柔性创新战略

实现方法
- 考虑渐进式、激进式、破坏性、持续性的创新方法
- 考虑使用商业模式画布、业务建模、价值共创
- 考虑发展耦合式商业模式、复合式商业模式
- 考虑双元性创新、竞争性模仿创新、匹配异构的开放式创新
- 考虑系统动力学、本体论、对称假设、智力资本导航创新方法
- 考虑私有化驱动、服务驱动、用户驱动、信息驱动、技术驱动的创新
- 考虑云商业模式、敏捷化商业模式、低成本商业模式、个人商业模式、多维商业模式、柔性商业模式、网络化商业模式
- 考虑基于软件的混合商业模式、基于赞助商的商业模式、特定方案商业模式
- 考虑克服组织惯性，改变组织形式

价值主张

市场定位
- 考虑全球化
- 考虑低收入市场
- 考虑高动荡的市场
- 考虑新兴市场
- 考虑创造新的市场
- 考虑定制市场

客户
- 考虑边界对象
- 考虑客户参与度
- 考虑顾客使用意愿
- 考虑顾客忠诚度
- 考虑顾客满意度
- 考虑创造新的消费者价值

产品和服务
- 考虑集成产品开发、新产品开发、产品创新
- 考虑开放式服务创新
- 考虑开发服务框架、提高服务质量，可持续产品服务体系设计
- 考虑利基定制、大规模定制
- 考虑在线服务、协同服务、逆向服务、集成化产品与服务
- 考虑以新兴技术为基础的服务、基于本体的动态联盟服务
- 考虑金融服务、虚拟运营商服务、资源管理服务、技术服务

价值创造

核心能力
- 考虑众包、外包、协同生产
- 考虑设计代工ODM
- 考虑供应链协同、企业级响应
- 考虑企业制度创新
- 考虑公共部门创新
- 考虑吸收能力
- 考虑开展精益创新
- 考虑提升电子商务的动态能力
- 考虑生产力、生产模型、生产服务体系
- 考虑阶段-关口流程
- 考虑团队学习能力
- 考虑企业创造力、专利开发能力、研发和设计能力
- 考虑增量学习

关键资源
- 考虑开展动态的专利分析
- 考虑NPE专利收购
- 考虑专利开发、专利路线图
- 考虑基于专利的投资组合
- 考虑创性新设备、智能设备
- 考虑建立战略联盟、动态联盟
- 考虑利益相关者
- 考虑版权改革
- 考虑社会责任与伦理
- 考虑客户知识管理、知识管理体系
- 考虑全球知识采购
- 考虑知识产权、知识转移、知识生态系统、知识创造
- 考虑冗余资源、可持续能源

价值传递

渠道
- 考虑配件销售
- 考虑劝导技术
- 考虑定价策略
- 考虑社交媒体
- 考虑外包方式
- 考虑社区
- 考虑小型Hub企业

价值链
- 考虑非政府组织
- 考虑电子商务创新
- 考虑电子商务模式
- 考虑OEM供应商
- 考虑电子期权交易
- 考虑放射型价值链
- 考虑买家、消费者、最终用户

信息系统
- 考虑整合信息通信技术
- 考虑建立信息系统
- 考虑移动网络运营商
- 考虑网络运营商商业模式
- 考虑移动应用产业、手机银行
- 考虑促进移动虚拟网络运营商扩散
- 考虑移动平台生态系统
- 考虑互联网、下一代网络
- 考虑模块化、集成化解决方案

价值网络
- 考虑改进网络位置
- 考虑改变网络模型
- 考虑建立创新网络
- 考虑社会网络
- 考虑主体协作机制
- 考虑数字创新商业化
- 考虑与外部商业模式的匹配性
- 考虑企业级响应速度
- 考虑建立共享平台
- 考虑文件共享
- 考虑孵化器
- 考虑开放性知识转移
- 考虑开放源代码
- 考虑开源软件
- 考虑游戏化
- 考虑提供免费服务
- 考虑绿色化、可再生能源
- 考虑货币化、金融化

价值捕获

成本结构
- 考虑代理成本
- 考虑风险成本

资产组成
- 考虑互补性资本
- 考虑人力资本
- 考虑社会资本
- 考虑风险资本
- 考虑筹资机制
- 考虑中小企业利用无形资产

利润收益
- 考虑专业消费者的营利性
- 考虑最优分配
- 考虑经济绩效
- 考虑社会绩效
- 考虑财务业绩
- 考虑组织绩效
- 考虑创新绩效
- 考虑企业绩效

价值评价

评价方法
- 考虑随机方法
- 考虑实证调查方法
- 考虑多目标决策方法
- 考虑实证分析方法

评价指标
- 考虑兼容性
- 考虑可持续性
- 考虑异质性
- 考虑视角广阔性
- 考虑营利性

图5.7 商业模式创新画布

调查的专家意见之间不受影响，专业性保证了选取的专家为业内公认的权威，收敛性保证了专家意见是趋于集中的，统计性保证了专家预测结果的科学性和合理性（刘学毅，2007）。综上分析，本小节使用德尔菲法对商业模式创新画布的合理性及整体满意度进行分析。

2. 评价过程的处理

1）专家选择

专家选择的有效性和合理性是德尔菲法实施成功的关键。专家组人员的确定主要考虑专家所具有的知识范围和经验水平，本书主要选择高校和科研院所专门从事商业模式创新相关研究的人员和部分企业人员作为专家组人员，这些人员长期从事商业模式创新的相关研究或者商业实践，对于商业模式创新具有很高的认知度，能够提高本书调查的专业性和权威性。在确定所要选择专家应有的资格之后，还要考虑专家组的人员数量，德尔菲法一般要求专家组成员人数在 15~50 人（龚舒野，2011），为了充分保证调查结果的科学性和可信性，本书将专家组人数控制在最大范围上，即选择 50 位专家组成该次调查的专家组。

2）问卷设计

问卷设计的合理性是应用德尔菲法的关键。在设计过程中，本书首先确定问卷内容，其次确定问题形式，最后确定问题表述（静恩英，2009）。另外，考虑到各位专家的时间有限性，本书将调查问卷设置为以选择题为主。具体地，调查问卷共分为三个部分：首先是对专家基本信息进行调查，确保问卷的可追溯性和可靠性；其次是针对商业模式创新画布中 7 个模块的合理性分别进行评价打分，指标分值分别为 1、2、3、4、5 共 5 个级别；最后是对整个商业模式创新画布的合理性进行满意度评价打分，指标值为非常满意、满意、一般、不满意、非常不满意共 5 个级别。另外，问卷中还附上了商业模式创新画布的图示，便于专家对问题的理解。

3）数据处理与分析

在本书中，专家的积极系数、专家意见的集中程度、专家意见收敛程度、专家意见的权威程度、专家的满意程度等指标被用来评判调查结果。

（1）专家的积极系数。专家的积极系数主要是用来评价专家参与调查的积极程度，通常通过调查问卷回收率的高低来反映专家对调查的关心程度（元继学和王未今，2010）。在本次调查中，共发出调查问卷 50 份，回收 48 份，回收有效率为 96%，说明绝大多数参与调查的专家对本书研究调查表现出高度关心。

（2）专家意见的集中程度。指标均数 M_j 和满分频率 K_i 主要用来评判专家意见的集中程度，其具体计算公式（王春枝和斯琴，2011）及评价结果如下。

a. 均数。

$M_j=\frac{1}{m_j}\sum_{i=1}^{m_j}C_{ij}$ 是计算评分均数的公式。其中，M_j 值越大，对应的第 j 个指标的重要性越大。具体地，m_j 表示参加第 j 个指标评价的专家数；C_{ij} 表示第 i 个专家对第 j 个指标评价的评分值。

经过对调查数据结果的处理，表 5.12 列出了商业模式创新画布各模块评分的均数。结果显示，专家认为“价值创造”模块和“价值主张”模块的内容设计较合理，而“价值评估”模块和“价值驱动”模块的内容设计合理性有待提高。

表 5.12　各模块评分的均数

模块	价值驱动	价值目标	价值主张	价值创造	价值传递	价值捕获	价值评估
均数	3.292	4.167	4.667	4.854	4.583	4.542	3.104

b. 满分频率。

$K_j=\frac{m'_j}{m_j}$ 是满分频率的计算公式，用来计算获得满分的次数，这里将它作为均数的补充指标。其中，m_j 表示参加第 j 个指标评价的专家数；m'_j 表示给第 j 个指标满分的专家数；K_j 值越大说明第 j 个指标越重要。

经过对调查数据的处理，表 5.13 列出了商业模式创新画布各模块评分的满分频率。结果显示，商业模式创新画布各模块评分的满分频率结果与计算均数所得的结果基本保持一致，专家也认为“价值创造”模块和“价值主张”模块的合理性较高，“价值评估”模块和“价值驱动”模块的合理性相对较低。

表 5.13　各模块评分的满分频率

模块	价值驱动	价值目标	价值主张	价值创造	价值传递	价值捕获	价值评估
满分频率	0.021	0.333	0.708	0.854	0.625	0.604	0.021

（3）专家意见收敛程度。指标变异系数 V_j 和协调系数 w 分别从不同的角度反映专家意见收敛程度，其中变异系数指的是第 m_j 个专家对第 j 个指标的协调程度，协调系数指的是全部 m 个专家对全部 n 个指标的协调程度。通过计算这两个系数可以判断专家对每项指标评价是否存在较大分歧，或找出高度协调专家和持异端意见的专家（刘学毅，2007）。

a. 变异系数。

$V_j=\frac{\sigma_j}{M_j}$ 是变异系数的计算公式，其值越小说明专家之间的意见越集中。其中，V_j表示第j个指标的变异系数。

标准差$\sigma_j=\sqrt{\sum_{i=1}^{m_j}\left(C_{ij}-M_j\right)^2/m_j}$表示第$j$个指标的标准差，其中，$C_{ij}$表示第$i$个专家对第$j$个指标的评分值；$m_j$表示参加第$j$个指标评价的专家数；$M_j$表示第$j$个指标的均数。变异系数$V_j$的取值范围在 0~1，当它接近 1 时说明专家之间的意见波动性较大，而当它小于 0.25 时说明专家之间的意见有一致性（王春枝和斯琴，2011）。

经过对调查数据结果的处理，表 5.14 列出了商业模式创新画布各模块指标评价的变异系数。结果显示，商业模式创新画布各模块的变异系数都小于 0.25，因此可以认为专家对本书设计的商业模式创新画布高度认可，其中专家一致认为“价值创造”模块的设计具有最好的合理性。

表 5.14　各模块指标评价的变异系数

模块	价值驱动	价值目标	价值主张	价值创造	价值传递	价值捕获	价值评估
满分频率	0.188	0.167	0.120	0.073	0.126	0.136	0.191

b. 协调系数。

$w=\sum_{j=1}^{n}d_j^2\Big/\sum_{j=1}^{n}d_j^2(\max)$是协调系数的计算公式，协调系数反映了不同专家间意见的一致性，协调系数的范围在 0~1，其值越大说明专家间的意见协调程度越高。

具体地，当专家对各指标没有给出相同评价时，协调系数的计算公式为

$$w=m\sum_{j=1}^{n}d_j^2\Big/m^2\left(n^3-n\right)$$

当专家对各指标给出相同评价时，校正的协调系数计算公式为

$$w=m\sum_{j=1}^{n}d_j^2\Big/\left(m^2\left(n^3-n\right)-m\sum_{i=1}^{m}T_i\right)$$

其中，$\sum_{j=1}^{n}d_j^2=\sum_{j=1}^{n}\left(S_j-M_{sj}\right)^2$；$T_i=\sum_{i=1}^{L}\left(t_i^3-t_i\right)$；$M_{sj}$表示专家对第$j$个指标评价等级和的算术平均数；$S_j$表示第$j$个指标的评价等级和，$S_j$越大表明第$j$个指标重要性越高；$T_i$表示相同等级的指标；$L$表示第$i$个专家在评价中相同的评价组数；$t_i$表示在$L$组中的相同等级数。

一般地，当协调系数在 0.5 上下波动时，说明误差控制得较好（王春枝和斯琴，2011）。对本书调查结果的数据处理后，经计算得到协调系数$w=0.518$，表明调查专家对各模块设计的重要性认识趋向一致。

（4）专家意见的权威程度。专家意见的权威程度一般由判断影响程度系数和熟悉程度系数两个指标决定，其中一个是专家对方案做出的判断依据，另一个是专家对问题的熟悉程度。一般地，专家意见的权威程度以自我评价为主，有时也可相互评价，在此次调查研究中，本书以专家的自我评价来确定专家意见的权威程度。

a. 判断依据。

专家一般以“实践经验”“理论分析”“对国内外同行了解”“自我直觉”等作为判断依据，并用 C_a 表示判断影响程度系数。判断影响程度系数的取值范围在 0~1，当 $C_a=1$ 时，表示判断依据对专家的影响程度很大；当 $C_a=0.8$ 时，表示判断依据对专家的影响程度中等；当 $C_a=0.6$ 时，表示判断依据对专家的影响程度很小。具体地，表 5.15 是专家判断依据量化值系数表。

表 5.15　专家判断依据量化值系数表

判断依据	实践经验	理论分析	对国内外同行了解	自我直觉
量化值	0.8	0.6	0.4	0.2

b. 专家对问题的熟悉程度。

C_s 表示熟悉程度系数，取值范围在 0~1，越接近 1 说明专家对所提出问题的熟悉程度越高。表 5.16 是专家对问题的熟悉程度量化值系数表。

表 5.16　专家对问题的熟悉程度量化值系数表

熟悉程度	非常熟悉	很熟悉	熟悉	一般	不太熟悉	非常不熟悉
量化值	1	0.8	0.6	0.4	0.2	0

c. 专家的权威程度。

C_r 表示专家意见的权威程度系数，其公式为 $C_r=(C_a+C_s)/2$，即判断影响程度系数和熟悉程度系数的算术平均值。权威程度系数的取值范围在 0~1，其越接近 1 表示对应专家的权威程度越高。一般认为专家意见的权威程度系数平均值大于等于 0.7 则表示调查专家有着可接受的权威程度。经过对调查数据的统计计算和处理，表 5.17 列出了专家意见的权威程度系数。

表 5.17　专家意见的权威程度系数

指标		价值驱动	价值目标	价值主张	价值创造	价值传递	价值捕获	价值评估	平均值
结果	C_a	0.679	0.713	0.746	0.792	0.721	0.696	0.642	0.713
	C_s	0.779	0.829	0.854	0.875	0.808	0.767	0.696	0.801
	C_r	0.735	0.725	0.665	0.775	0.685	0.670	0.670	0.757

表 5.17 数据显示，判断影响程度系数的平均值为 0.713，说明判断依据对专

家有着较高的影响程度；熟悉程度系数的平均值为 0.801，说明专家对所咨询的问题比较熟悉；专家意见的权威程度系数平均值为 0.757 且大于 0.70，可以说明该次调查中的专家有着可接受的权威程度。

（5）专家的满意程度。经过统计，如表 5.18 所示，该次调查得到了 48 位专家对商业模式创新画布设计合理性的满意度判断情况。结果显示，绝大部分专家对本书提出的商业模式创新画布的设计具有较高的满意度，由此可以看出大多专家根据自己的实际经验和专业知识认为本书提出的商业模式创新画布的合理性较高。

表 5.18　专家的满意程度统计

满意程度	非常满意	满意	一般	不满意	非常不满意
专家数量/位	32	11	5	0	0

3. 综合结果分析

上述分析结果显示，专家对本书设计的商业模式创新画布具有较高的满意度，普遍认为本书提出的商业模式创新画布具有良好的合理性。其中，专家对“价值创造”模块和“价值主张”模块的设计认可度相对较高，认为“价值评估”模块和“价值驱动”模块的设计有待进一步改善。但是，该次调查还有需要继续改善的地方，如在全国乃至全球范围内从事商业模式创新研究与实践的权威专家数量不足，此外在调查过程中，基本上全部专家都对问卷的设计选项表示默认，并没有提出新的见解，这些问题对问卷的合理性和有效性产生了一定的影响。

综合来看，调研结果表明本书设计的商业模式创新画布可以成为企业开展商业模式创新的重要工具。

5.2.4　商业模式创新画布的使用思路

本着“发现问题、分析问题和解决问题”的研究脉络，本书设计了商业模式创新画布的如下使用思路。首先，对照商业模式创新画布查找所需分析的产业/行业/企业的商业模式“创新热区”——发现问题；其次，针对具体问题开展“创新热区”分析，目的是产生现有商业模式的未来潜在“创新方向”——分析问题；最后，对这些“创新方向”进行组合分析，推演未来的新型商业模式——解决问题。具体思路如图 5.8 所示，其中的色带表示从商业模式创新画布中捕获的“创新热区”，经过对这些“创新热区”的分析，从中发现潜在的商业模式创新方向，最后对这些创新方向进行组合分析，设计了商业模式 A、商业模式 B、商业模式 C，以及以“？”为代表的其他有待继续开发的新型商业模式。

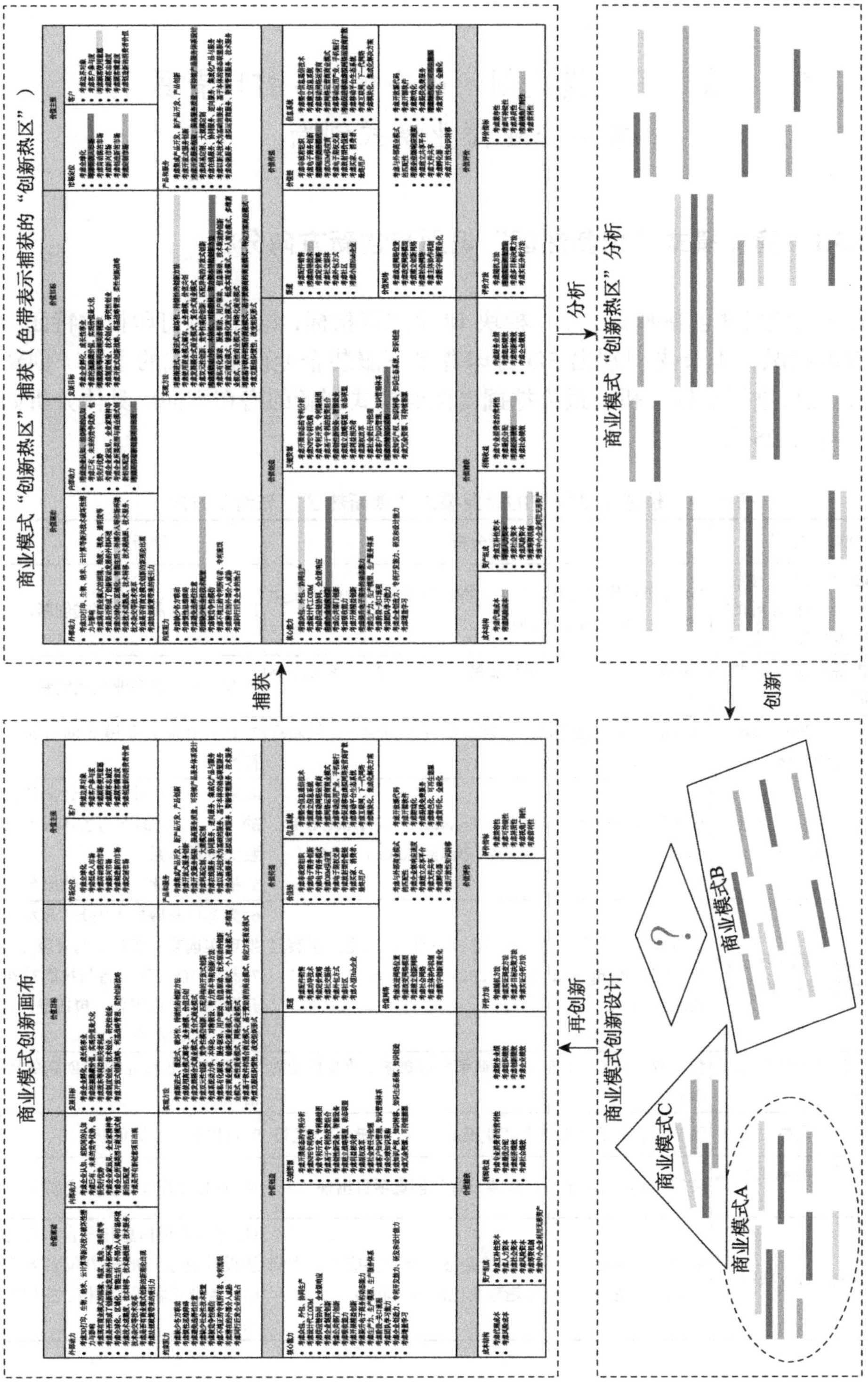

图5.8　商业模式创新画布的使用思路

图中左上部分和右上部分的文字同图5.7内容

5.3 基于商业模式创新画布的 3D 打印背景下服装企业商业模式创新

5.3.1 商业模式“创新热区”识别与创新方向分析

对照商业模式创新画布中 7 个模块 18 个二级指标，结合 3D 打印技术特征与产业发展状况，本节先识别出 3D 打印背景下服装企业商业模式的主要“创新热区”，然后进行热区分析，最终挖掘出商业模式创新的潜在方向。具体分析如表 5.19~表 5.25 所示。

表 5.19 价值驱动模块的商业模式“创新热区”与创新方向

“创新热区”	热区分析	创新方向
• 考虑 3D 打印、生物、纳米、云计算等新兴技术破坏性潜力与影响	3D 打印被称为破坏性技术，将颠覆服装企业的传统生产方式（Kim et al.，2015）	1. 有必要开展商业模式创新
• 考虑现有商业模式的困境	4.3 节已阐述 3D 打印对服装企业传统商业模式影响明显	2. 有必要开展商业模式创新
• 考虑是否形成创新驱动发展的环境	创新驱动发展已经成为全球经济发展新动力，创新环境已经形成	3. 具有开展商业模式创新的可行性
• 考虑全球化、智能生活等市场环境	现代服装全球化特征明显（Truett L J and Truett D B，2017），智能化成为新趋势（Deng and Cui，2016）	4. 融合全球设计元素，让全球化的、全产业链的参与主体融入服装的设计体系 5. 推进智能化，开发智能服装等
• 考虑技术成熟度、技术转移、技术服务等	3D 打印技术渐近成熟，采用 3D 打印技术生产服装已成现实（Wang and Chen，2014；Mark et al.，2017；Tania，2017）	6. 为客户开展技术服务，开发虚拟现实选装、客户定制等服务 7. 利用 3D 打印设备与技能对外开展技术转移服务，包括设计、OEM、ODM 等
• 考虑法规政策带来的吸引力	受到智能制造、工业 4.0 等政策积极影响，政策推动力明显	8. 具有开展商业模式创新的可信性
• 考虑先行优势	服装企业需要认真思考商业模式创新，实现先行优势	9. 可以先期尝试创新
• 考虑是否有新创意项目出现	采用 3D 打印技术生产服装，有新创意项目出现	10. 有必要开展商业模式创新
• 考虑缺少各方联动	消费者、设计师、服装制造企业、原料供应商、中间商等缺乏适应 3D 打印趋势变化的有效联动	11. 通过多种信息化平台，实现从设计到生产的全方位多方联动，考虑互联网、微信、各种移动终端等

续表

"创新热区"	热区分析	创新方向
● 考虑惯性思维障碍	商业模式需要排除传统架构约束	12. 放弃传统框架约束
● 考虑避免选择性注意	在 3D 打印背景下，服装企业的传统客户、供应商和中间商都会有变化	13. 重新审视合作伙伴，3D 打印的原料供应商、设备供应商、外包生产商等将加入企业网络
● 考虑缺少社会性技术配置	3D 打印工厂和 3D 打印机数量仍然较少，多数 3D 打印机性能不能满足服装打印要求（Vanderploeg et al.，2017；Lin，2017）	14. 考虑设备共享 15. 开展供应链与物流网络优化，提高运营效率

表 5.20　价值目标模块的商业模式"创新热区"与创新方向

"创新热区"	热区分析	创新方向
● 考虑开放式创新战略	"开放式创新"正在逐渐成为企业创新的主导模式(沈涛，2017；高良谋和马文甲，2014)，服装企业可以充分利用外力，实现内外协同创新	16. 借用外部的研究能力，推动自身渠道和外部渠道来共同拓展市场。考虑采用直接取用（宝洁模式）、共同研发（英特尔模式）、扶植社区（IBM[1]模式）或者平台整合（苹果模式）举措
● 考虑系统动力学方法	系统动力学已经被用来研究商业模式（Romero et al.，2015；Zhang et al.，2012；Kirkwood，2013），通过仿真的方式验证现有模型的有效性，并且推演未来可能的收益变化趋势	17. 采用系统动力学开展 3D 打印背景下服装企业商业模式创新仿真研究
● 考虑业务建模	通过对商业模式业务建模，可以清晰地展现商业模式的构成及各个构件之间的关系（Jacob et al.，2010)。这是研究商业模式的一种重要的定量研究方法	18. 对创新后的商业模式进行模型建构，结合系统动力学对模型进行仿真分析
● 考虑服务驱动、用户驱动、信息驱动	能够提供客户所需的服务是服装企业吸引消费者的重要途径，基于客户需求展开生产已是个性化时代的趋势，而信息化正是驱动商业变革的助推剂	19. 服务驱动体现在聚焦客户的服务需求，如便捷化、多样化等；用户驱动体现在满足不同客户群体的定制服务等；信息驱动体现在从国际时装周、店面销售等渠道获取服装元素信息来驱动服装设计，另外也包括由订单信息驱动服装生产等
● 考虑云商业模式、敏捷化商业模式、网络化商业模式	基于云的平台业务处理模式可以满足企业与客户之间、企业与企业之间的复杂交互(Wen and Zhou，2016；Labes et al.，2017)；敏捷商业模式提高了企业的反应速度，进而满足客户的异质性需要（Bock and Gerard，2014)，这显然是服装企业的重要发展趋势；商业模式的网络化是企业价值创造的必然（Zheng and Qing-Hua，2012)，如此可以延伸合作关系，获得相关增值。分布式生产和物流外包是加快供应链反应速度的重要手段	20. 采用云平台 21. 通过分布式生产和物流外包加快商业模式的反应速度 22. 进行商业模式的网络扩展，可以考虑分布式制造等方式

续表

“创新热区”	热区分析	创新方向
• 考虑基于软件的混合商业模式、基于赞助商的商业模式	基于软件的混合商业模式强调“软件作为一种服务”在商业模式创新中的驱动作用（Ma，2007）。3D 打印背景下，可以利用此种手段提高服装企业客户的参与度和满意度；通过赞助商的方式强化企业品牌打造是现代企业的重要营销手段	23. 考虑 3D 打印服装设计软件的拉动作用，开发和应用 App 软件运营链条 24. 吸引赞助商投入资本
• 考虑价值共创	价值创造方法强调以个体为中心，由消费者与企业共同创造价值。消费者不再是消极的购买者，而转变为积极的参与者。消费者积极参与企业的研发、设计和生产，以及在消费领域贡献自己的知识技能创造更好的消费体验。可以分为：消费者与企业互动共同创造价值、消费者与消费者之间互动共创价值（杨勇攀，2013；钟振东等，2014；周文辉，2015）	25. 新的商业模式需要提升消费者参与度 26. 新的商业模式需要体现消费者与企业互动价值共创、消费者与消费者之间价值共创

1）IBM：International Business Machines Corporation，国际商业机器公司

表 5.21　价值主张模块的商业模式“创新热区”与创新方向

“创新热区”	热区分析	创新方向
• 考虑定制市场	服装产业根据客户需要进行定制已经不是新模式。但是，定制的深入程度仍然比较简单粗糙。因此，利用 3D 打印技术开展深度定制是具有重要创新可能的	27. 利用 3D 打印技术的特点，为客户开展服装的深度定制
• 考虑集成产品开发、考虑新产品开发、产品创新	利用 3D 打印技术生产服装的时候，鉴于数字化生产的特性，企业不仅可以打印服装本身，还可以同步打印服装饰品，实现集成产品的开发，满足更多个性消费者的需要	28. 利用 3D 打印技术生产集成性服装产品，如各类装饰品等
• 考虑集成化产品与服务	服装企业不仅利用 3D 打印技术打印服装，还可以将相关服务嵌入进来，如此可以在满足客户需要的同时，增加企业收入	29. 生产前期，植入服装款式设计、服装面料选择、3D 尺码服装测量、虚拟现实试穿体验等；在生产过程中，可以根据实际情况变更或者植入新的方案；销售之后，可以提供服装改款（在原衣物上打印新的方案，包括图案、饰品等）、服装回收服务（原料可以经处理后循环使用）等
• 考虑利基定制	利基定制是针对少数拥有精确需求的客户开展的产品定制生产服务（Franke and Hader，2014）。利基定制的产品被称为利基产品（杨宇慧，2009）。个性化的 3D 打印服装具有利基产品的特性。商业和文化的未来是利基产品（Anderson，2006）。因此，抓住这一部分客户群体将是企业发展的重要路径	30. 针对服装企业开展利基定制商业模式创新

续表

“创新热区”	热区分析	创新方向
● 考虑大规模定制	大规模定制的根本思想是制造流程重构和产品结构重构，运用现代化的信息技术、柔性制造技术等把产品的定制生产问题全部或者部分转化为批量生产，以大规模生产的成本和速度，为单个客户或小批量多品种市场定制任意数量的产品（Pine et al.，1993）。为了实现最低成本和最高个性化定制水平，大规模定制的最好办法就是建立最终产品或服务的模块化构件。利用模块化构件的方法很多，如共享构件模块化、互换构件模块化、“量体裁衣”模块化、混合模块化、总线模块化、可组合模块化等。通过这些方法可以将模块化构件组合并匹配成可定制的最终产品或服务（武彩鸿，2005）。由于 3D 打印设备逐渐进步，打印材料种类丰富、性能提升和价格降低，3D 打印服装已经由时装领域逐渐向大众消费品过渡。由此，就可能出现大批量个性化服装打印生产需求的集中爆发。Malengier（2017）等很多学者和企业家都已经指出 3D 打印自身的特性决定了适合进行服装大规模定制（Ji and Jin，2014；孟炯和郭春霞，2017；Malengier et al.，2017）	31. 针对服装企业开展大规模定制商业模式创新
● 考虑在线服务	为客户提供在线服务已经成为当前经济发展和时代进步的明显特征。近些年快速壮大的亚马逊、阿里巴巴、京东等一些国内外知名企业的发展已经证明了这一点	32. 在 3D 打印服装企业的商业模式中提供在线服务
● 考虑基于本体的动态联盟服务	动态联盟，即战略联盟，是为了快速响应某一市场机遇，对产品涉及的不同企业实施统一指挥的合作经济体。它是实现全球化敏捷生产的组织形式，通过利益共享和风险共担来实现企业间的精诚合作，是一种联合竞争、共同盈利的合作机制（任小中，2017）。3D 打印企业之间也可以采用动态联盟的形式实现资源共享、战略协同和价值共创，弥补当前 3D 打印产业发展的一些短板	33. 基于 3D 打印服装的价值链引入企业联盟，实现服装款式、服装设计、用户数据等共享与协同运营
● 考虑虚拟运营商服务、技术服务	虚拟运营商是指从基础运营商那里承包一部分通信网络的使用权，然后通过自己的计费系统、客服号、营销和管理体系把通信服务卖给消费者，电信运营商按照一定比例将利益分成给虚拟运营商。采用 3D 打印技术的服装企业可以与虚拟运营商合作，实现拓展市场渠道等效果	34. 与虚拟运营商合作开发潜在客户，增进客户黏度。形式可以是广告植入、用户数据（需求偏好、通过手机镜头扫描获得的 3D 体型尺寸等）获取
	丰富的技术服务有助于客户开发。3D 打印服装企业可以为客户提供 3D 打印服装的改款服务。例如，如果某个人的腰围变大了，但是胳膊的尺码没有明显改变，此时，可以仅仅更新衣服的腰围部件，而衣袖则可以不用打印生产，进而实现灵活定制	35. 提供 3D 打印服装的改款服务

续表

“创新热区”	热区分析	创新方向
● 考虑逆向服务	3D 打印服装的用料有很多都是可以回收再利用的，因此，可以开发逆向的回收处理业务，如此，既可以增加客户黏性，还可以实现企业创收。基于此，还可以为客户提供产品转换服务，如回收的 3D 打印服装可以抵扣购买新商品的价格	36. 提供 3D 打印服装的回收服务 37. 提供 3D 打印服装的产品转换服务
● 考虑边界对象	3D 打印服装企业在开发客户的时候，不仅要聚焦明星客户、大众客户，还需要挖掘潜在的边界客户，开展利基定制也是获取利润的重要途径	38. 挖掘潜在的边界客户
● 考虑客户参与度	以往研究表明，在简单产品的创新中，顾客参与程度和满意度之间呈现正向关系（王莉和罗瑾琏，2012）。在 3D 打印服装的产品开发及销售环节，并不需要消费者具备复杂知识和技能，因此，提高消费者的参与度可以增加客户满意度，进而促进 3D 打印服装企业发展	39. 加大顾客参与度。从研发阶段的款式、面料、尺寸、颜色的确定和售前虚拟体验，到生产阶段的方案调整与变更，再到消费阶段，增强顾客在 3D 打印服装全供应链的参与度
● 考虑顾客使用意愿	3D 打印服装的主要特性就是为客户实现深度定制，这满足了客户的个性化需求，因此顾客通常具有强烈的使用意愿。但是，在将这些意愿转化为企业收益的过程中，3D 打印服装企业必须对其产品和服务进行准确定位。如果企业提供的产品和服务不能通过 3D 打印体现出个性化价值，那么消费者很难买账	40. 开发适合个性化定制的服装产品

表 5.22　价值创造模块的商业模式“创新热区”与创新方向

“创新热区”	热区分析	创新方向
● 考虑众包、外包、协同生产	如果 3D 打印服装企业没有能力依靠自身来完成订单任务，或者自身独立履行订单不经济时，服装企业可以通过众包等形式推动协同生产	41. 3D 打印服装企业可以考虑众包等形式，推动协同生产
● 考虑设计代工 ODM	拥有 3D 打印服装设计能力的企业，可以对外开展 ODM 服务，进而赚取代工收入	42. 开展 ODM 服务
● 考虑供应链协同、企业级响应	3D 打印服装企业在生产中需要考虑到整个供应链主体间的协同，包括信息协同、决策协同、设计协同等，进而实现对客户的快速反应（quick response）	43. 实现信息协同、决策协同、设计协同等供应链级别的协同
● 考虑公共部门创新	3D 打印服装可以在公共的 3D 打印服务平台实现生产。如此，将极大地分担服装企业的 3D 打印生产压力，同时满足客户的生产时间个性化需求	44. 考虑客户在公共服务中心进行打印生产的模式
● 考虑提升电子商务的动态能力	电子商务的动态能力体现在，消费者可以实现移动下单、移动支付等动态采购，可以通过多渠道获得产品信息，监控物流信息，甚至产品生产进度等	45. 考虑支付宝、微信等移动支付手段，考虑各类手机 App 的开发和使用
● 考虑开展动态的专利分析、专利开发、NPE 专利收购	3D 打印服装企业可以不断地开发自有专利，也可以收购其他主体的专利，进而加快产品的研发和生产速度	46. 开发和采购服装设计与生产专利

续表

“创新热区”	热区分析	创新方向
• 考虑建立战略联盟、动态联盟	在 3D 打印服装的生产过程中，服装打印企业需要与合作伙伴配合开展战略性运营活动。这些合作伙伴对 3D 打印服装的核心企业而言至关重要，合作伙伴的优劣将直接对 3D 打印服装企业产生影响	47. 对 3D 打印背景下的合作伙伴进行评价选择
• 考虑社会责任与伦理	在服装的 3D 打印生产过程中，企业应该考虑到给员工和社会产生的负面影响，要减少废弃物排放，减少噪声等环境污染，体现社会责任担当	48. 加大对 3D 打印废弃物的回收利用，可以回收能够再次被加工为原材料的 3D 打印服装
• 考虑客户知识管理、知识管理体系	鉴于 3D 打印服装的前沿性，一些客户对其并不是很了解。因此，服装企业可以加强对客户知识的输入和引导，推动 3D 打印服装的销售	49. 加大客户对 3D 打印服装的认识
• 考虑全球知识采购	3D 打印服装是一个全球性的新事物，为了迎合全球消费者的需求，服装打印企业需要对全球性相关知识和信息进行采购，进而推出更多满足客户需要的新产品	50. 获取全球性的 3D 打印知识与信息

表 5.23　价值传递模块的商业模式“创新热区”与创新方向

“创新热区”	热区分析	创新方向
• 考虑配件销售	配件销售是商业模式中的一种重要获利形式。3D 打印服装可以销售服装的饰品配件进行获利	51. 生产 3D 打印服装的饰品配件
• 考虑劝导技术	劝导技术是能够改变人的态度或行为的交互式技术（张卫和王前，2012）。购物网站通过某顾客以前访问其网站时的消费偏好打出针对性广告引导顾客购物，智能厕所自动检测出人的健康状况并针对健康问题提出具体建议，智能冰箱反馈主人的饮食习惯是否健康并提供合理的膳食方案，这些都是劝导技术的体现。在 3D 打印服装的销售过程中可以采用此策略	52. 在进行客户开发时采用劝导技术，开发 3D 打印的智能服装，如温度体感服装
• 考虑定价策略	定价的合理性直接影响到客户的购买欲望。新产品的定价策略主要有三种（张旭梅和王大飞，2017）：撇脂定价是指在产品入市时将价格定在高水平，进而获取高利润，当竞争者推出相似产品时，再降价竞争。一般而言，对于全新产品、受专利保护的产品、需求价格弹性小的产品、流行产品、未来市场形势难以测定的产品等，可以采用该策略。渗透定价是以低价格进入市场，获取市场份额。满意定价的价格居于上述二者之间。由于 3D 打印服装多为需求价格弹性小的定制产品，而且从产业背景看也处于新产品阶段，定价上可以采用撇脂定价，或者以撇脂定价为主、满意定价为辅的组合定价策略。如此，可以在满足消费者需要的同时，获得较高的收益	53. 采用撇脂定价，或者以撇脂定价为主、满意定价为辅的组合定价策略

续表

“创新热区”	热区分析	创新方向
• 考虑社交媒体	社交媒体是一种以计算机为媒介的技术，是人们之间通过虚拟社区和网络来创造与分享信息、思想、职业兴趣、见解和观点等的工具和平台。现阶段主要包括社交网站（如 LinkedIn）、微博、微信、博客、论坛、播客、YouTube 等。3D 打印服装对大众消费者而言还是新奇事物，因此需要充分利用社交媒体进行产品宣传，同时，也可以利用这些社交媒体增加互动，提升客户忠诚度和黏度	54. 在新的商业模式中系统性植入社交网站、微博、微信、博客、论坛、播客等社交媒体
• 考虑外包方式	外包可以体现在生产外包、服务外包、研发外包、物流外包、人事外包等多方面。3D 打印服装企业可以根据自身特征，协同采用上述外包策略，进而催生不同的商业模式	55. 针对生产外包、服务外包、研发外包、物流外包等外包形式考虑 3D 打印背景下服装企业的商业模式创新
• 考虑社区	这里的社区指的是网络社区，指包括 BBS[1]/论坛、贴吧、公告栏、个人知识发布、群组讨论、个人空间、无线增值服务等形式在内的网上交流空间。3D 打印服装企业可以将网上社区作为企业与客户实现信息沟通的平台	56. 在商业模式中引入网络社区运营体系
• 考虑 OEM 供应商	3D 打印机不仅可以打印服装，也可以打印生产企业产品。服装企业可以依托自身的 3D 打印生产能力对外开展生产服务，提高企业收益	57. 提供 OEM 代工服务，3D 打印生产服装及其他商品服务
• 考虑电子商务模式	电子商务类型主要包括 B2B、B2C[2]、C2C[3]、B2B2C[4]等。针对本书研究的主体——采用 3D 打印技术的服装企业而言，它们主要关注的是 B2B、B2C 和 B2B2C 模式。在其中，依靠 B2B 模式发展企业间业务将不利于企业直接了解消费者的个性化需求。因此，3D 打印背景下的服装企业应该重点考虑 B2C 和 B2B2C 模式。另外，从电子商务的实现模式来看，还可以分为线上模式和线下模式。在这方面，3D 打印服装企业可以协同采用，即线上模式实现信息传递和产品设计等业务，线下模式实现服装体验等业务	58. 构建 B2C 和 B2B2C 模式 59. 线上和线下协同运行。线上实现信息传递和产品设计等业务，线下实现服装体验等业务
• 考虑移动应用产业 • 考虑移动平台生态系统	移动应用 App 已经在手机端普及，可以有效增强客户体验，可以增加互动，促进消费	60. 开发或应用 3D 打印服装 App，辅助体型数据采集和款式设计等
• 考虑手机银行	以手机银行为代表的是支付方式的变革。3D 打印服装企业的商业模式中需要采用先进的支付方式	61. 开展手机银行等便捷支付
• 考虑互联网	互联网的出现是人类社会发展的里程碑事件。互联网已是当今企业发展的助力器	62. 融入互联网
• 考虑模块化	模块化是提高供应链反应速度的主要手段。为了适应大规模定制，3D 打印服装可以采用模块化打印生产个别通用服装部件，然后根据客户的不同定制要求进行组装，实现大规模定制的个性化要求	63. 实施服装的模块化 3D 打印生产

续表

“创新热区”	热区分析	创新方向
• 考虑下一代网络	下一代网络又称为次世代网络，是可以同时提供话音、数据、多媒体等多种业务的综合性、全开放的宽频网络平台体系，至少可实现千兆光纤到户。中国提出用 5~10 年时间，形成下一代互联网自主技术体系和产业生态，建成全球最大规模的 IPv6 [5)] 商业应用网络。物联网也是下一代网络形式，它实现了物物相连与可控，强调了用户体验在创新 2.0 时代的作用。这些都将对 3D 打印服装企业的商业模式产生影响	64. 深化使用远程媒体互动 65. 开发 3D 打印的物联网智能服装
• 考虑改进网络位置 • 考虑改变网络模型	供应链网络布局对企业运营会产生直接影响。3D 打印服装企业的供应链网络主要包括原辅料企业、核心企业、分布式制造企业及消费者等。当进行分布式制造的时候，“分布在不同区域的生产企业应该为哪些市场客户提供产品服务”问题最为突出，这是一个典型的供应链需求网络优化问题，相应模型也需要调整	66. 根据客户需求建立新模型，优化供应链生产网络布局
• 考虑建立创新网络	3D 打印服装的生产并不仅仅是服装企业与消费者之间的生产关系，还需要在产品和服务过程中不断协同创新，形成创新网络，如此才能适应消费者不断变化的个性化需求并且发展壮大，还包括物流企业、供应商企业、服装设计师、信息化工程师、服装卖场、高校、政府等多方协同参与	67. 建立多方协同创新平台。融合服装企业（产品与服务创新）、消费者（提供创新元素与创意想法）、物流企业（创新渠道与供应网络）、供应商企业（创新原辅料及服务）、服装卖场（提供创新元素与创新方向）、独立服装设计师（流行元素设计）、工程师（辅助实现智能产品创新）、高校、政府等
• 考虑数字创新商业化	3D 打印服装的主要过程是服装数字化产品的打印输出。企业将拥有（或者与客户共有）大量的服装产品数字化模型资产。本着“数据就是资产”的大数据时代经营理念，3D 打印服装企业要积极推动这一数字创新商业化成果的实现	68. 服装及配套产品数字化模型的资产化
• 考虑企业级响应速度	鉴于 3D 打印服装的客户基本都是个性化的定制群体，具有高品位需求特征，因此必须为他们提供快速的供给响应，否则将影响客户感受	69. 优化供应链网络，打造快速反应型供应链。快速反应型供应链的主要措施为模块化、延迟生产、柔性制造等。这些举措可以在商业模式中加以设计
• 考虑建立共享平台 • 考虑文件共享	信息共享是驱动当代经济发展的重要利器之一。3D 打印服装企业要在产业链上建立起信息共享平台，实现服装相关数据文件的共享，加速产品和服务的创新	70. 实现商业模式的信息共享
• 考虑游戏化	通过游戏激发消费者的参与性，提升客户黏度	71. 开发 3D 打印服装类游戏

续表

“创新热区”	热区分析	创新方向
• 考虑提供免费服务	《长尾理论》的作者克里斯 · 安德森提出了“免费经济”理念，指的是将商品成本转移到另一个商品或者后续服务上，或者将商品成本极大地降低直至趋近于零，实现商品免费供应。免费商业模式的获利途径包括增值服务收费（通过为业务创造新价值获利）、广告收入、交叉补贴（实现不同业务之间的获利途径转移）和劳动交换（通过自身劳动换取免费产品与服务）	72. 提供免费服务。可以为客户免费提供一些标准化的 3D 打印服装数字模型，但是如果需要深度个性化开发直至最终生产就得付费，这也是增值服务收费模式；可以免费提供 3D 打印服装设计软件、App、网站等平台产品，但是在使用时要接受广告嵌入，这属于广告收入模式；可以免费为客户进行 3D 打印服装尺寸扫描和 3D 打印服装设计，但是如果要得到最终个性化的实物产品就得付费生产，这属于交叉补贴模式；用户可以为 3D 打印企业提供服装设计模型进而换取自身的 3D 打印服务，这属于劳动交换模式
• 考虑绿色化 • 考虑可再生能源	3D 打印所产生的废弃材料通过粉碎、挤压、催化等物理化学过程已经可以转换成 3D 打印所需的新耗材。由此可以考虑对 3D 打印服装产品进行回收处理，然后将其转变成新耗材加以使用	73. 回收 3D 打印服装，将其加工为新耗材加以使用或者销售获利

1）BBS：bulletin board system，电子公告板；2）B2C：business to consumer，企业对个人；3）C2C：consumer to consumer，个人对个人；4）B2B2C：business to business to consumer，企业对电子商务企业对个人；5）IPv6：Internet protocol version 6，互联网协议第 6 版

表 5.24　价值捕获模块的商业模式“创新热区”与创新方向

“创新热区”	热区分析	创新方向
• 考虑代理成本	3D 打印服装的特点是企业与消费者实现了直接接触。因此，可以缩短传统供应链的销售代理层级，进而降低成本、提高企业反应速度	74. 去除或缩减传统服装产业的销售代理环节
• 考虑风险成本	3D 打印服装的款式和尺码等个性特征设计是其优势，但是舒适度一直是影响消费者购物的负面因素（Zhang et al.，2017）。消费者存在对舒适度不满意的风险	75. 增开体验店销售渠道，提前化解风险
• 考虑人力资本	3D 打印服装企业的重要资源是拥有 3D 打印服装的设计人才。拥有丰富的人才是推动企业发展的关键	76. 建立企业设计师、社会独立设计师、高校设计资源等多方互动的设计师资源库，实现协同设计
• 考虑筹资机制	众筹模式实现了资本的集中高效运营。3D 打印服装企业可以发起针对某些个性化服装的生产众筹，实现“预定制规模化生产”	77. 引入众筹模式开发新产品，实现“预定制规模化生产”
• 考虑中小企业利用无形资产	3D 打印服装的数据集、商标、专利是典型的无形资产，可以将其转化为收入来源	78. 将 3D 服装的数据集转化为资产 79. 获取专利转让收入

续表

"创新热区"	热区分析	创新方向
• 考虑专业消费者的盈利性	3D 打印服装的专业消费者是时装模特、时装爱好者、个性消费者、高端消费者等。总体来看，他们愿意支付相对较高的价格购买个性化产品	80. 时装模特、时装爱好者、个性消费者、高端消费者等是主要消费对象

表 5.25　价值评估模块的商业模式"创新热区"与创新方向

"创新热区"	热区分析	创新方向
• 考虑异质性	针对 3D 打印服装企业的不同发展定位。针对消费者的不同特征，3D 打印服装企业的商业模式可以有多种形式，也可能是不同商业模式的组合	81. 新的商业模式可能有多种形式及其组合存在
• 考虑视角广阔性	企业商业模式可以从多种视角分析。从产业链角度可以分为生产导向和服务导向等，从生产机制来看可以分为订单生产和备货生产等。3D 打印服装企业的商业模式应该借鉴这些视角展开分析	82. 考虑不同视角设计新的商业模式
• 考虑盈利性	盈利性是评价一种商业模式的根本原则	83. 通过盈利趋势判定新型商业模式的生命力

通过上述表 5.19~表 5.25 的分析，本书得到 83 条服装企业潜在的商业模式"创新方向"。对这些"创新方向"的观点进行整合，最终得到 60 条针对性强、可操作性高的"创新方向"。本书将其按照商业模式画布要素进行归类（表 5.26），并据此为 3D 打印背景下的服装企业设计了如下五种新型商业模式。

表 5.26　"创新方向"及其在商业模式画布中的模块属性

序号	"创新方向"	画布模块	序号	"创新方向"	画布模块
1	开发智能服装，如温度体感服装、物联网智能服装	价值主张	10	采用系统动力学研究商业模式创新	关键活动
2	开展虚拟现实选装和试装	客户关系	11	对商业模式进行模型建构和仿真分析	关键活动
3	对外开展 3D 打印服装的设计、OEM、ODM 服务	收益来源	12	服务驱动，便捷化、多样化等	客户关系
4	提供适合 3D 打印、服装以外其他商品 OEM 代工服务	收益来源	13	用户驱动，满足不同客户群体的定制服务	客户关系
5	建立互联网、微信、各种移动终端等信息化平台	关键资源	14	信息驱动，国际时装周、店面销售等服装元素信息驱动服装设计，订单信息驱动服装生产	客户关系
6	生产集成性服装产品，如各类装饰品	价值主张	15	采用云平台	关键资源
7	考虑设备共享	客户关系	16	通过分布式生产、物流外包加快商业模式反应速度	渠道通路
8	开展供应链与物流网络优化	渠道通路	17	实施服装的模块化 3D 打印生产	关键活动
9	自身渠道和外部渠道共同拓展市场	渠道通路	18	消费者与企业之间价值共创	客户关系

续表

序号	“创新方向”	画布模块	序号	“创新方向”	画布模块
19	消费者与消费者之间价值共创	客户关系	40	构建 B2C 和 B2B2C 模式	关键活动
20	为客户开展深度定制	价值主张	41	线上和线下协同运行	关键活动
21	与虚拟运营商合作，实现广告植入，获取用户数据（需求偏好、通过手机镜头扫描获得的 3D 体型尺寸等）	客户关系 收益来源	42	开展手机银行、支付宝、微信支付等便捷支付	客户关系
22	加大顾客参与度，考虑公共服务中心进行打印生产	客户关系	43	融入互联网	客户关系
23	建立协同创新平台	核心资源	44	生产前期，植入款式设计、面料选择、3D 尺码测量、售前虚拟现实试穿体验等	客户关系
24	销售之后，可以提供服装改款	客户关系	45	使用远程媒体互动	客户关系
25	生产之中，可以根据实际情况变更或者植入新的方案	客户关系	46	推行用户自助打印	关键活动
26	开展利基定制	关键活动	47	新伙伴关系，3D 打印的原料供应商、设备供应商、外包生产商等	重要伙伴
27	开展大规模定制	关键活动	48	服装及配套产品数字化模型的资产化	收益来源
28	提供在线服务	客户关系	49	实现信息共享	关键活动
29	通过众包等形式推动协同生产	关键活动	50	开发 3D 打印服装类游戏	客户关系
30	开发 3D 打印服装 App，辅助体型数据采集和款式设计	关键资源	51	提供免费服务。赚取增值费、广告费、生产费或消费者提供的数据模型	价值主张 收益来源
31	提供 3D 打印服装的改款服务	价值主张	52	去除或缩减传统服装产业的销售代理环节	渠道通路
32	提供 3D 打印服装的回收服务（将其加工为新耗材加以使用或销售）	价值主张	53	增开体验店销售渠道	渠道通路
33	提供 3D 打印服装产品转换服务	价值主张	54	建立设计师资源库，实现协同设计	关键活动
34	开发个性化定制服装产品	价值主张	55	引入“众筹模式”开发新产品，实现“预定制规模化生产”	关键活动
35	生产 3D 打印服装的饰品配件	价值主张	56	获取专利转让收入	收益来源
36	采用撇脂定价，或者以撇脂定价为主、满意定价为辅的组合定价策略	客户关系	57	时装模特、时装爱好者、个性消费者、高端消费者是主要消费对象	客户细分
37	植入社交网站、微博、微信、博客、论坛、播客等社交媒体	客户关系	58	新的商业模式可能有多种形式及其组合存在	关键活动
38	开展生产外包、服务外包、研发外包、物流外包等	关键活动	59	引入企业联盟，实现服装款式、服装设计、用户数据等共享与协同	关键活动
39	引入网络社区	客户关系	60	通过盈利趋势判定新型商业模式的生命力	关键活动

5.3.2　“大规模选择定制–集中制造”商业模式

1. “大规模选择定制–集中制造”商业模式的设计依据

依据“商业模式创新画布”的使用思路，本部分从表 5.26 的 60 条“创新方向”中捕获到了如下重要组合：[27]开展大规模定制，[55]引入“众筹模式”开发新产品，实现“预定制规模化生产”，[17]实施服装的模块化 3D 打印生产，[57] 时装模特、时装爱好者、个性消费者、高端消费者是主要消费对象。上述“创新方向组合”诠释了如下重要信息。

（1）随着 3D 打印服装的流行化和普及化，越来越多的消费者将向服装企业定制 3D 打印服装，进而出现了“[27]开展大规模定制”现象。显然，“开展大规模定制”是 3D 打印服装企业的重要发展方向。

（2）3D 打印服装的消费者包括“[57] 时装模特、时装爱好者、个性消费者、高端消费者”等众多群体。其中，会有一些消费群体对 3D 打印服装的个性化要求并不是特别高，一些简单的个性化就可以满足他们的需要。此时，“[17]实施服装的模块化 3D 打印生产”是满足此类消费者的重要选择。通过 3D 打印服装的模块化组合，消费者可以实现一定程度的选择性个性化，这种形式可以理解为“选择性定制”。

（3）3D 打印背景下的服装企业依然期待可以通过规模化生产来降低成本，而以往的实践经验和理论成果都显示出，除了“[55] 引入‘众筹模式’开发新产品，实现‘预定制规模化生产’”举措之外，规模化生产的重要生产方式就是“集中制造”。

基于上述“创新方向组合”分析，本书提出了“大规模选择定制–集中制造”（mass selective customization-centralized manufacturing，MSC-CM）商业模式。

2. “大规模选择定制–集中制造”商业模式的设计理念

当大量的个性化消费者向 3D 打印服装企业提交订单时，服装企业就将面临大规模定制问题。此时，服装企业可以采用“集中制造”方式进行服装的打印生产。其主要措施就是将服装产品解构为多个子模块，通过模块化批量生产相同组件，然后通过不同模块的组合来实现客户的个性化服装定制生产。例如，3D 打印服装企业对一些衣服部件根据常规尺码、面料、颜色、图案等进行预生产，然后消费者根据个人偏好进行组合定制。这种模式与 Dell 的经典定制方式类似，但是不同之处在于 Dell 的计算机部件是供应商的预备货，但是 3D 打印服装企业的服装部件是自己研发（或者外包研发、共同研发）和自己生产的。“大规模选择定制–

集中制造”商业模式可以使企业针对一些流行的服装部件提前进行预生产，进而缓解 3D 打印机的生产负荷，同时借助部件库存提高生产反应速度。

3. “大规模选择定制-集中制造”商业模式画布

商业模式画布是目前能够系统反映商业模式架构的公认工具（Barquet et al., 2011；Osterwalder and Pigneur，2010）。为此，本部分至 5.3.6 小节都将通过商业模式画布的形式展现商业模式。为了构建“大规模选择定制-集中制造”商业模式的最终商业模式画布，本书先针对商业模式画布的九个模块进行详细分析。

1）价值主张

“大规模选择定制-集中制造”商业模式提供的产品主要包括 3D 打印选择性定制服装及 3D 打印服装的饰品配件，提供的服务可以包括：①免费服务。可以为客户免费提供一些标准化的 3D 打印服装数字模型，免费提供 3D 打印服装设计软件、App、网站等平台产品。②3D 打印服装的模块化改款服务。例如，如果某个人的腰围变大了，但是胳膊的尺码没有明显改变，此时，可以仅仅更新衣服的核心模块部件，而衣袖则可以不用打印生产，进而实现灵活定制。③3D 打印服装的回收服务和产品转换服务。3D 打印服装的用料有很多都是可以回收再利用的，因此，可以开发逆向的回收处理业务，如此，既可以增进客户黏性，还可以实现企业创收。基于此，还可以为客户提供产品转换服务，如回收的 3D 打印衣服可以抵扣购买新商品的费用。④3D 打印服装和其他 3D 打印商品的 OEM 服务。由于采用“大规模选择定制-集中制造”商业模式的服装企业拥有 3D 打印设备，其可以开展对外 3D 打印生产服务，创造利润。

2）客户关系

为了增进客户关系，提高客户黏度，采用“大规模选择定制-集中制造”商业模式的 3D 打印服装企业通常可以采用以下举措：①在服装售前阶段，推行基于“虚拟现实”或者“场景模拟”等技术手段的消费者选装、试装，提高顾客的感知度和满意度。例如，第 1 章中提及的阿迪达斯快闪店（Knit For You）采用投影的方式让顾客体验选装。②强化服务驱动建设，聚焦客户的服务需求，提供便捷化、人文化等服务。③充分发挥信息的价值，可以利用来自国际时装周、店面销售等渠道的服装元素信息来驱动服装设计，可以利用订单信息来驱动服装生产。④通过消费者与企业间价值共创增进客户与企业之间的联系。⑤与虚拟运营商合作开发潜在客户，增加客户黏度。形式可以是广告植入、用户数据（需求偏好等）获取。⑥引入在线服务，为消费者提供服装模块组合设计。⑦开设网络社区，包括 BBS/论坛、贴吧、公告栏、个人知识发布、群组讨论、个人空间、无线增值服务等形式在内的网上交流空间，让企业与消费者等产生互动。⑧采用撇脂定价，或者以撇脂定价为主、满意定价为辅的组合定价策略（鉴于该模式并非完全定制，因此该类定价具有更高合理性），通过合理定价在获利的同时保持客户黏性。⑨借助社交网站、微博、微信、博客、论坛、播客等社交媒体扩大品牌影响的同时，增强与消费者的互动。⑩开展手机银行等便捷支付，引入微信支付、支付宝支付等移动支付方式。⑪借助互联网平台连接企业与客户。⑫生产前期，为客户提供 3D 打印服装的服装选型、面料与颜色选择等服务。⑬开发和应用 3D 打印服装类游戏，增加消费者购置 3D 打印服装的热情，并可以在游戏中通过嵌入广告增加收益。

3）渠道通路

在“大规模选择定制–集中制造”商业模式中，3D 打印服装可以利用企业自身渠道和外部渠道共同拓展市场。但是，3D 打印服装的定制特性决定了传统的多中间商销售渠道必然面临缩减或者彻底剔除，取而代之的是增开 3D 打印服装体验店。这些体验店既可以由 3D 打印服装企业自营，也可以是 3D 打印服装企业与其他企业形成联盟使用，或者纯粹是付费使用。另外，可以通过建立模型，开展供应链与物流网络优化分析，进而实现更低的运营成本。此外，3D 打印服装企业还可以将物流业务外包给第三方物流企业来运营，这将加快 3D 打印服装产品的供应链响应速度，并且有助于服装企业将核心精力投入服装的 3D 打印设计与生产中。

4）客户细分

采用“大规模选择定制–集中制造”商业模式的 3D 打印服装企业为客户提供的是“低自由度”服装定制产品和服务，主要满足的是那些对个性化服装有一定需求（如追求一定时尚的人士），但是强烈感不高的消费者，还包括一些对完全个性化过程感到烦琐、难以忍耐完全个性化生产较长周期的消费者等。

5）关键活动

对 3D 打印服装进行大规模定制生产是“大规模选择定制–集中制造”商业模式的核心活动。同时，由于该商业模式的特点是“服装的模块化批量生产”与“消费者的个性化需求”相融合，服装企业的日常活动还包括开展 3D 打印服装的模块化设计。由于该类企业是通过自身生产满足客户订单的，其需要开展集中性 3D 打印生产活动。为了实现这个任务，该类企业的另一项关键活动就是通过各类平台获得客户的 3D 打印服装模型信息。此外，服装企业还需要开展以下关键活动：①考虑服务外包、研发外包、物流外包等，进而实现企业运营目标；②推进线上和线下协同运行，网络平台和体验店齐头并进；③采用系统动力学模型等开展商业模式创新和优化，对商业模式进行建模和仿真分析，优化供应链生产网络等；④建立设计师资源库，储备人才；⑤建立企业协同创新联盟。

6）关键资源

为了推进“大规模选择定制–集中制造”商业模式，3D 打印服装企业需要具备如下关键资源：①性能良好的服装 3D 打印机，使企业具备强劲的服装 3D 打印能力，这是 3D 打印服装企业的关键性核心资源；②3D 打印服装设计师，使企业具备设计个性化 3D 打印服装及其配件的能力，这也是 3D 打印服装企业的关键性核心资源；③3D 打印厂房，提供 3D 打印的生产场所；④云平台，满足企业与客户之间、企业与企业之间、客户与客户之间的信息交互；⑤协同创新平台，融合服装企业（基于市场导向的产品与服务创新设计）、消费者（提供创新元素与创意想法）、物流企业（创新渠道与供应网络）、供应商企业（创新原辅料及服务，进而适应核心企业满足客户的新要求）、服装体验店与卖场（提供创新元素与创新方向）、独立设计师（包含服装设计师、产品研发工程师等）等创新资源，开展 3D 打印服装的协同设计与生产；⑥互联网、微信、各种移动终端等信息化平台，提高企业与客户之间的沟通能力，扩大企业的宣传途径，增强企业的宣传效果；⑦3D 打印服装 App，增进与客户的互动，扩大产品的数据获取途径，强化客户黏性；⑧原料回收加工器，将回收到的 3D 打印物品加工成新的 3D 打印原料，提高 3D 打印服装原料的利用率，降低原料成本。

7）重要伙伴

大规模选择定制集中生产过程中，3D 打印服装企业主要与以下合作伙伴有密切联系：3D 打印设备供应商、3D 打印原料供应商、3D 打印软件供应商（一些高质量软件是收费的）、3D 打印原料加工设备供应商。另外，从近些年的发展趋势来看，为了适应“多品种、小批量”商品的物流需求，将物流外包给专业化物流企业已经成为重要选项，因此，在“大规模选择定制–集中制造”模式中，3D 打印服装企业另外一个合作伙伴就是物流企业。此外，由于第三方 3D 打印体验店是“大规模选择定制–集中制造”商业模式增进客户体验的重要渠道，第三方 3D 打印体验店也是该模式的重要合作伙伴。

8）成本结构

3D 打印服装企业的主要成本包括：3D 打印设备购置成本（鉴于 3D 专业性服装打印机的价格偏高，因此该项成本仍将是主要成本来源）、3D 打印原辅料购置成本、原料回收加工器购置成本、3D 打印服装的废弃成本、研发成本、人力成本、物流成本、各种平台建设与维护成本、软件购置与使用成本、营销费用等。另外，服装模型中既有企业的自有模型资源也有外部模型资源，因此企业需要支付外部模型的数字版权成本。此外，在进行 3D 打印服装回收过程中也会产生 3D 打印服装的废弃成本和回收成本。

9）收益来源

在 3D 打印背景下服装企业“大规模选择定制–集中制造”商业模式中，3D 打印服装企业主要通过 3D 打印定制服装的销售、App 和云平台等广告收入、服装及配套产品数字化模型的出售收入、专利转让收入、回收废弃产品将其生产为原料的销售收入等实现收益。另外，对外开展3D打印服装OEM服务及其他3D打印商品OEM代工生产服务也可以为服装企业增加收入。由于采用集中制造方式，3D打印服装企业具备了较强的服装3D打印生产能力，当3D打印服装企业出现生产能力富余时，企业就可以对外开展3D打印生产业务，从而获得相关收益。

综合以上分析，3D打印背景下服装企业的"大规模选择定制-集中制造"商业模式画布如图5.9所示。

4. "大规模选择定制-集中制造"商业模式的生态系统

为了系统反映3D打印背景下服装企业的"大规模选择定制-集中制造"商业模式，基于物流、信息流和资金流等供应链基本架构，结合"大规模选择定制-集中制造"商业模式画布，本节构建了如图5.10所示的3D打印背景下服装企业"大规模选择定制-集中制造"商业模式生态系统。

1）基本运行流程

整个商业模式生态系统的社会参与主体涵盖了3D打印服装生产企业、3D打印原辅料供应商、物流企业、第三方3D打印体验店、消费者、网络社区、独立设计师等，这些主体协同运作，推动商业模式有序运转，具体的运行流程如下。

在订单履行方面：消费者通过互联网、手机专用服装App、服装游戏、微信等途径发起3D打印服装的定制需求，然后通过云平台查询数据库中的服装数据模型（这些模型既有企业自有模型，也有外部模型；既包括整装模型，也包括部件模型和饰品模型），经过个性化定制后确定最终的服装模型方案。接着这些方案信息被3D打印服装企业的生产部门捕获，生产部门将据此进行生产计划排程。具体而言，生产部门先将服装拆解为模块化信息，如果现有库存可供使用（"大规模选择定制-集中制造"商业模式开展的是选择性定制，个性化模块可以进行一定控制，因此各个子模块可以进行一定的预生产，进而提高服装的生产效率，实现更快的客户反应），那么将直接进入服装的组装，生产出成衣。如果某些子模块的库存不够，此时将进行模块的3D打印生产，并根据生产该模块所需原料的库存情况发起原料采购和物流补给（通常物流外包）。3D打印完成之后，需要对部件产品进行必要的清洁处理和整顿，然后将所有部件组装成最终的成衣。消费者发起服装定制的另外一个途径就是通过第三方3D打印体验店。在这里，消费者除了可以进行上述流程之外，更重要的是可以通过虚拟现实技术和投影技术（将服装方案投影在消费者身体上）进行服装的模拟体验，这将大大增强消费者的主观认同感，激发购买欲望。上述有关3D打印服装模型的构建流程如图5.11所示。

重要伙伴

- 3D打印设备供应商
- 3D打印原料供应商
- 3D打印软件供应商
- 3D打印原料加工设备供应商
- 物流企业
- 第三方3D打印体验店

关键活动

- 3D打印服装的大规模定制
- 3D打印服装的模型设计
- 进行B2C集中生产
- 获取客户的3D打印服装模型信息
- 生产外包、服务外包、研发外包、物流外包等
- 建立企业协同创新联盟
- 推进线上和线下协同运行
- 系统动力学研究商业模式
- 商业模式建模和仿真分析
- 建模优化供应链生产网络
- 建立设计师资源库
- 研判新型商业模式生命力

关键资源

- 服装3D打印机
- 3D打印服装设计师
- 3D打印厂房
- 云平台、协同创新平台
- 互联网、微信、各种移动终端等信息化平台
- 3D打印服装App
- 原料回收加工器

价值主张

产品

- 3D打印选择性定制服装
- 3D打印服装的饰品配件

服务

- 免费服务
- 3D打印服装的模块化改款
- 3D打印服装的回收服务
- 3D打印服装产品转换服务
- 3D打印服装的OEM服务
- 其他3D打印商品OEM服务

客户关系

- 虚拟现实选装、试装
- 服务驱动、信息驱动
- 消费者与企业间价值共创
- 与虚拟运营商合作
- 引入在线服务、网络社区
- 采用撇脂定价，或者以撇脂定价为主、满意定价为辅的组合定价策略
- 植入社交网站、微博、微信、博客、论坛、播客等社交媒体
- 开展手机银行等便捷支付
- 融入互联网
- 生产前期，植入服装选型、面料与颜色选择等服务
- 开发和应用3D打印服装类游戏

渠道通路

- 自身渠道和外部渠道共同拓展市场
- 去除或缩减传统服装产业的销售代理环节
- 增开体验店销售渠道
- 开展供应链物流网络优化
- 通过物流外包加快商业模式反应速度

客户细分

- 追求一定时尚的人士
- 低度个性化消费者
- 对完全个性化过程感到烦琐的消费者
- 难以忍耐完全个性化生产较长周期的消费者

成本结构

- 3D打印设备购置成本
- 3D打印原辅料购置成本
- 原料回收加工器购置成本
- 研发成本、人力成本、物流成本
- 各种平台建设与维护成本、软件购置与使用成本
- 营销费用、数字版权成本、3D打印服装的废弃成本与回收成本

收益来源

- 3D打印定制服装的销售
- App和云平台等广告收入
- 服装及配套产品数字化模型的出售收入
- 对外开展3D打印服装OEM服务的收入
- 对外开展其他3D打印商品OEM代工生产服务的收入
- 专利转让收入、回收废弃产品将其生产为原料的销售收入

图5.9 “大规模选择定制-集中制造”商业模式画布

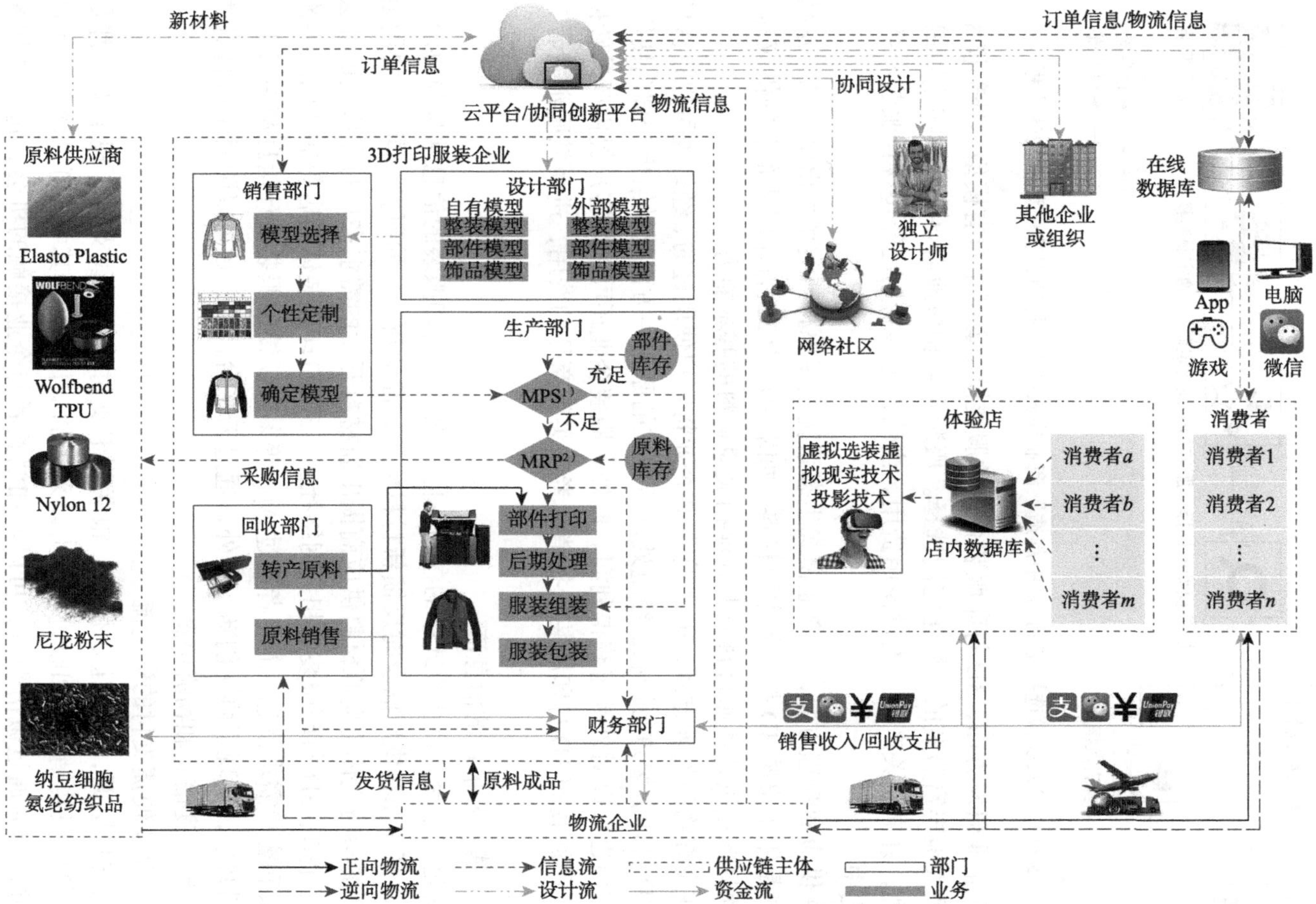

图5.10　“大规模选择定制–集中制造”商业模式生态系统

1）MPS：master production schedule，主生产计划；2）MRP：material requirements planning，物料需求计划

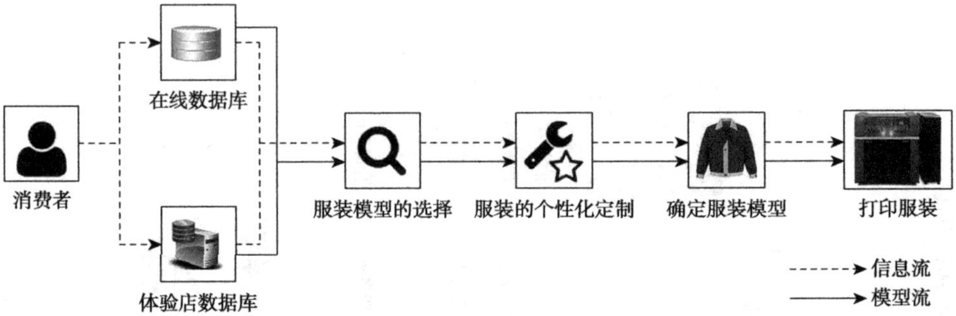

图 5.11　“大规模选择定制-集中制造”商业模式的 3D 打印服装模型的构建流程

在企业研发方面，3D 打印服装企业的服装模型囊括了自有模型和外部模型，可以极大地丰富服装的个性化定制选择。服装企业相应地需要开展数字化知识产权管理，并向相关产权人支付使用费用。当然，这些费用已经包含在服装产品的定价之中。

在供应商管理方面，该商业模式生态系统按照原材料类型列出供应商。这些原材料是用于服装 3D 打印的主要材料。如果要成为 3D 打印服装企业的供应商，其必须具备提供这些原材料或者其他相关原材料的基本能力。

在废弃物的处理方面，3D 打印服装企业将客户使用过的、经处理可以再次使用的 3D 打印服装进行回收。经过处理后生成的原料一方面提供给生产部门使用，另一方面也可以对外销售获得利润。此外，服装企业还可以为客户提供产品转换服务，用回收的 3D 打印服装抵扣消费者购买新商品的费用，进而鼓励消费者二次消费。

2）基于云平台的信息流

通过云平台，商业模式中的参与主体实现 3D 打印服装的信息共享与协同创新。3D 打印原料供应商及时反馈新材料信息，推动新产品的研发。同时，协同创新平台的参与主体也向原材料供应商提出新材料开发的需求；3D 打印服装的社会独立设计师、3D 打印服装的相关网络社区、3D 打印服装体验店等捕获的服装流行元素和客户需求信息、消费者通过 App 等渠道反馈的服装设计信息都在云平台中得到共享，实现了协同创新。此外，通过云平台，客户还可以随时了解自身商品的打印进度信息和物流信息。

3）基于便捷支付的资金流

在支付层面，支付宝、微信、银联刷卡支付或者在线支付、现金支付都是在 3D 打印服装销售或回收过程中可以采用的支付途径。其中，可以优先采用微信支付，因为通过微信平台，可以增加消费者与企业接触的机会，进而增加客户黏性。

4）基于外包服务的物流

针对多品种、小批量的 3D 打印服装定制产品，服装企业很难实现物流自营。外包是提高物流效率和降低物流成本的主要途径。因此，最终的 3D 打印服装产品将通过物流外包企业送至体验店（一些消费者认为通过体验店获得实物更可靠）或者消费者手中。考虑到采购定制产品的消费者通常对服务具有更高要求（Dausch，2006；Li and Liu，2017），加之 3D 打印服装产品的附加值高，因此，物流的运输方式可以采用公路、高铁甚至航空运输。

5.“大规模选择定制–集中制造”商业模式的应用条件

“大规模选择定制–集中制造”商业模式的应用需要一定条件做支撑。在这些条件下，这种商业模式才能具有更好的可行性。这些条件主要包括以下方面。

（1）存在低度个性化的服装定制需求。服装的个性化定制正在成为流行趋势。其中一些消费者对服装的个性化定制要求并不高，只需要通过服装的模块化组合就可以实现他们的个性化需求，这种低度个性化的服装定制需求是“大规模选择定制–集中制造”商业模式诞生的基础条件。

（2）服装企业必须具备强大的 3D 打印生产能力。采用“大规模选择定制–集中制造”商业模式的服装企业在接收到大规模服装定制订单的同时，又要借助 3D 打印技术实现服装的自我生产，为此服装企业需要购置较多的 3D 打印机设备（现阶段的绝大多数 3D 打印机的生产效率较低），如此才能实现规模化集中生产。强大的 3D 打印服装生产能力是“大规模选择定制–集中制造”商业模式得以应用的必备条件。

（3）“大规模选择定制”蕴含了两层含义，第一是大规模生产，第二是选择性定制。为了向客户提供模块化的 3D 打印服装组件，以供客户进行选择性服装定制，3D 打印服装企业必须具有一定的 3D 打印服装设计能力。3D 打印服装设计能力是“大规模选择定制–集中制造”商业模式得以采用的支撑条件。

5.3.3　“大规模自由定制–分布制造”商业模式

1.“大规模自由定制–分布制造”商业模式的设计依据

为了寻找商业模式创新的依据，本节从表 5.26 的“创新方向”中提取到了如下一组重要信息：[20]为客户开展深度定制，[34]开发个性化定制服装产品，[27]开展大规模定制，[16]通过分布式生产、物流外包加快商业模式反应速度，[29]考虑不同视角设计新的商业模式，[57]时装模特、时装爱好者、个性消费者、高端消费者是主要消费对象。本书对上述“创新方向”进行如下解读。

（1）在 3D 打印服装定制市场中还存在一些渴望“[20]为客户开展深度定制”的客户，如“[57]时装爱好者”。因此，服装企业可以通过“[34]开发个性化定制服装产品”来满足这部分客户需求，进而实现获利发展。这种“[20]为客户开展深度定制”实际上使得客户有了更大的定制空间，已经远远超过了仅能选择模块的定制，可以理解为“自由定制”。

（2）大量的完全个性化 3D 打印服装订单的出现将使得服装企业的产品品种暴增，因为每一款产品都是唯一的（不考虑单件产品的复制生产）。因此，3D 打印服装企业必须具备“[27]开展大规模定制”的能力。

（3）完全个性化的服装定制将迫使服装企业无法实现规模化生产，而且为了满足客户的定制需求，服装企业往往需要投入大量的 3D 打印机设备来实现这一目标，而这种投入对服装企业的生产成本和风险防控而言都是极为不利的。“[16]通过分布式生产、物流外包加快商业模式反应速度”和“[29]考虑不同视角设计新的商业模式”恰恰能够破解上述难题。通过与更多的合作伙伴开展分布式生产（众包），服装企业的 3D 打印机投资负担将迅速被稀释，而且客户的需求将更容易在本土化区域内得到敏捷反馈。可见，解决完全个性化 3D 打印服装的大规模定制问题的重要手段就是“分布式制造”。

基于上述“创新方向组合”分析，本书提出了“大规模自由定制–分布制造”（mass complete customization-distributed manufacturing，MCC-DM）商业模式。

2. “大规模自由定制–分布制造”商业模式的设计理念

3D 打印服装的最大特点就是深度定制。如果 3D 打印服装企业将此定位为未来的发展方向，那么将意味着其所有客户的 3D 打印服装都是不同的，如果寄希望于采用 5.3.2 小节提出的“大规模选择–集中制造”商业模式来实现这种“自由定制”，为了提高快速反应能力，那么服装企业需要“集中”具备大批量的 3D 打印机，这显然加大了服装企业的固定资产投资，增大了企业运营风险。此时，分布式制造将具有更多优势。分布式制造具有更直接的反馈，当企业无法集中生产大规模的个性定制 3D 打印任务时，可以迅速将业务分散到其他区域的 3D 打印子工厂（体验店）或者联盟企业工厂（体验店），或者直接外包给其他 3D 打印服装企业，最终完成生产任务。这样做的另外一个好处是，分布在各地的本土化生产可以就近完成供应，进而降低物流成本，而且可以满足客户的快速响应需求。

如表 5.27 所示，相对于“大规模选择定制–集中制造”商业模式，“大规模自由定制–分布制造”商业模式在定制方面的主要区别体现在其提供“基于客户体型的服装方案”“与客户互动的服装款式设计”“提供服装打印精度选择”。在“大规模选择定制–集中制造”商业模式中，之所以没有引入服装打印精度选择，是因为该模式的客户群体并非高度个性化定制爱好者，他们对服装打印精度的要求并不会特别专注。此外，设置过多的个性化参数后，会导向深度定制模式，由此也将增加服装企业的部件与生产成本，不利于集中性规模化打印生产。

表 5.27　3D 打印服装大规模自由定制示例

定制项目	定制内容		
类型	整装		
尺寸	依据体型		
精度	高	中	低
颜色	颜色可选（有限）		
款式	深度设计		
面料			

“大规模自由定制–分布制造”商业模式所指的“自由定制”并不是所有服装元素都可以实现定制。3D 打印服装企业通常不可能满足消费者提出的“任何颜色”“任何材料”“任何精度”等极特殊生产要求，第一个原因是针对一些特殊需求而言，最终无法实现对原料的规模化采购，进而大幅增加了 3D 打印服装企业的原料采购成本；第二个原因是根本就没有提供那些极特殊材料或颜色的供应商；第三个原因是 3D 打印机的生产精度是有限的，不是任何精度的 3D 打印服装产品都可以实现生产。

另外，由于所有客户的体型基本都存在差异，因此，“大规模自由定制–分布制造”商业模式无法进行部件的预生产，也就不存在任何商品或者服装部件的库存，3D 打印服装企业必须通过快速生产和敏捷物流来满足客户的定制周期要求。

3. “大规模自由定制–分布制造”商业模式画布

鉴于“大规模自由定制–分布制造”商业模式与“大规模选择定制–集中制造”商业模式在商业模式画布中的一些要素是相同的，因此，在本部分重点说明二者之间的差别之处。

1）价值主张

“大规模自由定制–分布制造”商业模式的主要产品是“自由定制”的 3D 打印服装及 3D 打印服装的饰品配件。服装企业尽最大努力满足消费者的定制需求（无法实现或者导致企业亏损等情况的需求例外），这种定制需求超越了“大规模选择定制–集中制造”商业模式的模块化定制需求范畴，使消费者获得了更多的定制选择。在提供的服务方面，重点是为客户提供 3D 打印服装尺寸扫描和 3D 打印服装设计的免费服务。另外，“大规模选择定制–集中制造”商业模式提供的是针对已有模型的模块改款，而“大规模自由定制–分布制造”商业模式则依据“客户的新体型尺码”和“新设计方案”对服装进行深度改款。在 3D 打印服装的回收服务和产品转换服务方面，二者是基本相同的。但是，“大规模自由定制–分布制造”商业模式除了提供服装和其他商品的 3D 打印 OEM 代工生产服务之外，由于其具备高水平的 3D 打印服装研发与设计能力，采用“大规模自由定制–分布制造”商业模式的 3D 打印服装企业还可以开展服装的 ODM 研发和生产服务，进而赚取主营业务之外的相关利润。

2）客户关系

相对于“大规模选择定制–集中制造”商业模式而言，“大规模自由定制–分布制造”商业模式中客户关系的主要变化体现在 3D 打印服装的互动式体型测量与款式设计方面。消费者可以通过自有的手机镜头扫描体型数据（Eora 3D 扫描仪兼容安卓和苹果手机，可以抓取到物体形状和表面细节并转化成高品质的 3D 模型；韩国电子通信研究院开发了一款低成本 3D 扫描手机附件，用户只需用手机扫描对象，然后将其发送到 3D 打印机即可），可以通过便携扫描器和专业设备扫描体型模型，还可以通过实体店的专业设备扫描体型模型。另外，继移动通信 4G 网络之后，5G 网络也在快速发展，3D 打印服装企业可以充分利用远程媒体实现视频直播扫描（主要是拍照式 3D 扫描，即先扫描图像，然后通过软件生成模型），用户只要打开视频直播就可以，设置在异地（3D 打印企业、体验店等）的专业设备将结合环境参数进行视频扫描，进而获得用户的体型文件。此外，在定价方面，可以采用撇脂定价，或者以撇脂定价为主、满意定价为辅的组合定价策略。但是鉴于该模式属于深度定制，客户通常可以接受高价格，因此撇脂定价具有更高合理性。此外，可以考虑通过设备共享模式吸引消费者，即 3D 打印服装企业可以为消费者提供免费扫描、免费打印等服务，但是原料采购、设计、物流等环节则需要收费。

3）渠道通路

在渠道方面，相对于“大规模选择定制–集中制造”商业模式而言，“大规模自由定制–分布制造”商业模式的体验店建设有所改变。“大规模选择定制–集中制造”商业模式中，主要提供的是客户虚拟选装和试装（通过虚拟现实技术、投影技术等），模块化改变可以使消费者选择到满意的方案。但是，“大规模自由定制–分布制造”商业模式中的体验店增加了 3D 打印生产，而且体验店需要开展 3D 人体体型扫描服务等，功能进一步扩展，形成了一种生产与销售复合型的体验店。

4）客户细分

采用“大规模自由定制–分布制造”商业模式的 3D 打印服装企业为客户提供的是“高自由度”服装定制产品和服务，主要满足的是那些对个性化服装有较高需求（如时装爱好者），愿意深入参与个性化定制的消费者等。

5）关键活动

对 3D 打印服装进行大规模分布式生产是“大规模自由定制–分布制造”商业模式的核心活动，也是区别于“大规模选择定制–集中制造”商业模式的关键活动，具体的分布式制造网络结构如图 5.12 所示。这种分布式生产可以发生在企业本部工厂、企业分工厂、企业体验店、合作伙伴工厂或体验店等场所，其中，核心工厂有可能完全不参与生产制造（如图 5.12 中的虚线方框所示）。另两项区别于“大规模选择定制–集中制造”商业模式的关键活动分别是“3D 打印服装深度定制设计”和“客户 3D 体型数据的采集”。其中，客户 3D 体型数据的采集作为一项增进客户关系的举措，已经在“客户关系”模块阐述。3D 打印服装深度定制设计是一项十分重要的活动，即使 3D 打印服装企业拿到了消费者的体型数据也不见得将是一次成功的销售。因为，拿到数据只是开始，如果不能为客户开发出令其满意的服装设计，那么最终只会是一次失败的销售经历，至少将降低客户黏性。

6）关键资源

为了实施大规模自由定制和分布式制造，“大规模自由定制–分布制造”商业模式与“大规模选择定制–集中制造”商业模式存在如下两点重要区别：①拥有分布式制造网络。分工厂需要购置性能良好的服装 3D 打印机，核心工厂和体验店可根据情况购置服装 3D 打印机（非必须）。无论核心企业是否进行生产，从集团层面来看，3D 打印机、厂房、服装原料回收器等仍然是必须具备的核心资源。②相对于“大规模选择定制–集中制造”商业模式而言，“大规模自由定制–分布制造”商业模式对 3D 打印服装设计师人才的需求更高，此类人才是企业的核心资源。

7）重要伙伴

相较于“大规模选择定制–集中制造”商业模式而言，“大规模自由定制–分布制造”商业模式增加的最重要伙伴就是服装的第三方 3D 打印生产商或体验店。因为，采用“大规模自由定制–分布制造”商业模式的企业通过与这些第三方企业合作，能更好地实现分布式制造。

8）成本结构

在“大规模自由定制–分布制造”商业模式中，由于是深度定制，服装的研发费用明显提高；由于对设计师人才的高度重视，人力成本也将提高；由于采用分布式制造，与其他企业之间的业务合作费用也会同步产生；此外，由于分布式制造更加接近消费地，物流成本将有效减少。

9）收益来源

相较于“大规模选择定制–集中制造”商业模式而言，“大规模自由定制–分布制造”商业模式增加收入的项目主要来自自由定制 3D 打印服装的销售，因此企

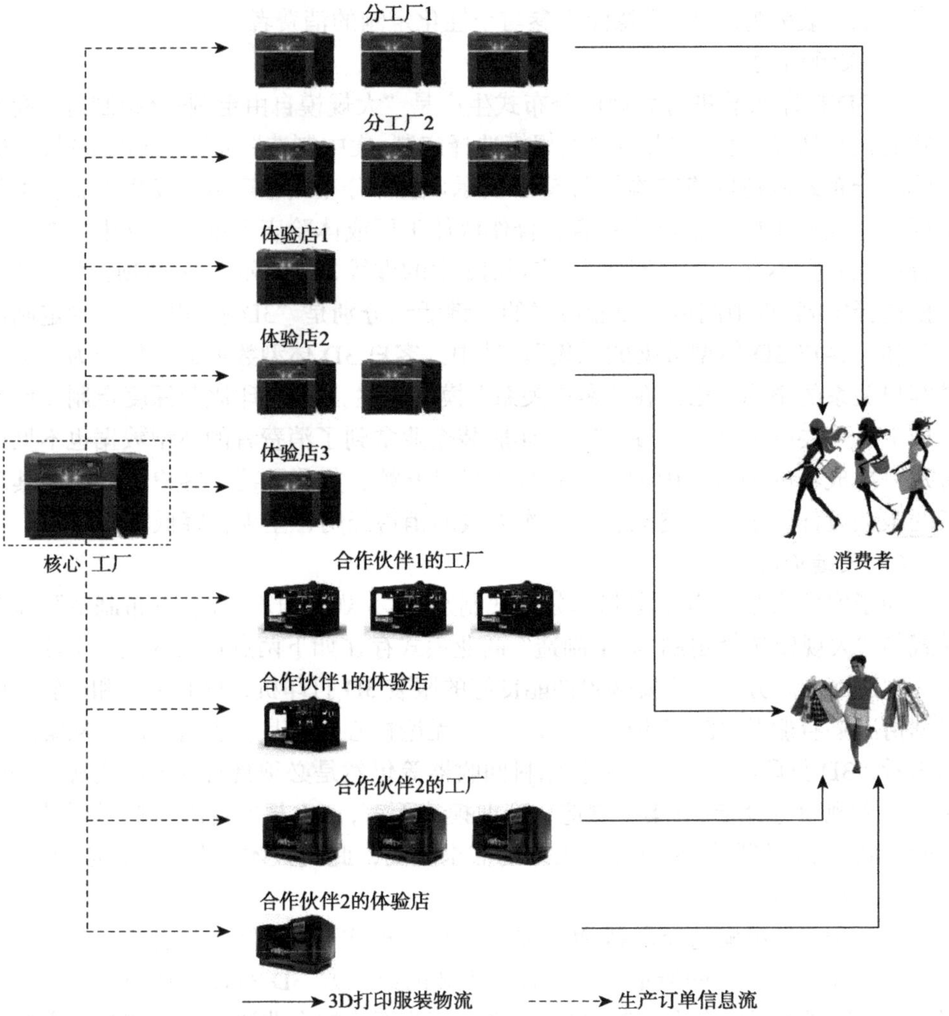

图 5.12 “大规模自由定制–分布制造”商业模式的分布式制造网络结构

业的单品利润会提高。另外，由于采用“大规模自由定制–分布制造”商业模式的 3D 打印服装企业具有更强的服装设计研发实力，开展 3D 打印服装设计和 ODM 服务是该类服装企业的新利润点。

综合以上分析，“大规模自由定制–分布制造”商业模式画布如图 5.13 所示。其中的色带项目体现了“大规模自由定制–分布制造”商业模式与“大规模选择定制–集中制造”商业模式的关键区别。

<table>
<tr><th>重要伙伴</th><th>关键活动</th><th>价值主张</th><th>客户关系</th><th>客户细分</th></tr>
<tr>
<td rowspan="3">● 3D打印设备供应商
● 3D打印原料供应商
● 3D打印软件供应商
● 3D打印原料加工设备供应商
● 物流企业
● 第三方3D打印生产商
● 第三方3D打印体验店</td>
<td>● 3D打印服装的大规模定制
● 组织核心企业、联盟企业、体验店开展分布式生产
● 3D打印服装深度定制设计
● 客户3D体型数据的采集
● 研发外包、物流外包等
● 建立企业协同创新联盟
● 推进线上和线下协同运行
● 系统动力学研究商业模式
● 商业模式建模和仿真分析
● 建模优化供应链生产网络
● 建立设计师资源库
● 研判新型商业模式生命力</td>
<td rowspan="3">产品
● 3D打印自由定制服装
● 3D打印服装的饰品配件

服务
● 免费服务
● 尺码扫描和深度款式设计
● 3D打印服装的深度改款
● 3D打印服装的回收服务
● 3D打印服装产品转换服务
● 3D打印服装的OEM、ODM服务
● 其他3D打印商品的OEM服务</td>
<td>● 虚拟现实选装、试装
● 服务驱动、信息驱动
● 消费者与企业间价值共创
● 与虚拟运营商合作
● 引入在线服务、网络社区
● 采用撇脂定价优先
● 植入社交网站、微博、微信、博客、论坛、播客等社交媒体
● 开展手机银行等便捷支付
● 融入互联网
● 设备共享
● 生产前期，植入款式设计、面料选择、3D尺码测量
● 使用远程媒体互动
● 开发和应用3D打印服装类游戏</td>
<td rowspan="3">● 时装爱好者
● 高度个性化消费者
● 愿意深入参与个性化定制的消费者</td>
</tr>
<tr><th>关键资源</th><th>渠道通路</th></tr>
<tr>
<td>● 分布式制造网络
● 资深3D打印服装设计师
● 服装3D打印机
● 3D打印厂房
● 云平台、协同创新平台
● 互联网、微信、各种移动终端等信息化平台
● 3D打印服装App
● 服装原料回收器</td>
<td>● 自身渠道和外部渠道共同拓展市场
● 去除或缩减传统服装产业的销售代理环节
● 生产与销售复合型体验店
● 开展供应链物流网络优化
● 通过物流外包加快商业模式反应速度</td>
</tr>
</table>

<table>
<tr><th>成本结构</th><th>收益来源</th></tr>
<tr>
<td>● 3D打印设备购置成本
● 3D打印原辅料购置成本、原料回收加工器购置成本
● 与第三方合作生产的费用
● 研发成本、人力成本、物流成本
● 各种平台建设与维护成本、软件购置与使用成本
● 营销费用、数字版权成本、3D打印服装的废弃成本与回收成本</td>
<td>● 自由定制3D打印服装的销售
● App和云平台等广告收入
● 服装及配套产品数字化模型的出售收入
● 对外开展3D打印服装设计、OEM、ODM服务的收入
● 对外开展其他3D打印商品OEM代工生产服务的收入
● 专利转让收入、回收废弃产品将其生产为原料的销售收入</td>
</tr>
</table>

图5.13　“大规模自由定制–分布制造”商业模式画布

4. “大规模自由定制–分布制造”商业模式的生态系统

为了系统反映“大规模自由定制–分布制造”商业模式，基于物流、信息流和资金流等供应链基本架构，结合“大规模自由定制–分布制造”商业模式画布，本部分构建了如图 5.14 所示的“大规模自由定制–分布制造”商业模式生态系统。

相对于“大规模选择定制–集中制造”商业模式而言，“大规模自由定制–分布制造”商业模式与之最大的不同就是开展针对客户体型的 3D 服装模型设计和分布式制造。由此，首先体现为 3D 打印服装企业的合作伙伴中增加了 3D 打印生产承包商（联盟企业）。此外，就是服装模型的建立流程有重大变化。具体而言，3D 打印服装订单将由如下三个渠道生成。

（1）第一个渠道，消费者自己设计好服装模型，然后通过互联网云平台提交给核心企业，接下来，服装企业将接收到的服装模型分为两种：第一种是产品不需要再次设计的服装模型，此时的核心企业将进行生产任务的排产；第二种是服装模型需要再次开展设计，此时进入设计流程，设计师将与客户沟通进行服装设计，然后核心企业进行服装的生产排产。

（2）第二个渠道，消费者通过自身手机便捷设备、简易 3D 人体扫描设备等自助扫描获得 3D 人体模型，然后将体型数据通过互联网云平台等提交给核心企业，再接着进入设计流程和生产流程。

（3）第三个渠道，“图片建模”和“概念建模”。“图片建模”的流程是，消费者通过线上或者线下提供包含 3D 信息的二维图片给服装企业，然后设计师将图片转化为 3D 数据，并且在与客户沟通后建立 3D 人体模型，之后进入服装的设计流程和打印生产流程。“概念建模”的流程是，消费者只提供想法、概念等，然后设计师根据这些概念性元素进行 3D 人体模型和服装设计，经过消费者认可之后，最后进入服装的打印生产环节。

无论上述哪个渠道，排产的时候，核心企业都将根据客户的需求地、需求量、需求时间、服装质量要求等，自营分布式工厂、体验店与合作企业的地理布局、打印产能、设备精度、生产周期等，以及合作企业的合作意愿与合作成本等进行分布式生产计划的优化排程，最终为自身、分布式工厂、体验店等下达生产任务。上述流程如图 5.15 所示。

此外，在废弃物的处理方面，该模式的核心企业及其自营分布式工厂和体验店都可以开展 3D 服装回收业务。至于合作伙伴是否开展该业务，已经与核心企业无关，因为外包企业的该项收入与核心企业并无关联，二者之间就是 3D 打印服装的外包与承包关系。因此，该生态系统中也就没有体现合作伙伴的回收业务；在信息流方面，该模式中新增加的自营分布式工厂和联盟企业分布式工厂都将通过云平台实现业务沟通，促进信息共享与协同创新。

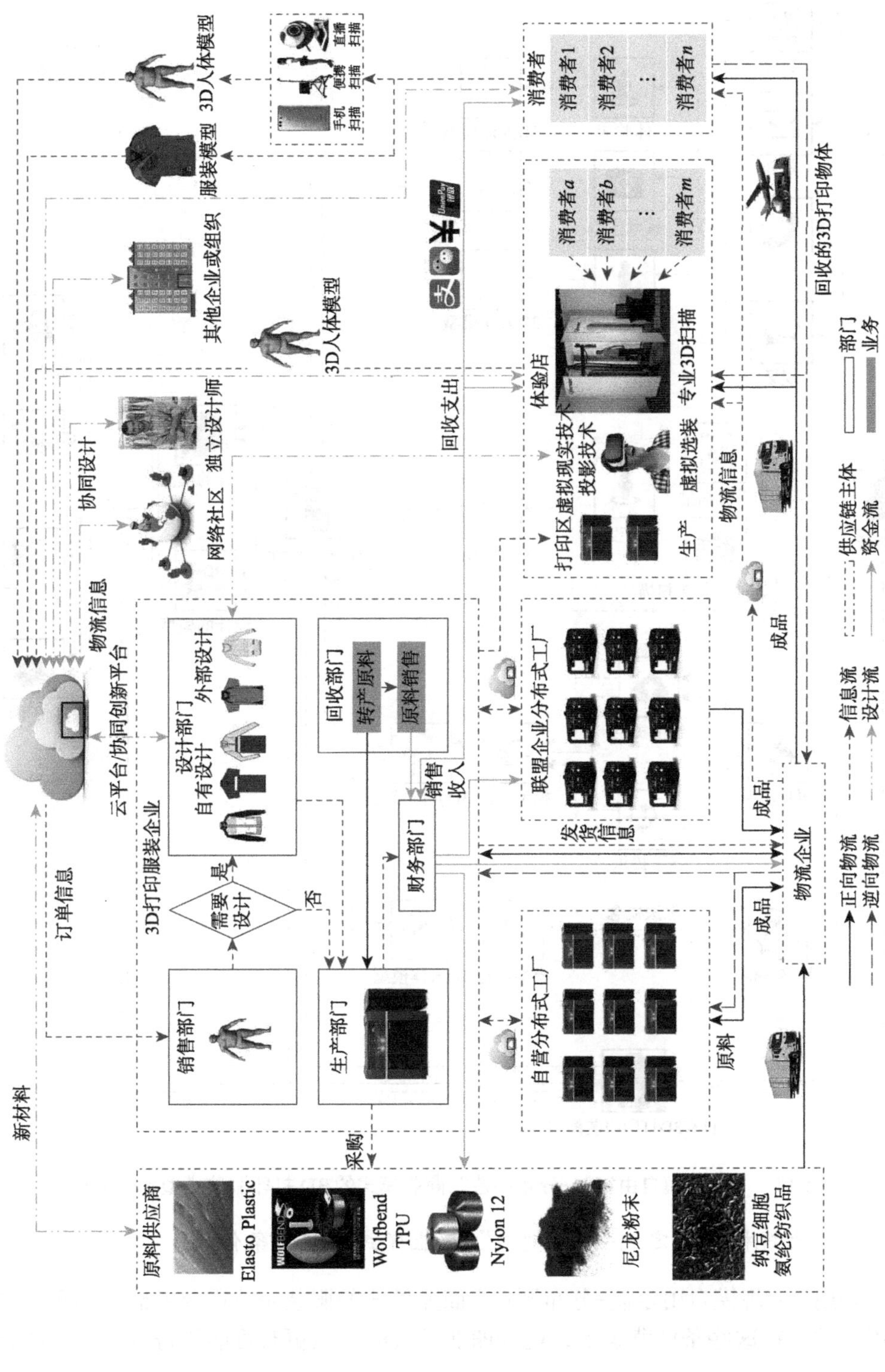

图5.14　“大规模自由定制—分布制造”商业模式生态系统

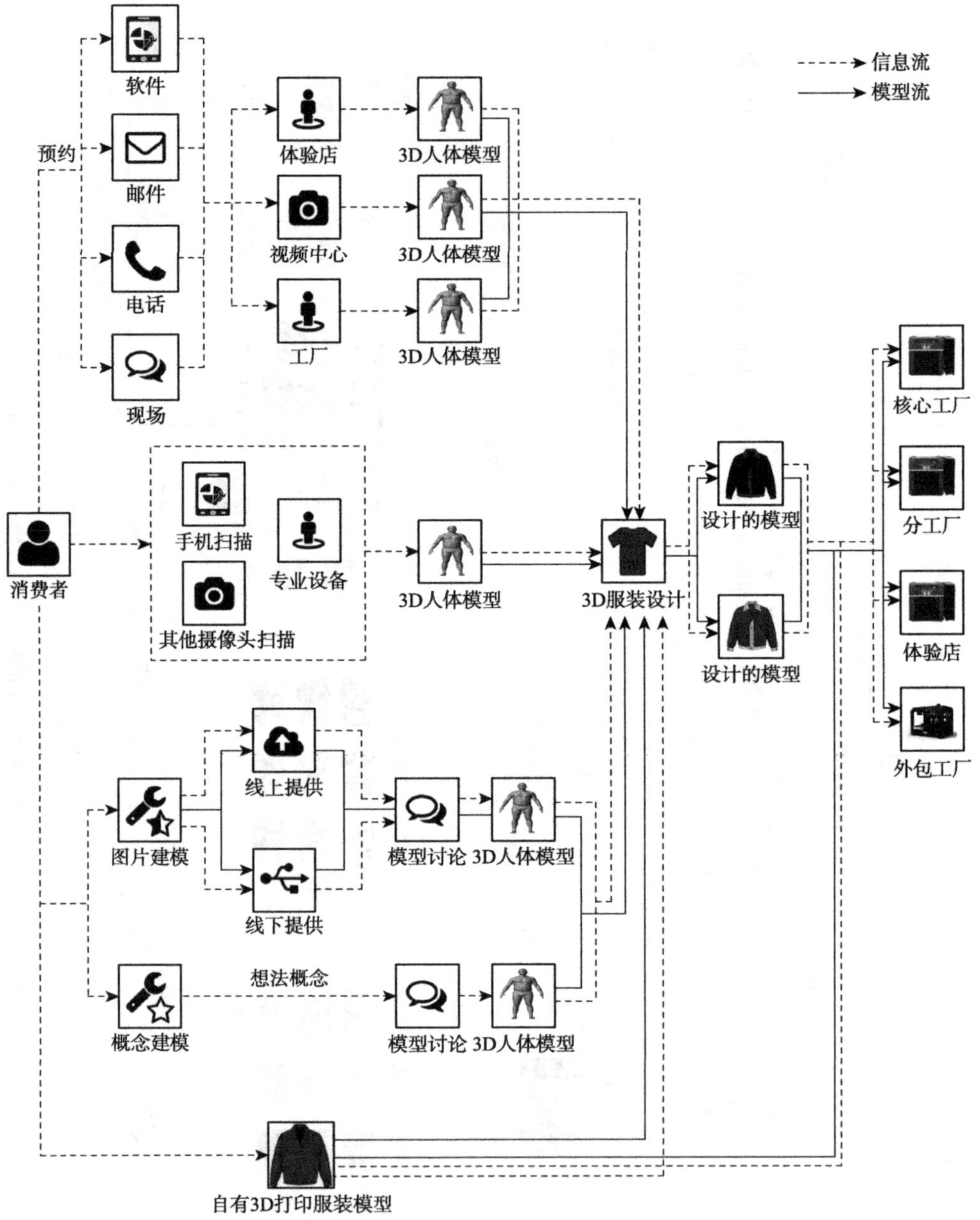

图 5.15 “大规模自由定制–分布制造”商业模式的 3D 打印服装模型构建流程

5. “大规模自由定制–分布制造”商业模式的应用条件

采用“大规模自由定制–分布制造”商业模式的服装企业需要考虑一些重要的应用条件。在这些条件背景下，这种商业模式的应用更有可能取得成功。这些条件主要包括以下方面。

（1）服装的深度个性化定制市场足够大。只有当服装深度定制市场不断壮大时，“大规模自由定制-分布制造”商业模式才会体现出其发展潜力。如果没有大规模的 3D 打印服装深度定制消费者，那么这种商业模式所推行的分布式生产也就没有存在的意义。

（2）服装企业自身不需要强大的 3D 打印生产能力。采用“大规模自由定制-分布制造”商业模式的服装企业在生产方面依靠的是分布式制造，也就是说，生产订单是通过众多合作伙伴协同完成的，因此，服装企业自身不需要具备强大的 3D 打印生产能力。

（3）服装企业必须拥有经验丰富的 3D 打印服装设计师。对于采用“大规模自由定制-分布制造”商业模式的 3D 打印服装企业而言，它们的关键业务环节不仅仅是服装的 3D 打印生产，更为重要的是，为了满足“自由定制”，服装企业必须拥有精通 3D 打印服装设计的研发人才。如果没有设计师人才，加之自身无法实现规模生产，那么该类服装企业的生存将面临巨大挑战。

（4）服装企业必须拥有强大的分布式生产网络。对于采用“大规模自由定制-分布制造”商业模式的 3D 打印服装企业而言，如果它们的分布式生产网络不够强大，那么它们就无法满足大规模的个性化定制需求，最终导致客户满意度降低甚至客户流失。因此，强大的分布式生产网络是发展“大规模自由定制-分布制造”商业模式的必备条件。

5.3.4　“利基定制-集中制造”商业模式

1. “利基定制-集中制造”商业模式的设计依据

依据商业模式创新画布的使用思路，为了寻找商业模式创新的依据，本书从表 5.26 中捕获到了如下一组“创新方向组合”：[26]开展利基定制，[34]开发个性化定制服装产品，[20]为客户开展深度定制，[57]时装模特、时装爱好者、个性消费者、高端消费者是主要消费对象。本书对上述“创新方向”进行如下解读。

（1）3D 打印服装定制市场的客户包括“[57]时装模特、时装爱好者、个性消费者、高端消费者是主要消费对象”，其中，在本书设计的前两种商业模式中已经分别满足了普通个性化消费者、时装爱好者等的消费需求。但是，针对“时装模特”和“高端消费者”而言，他们的定制需求更为苛刻，更为小众化。如果期待通过满足这部分消费者需求来获利，3D 打印服装企业就需要在“[20]为客户开展深度定制”和“[34]开发个性化定制服装产品”的基础上进一步提升理念，进而从“大规模选择定制-集中制造”商业模式的“选择性定制”和“大规模自由定制–分布制造”商业模式的“自由定制”升级为“[26]开展利基定制”。

（2）“时装模特”和“高端消费者”的定制需求量并不会很大，因此服装企业通过自身的“集中生产”就可以实现这些小批量的 3D 打印生产任务。尽管这种多品种的生产任务仍然没有实现规模化生产，但是服装企业通过自营可以获得更高的利润。

基于上述“创新方向组合”分析，本书提出了“利基定制–集中制造”（niche customization-centralized manufacturing，NC-CM）商业模式。

2. “利基定制–集中制造”商业模式的设计理念

利基定制指的是针对少数拥有精确需求的客户开展的产品定制生产服务（Franke and Hader，2014）。利基定制的产品被称为利基产品，利基产品是不同于大众热门产品的小众产品，其种类繁多、个性化特点明显，是长尾效应中的长尾产品（杨宇慧，2009）。长尾理论指出，“商业和文化的未来不在热门产品，不在传统需求曲线的头部，而在于需求曲线中那条无穷长的尾巴”（Anderson，2006）。因此，抓住这一部分客户群体将是企业发展的重要方向。

在服装需求领域，有一小部分消费者有着极特殊的、完全个性化的需求。针对这部分市场，服装企业可以凭借高利润率获得可观的收入。服装企业需要做的就是加大力度满足这部分消费者的高度个性化需求。从生产领域来看，由于这部分需求量不是特别多，服装企业采用集中制造就可以完成生产任务。从本质上来看，“利基定制–集中制造”商业模式融合了前两种商业模式，即“大规模选择定制–集中制造”商业模式和“大规模自由定制–分布制造”商业模式的部分要素。其中，“利基定制–集中制造”商业模式的“利基定制”是“大规模自由定制–分布制造”商业模式中“大规模自由定制”的升级版，体现了对产品和服务更加深入的定制化模式。“利基定制–集中制造”商业模式的“集中制造”沿用了“大规模选择定制–集中制造”商业模式的生产方式。

如表 5.28 所示，相对于“大规模选择定制–集中制造”商业模式和“大规模自由定制–分布制造”商业模式而言，“利基定制–集中制造”商业模式在定制方面基本体现了完全定制化。无论是服装尺寸、打印精度、服装颜色还是服装面料，都为客户提供了更加深入的个性化定制可能。

表 5.28　3D 打印服装利基定制示例

定制项目	定制内容		
类型	整装		
尺寸	依据体型		
精度	极高	高	中

续表

定制项目	定制内容
颜色	依据客户选择（基于市场可供颜色）
款式	高级设计
面料	依据客户选择（基于市场可供原料）

3. “利基定制–集中制造”商业模式画布

鉴于“利基定制–集中制造”商业模式与“大规模自由定制–分布制造”商业模式和“大规模选择定制–集中制造”商业模式在商业模式画布中有一些要素是相同的，因此，在本部分重点说明“利基定制–集中制造”与上述两者的差别之处。

1）价值主张

“利基定制–集中制造”商业模式的主要产品是针对小众群体“完全个性化定制”的 3D 打印服装。例如，具有体感功能的生物皮肤衣（bio-skin clothing）智能服装（皮肤衣能够在热量或湿度增加时，自动打开通风口）、将芯片直接打印在服装里面的各类集成性服装（能够读出人体心跳、体温、呼吸频率，能够自动播放音乐，能够在胸前显示文字与图像，带有定位功能，具有计算机功能等）。在提供的服务方面，在“大规模自由定制–分布制造”商业模式的“大规模自由定制”基础上，“利基定制–集中制造”商业模式重点强调针对小众群体的更高水平的研发设计能力。鉴于具备了很强的研发能力和一定规模的 3D 打印集中生产能力，因此，采用“利基定制–集中制造”商业模式的 3D 打印服装企业可以对外开展服装 ODM 服务，但是对外开展 OEM 服务的概率较低。

2）渠道通路

在渠道方面，相对于“大规模自由定制–分布制造”商业模式而言，利基消费者并不多，而且这些消费者追求的多是新、奇、潮等要素，强调更多的是服装的前卫设计，因此体验店这一渠道的重要性就降低了很多。因为体验店的主要功能是以 3D 打印服装的展示与销售为主，而不是 3D 打印服装的设计。同时，服装企业还需要支付体验店运营费用。因此，在“利基定制–集中制造”商业模式中，体验店渠道不作为重点考虑。

3）客户关系

相对于“大规模自由定制–分布制造”商业模式而言，“利基定制–集中制造”商业模式中客户关系的主要变化体现在针对性更强。由于利基消费者并不多，服装企业需要开展更强的客户关系管理，实现保留老客户和开发新客户的目的。此外，由于体验店的取消，3D 打印服装的虚拟选装和试装被取消。消费者主要通过网络视频等方式实现沟通。在定价方面，鉴于该模式属于完全定制，因此撇脂定价是合理选择，因为客户通常愿意接受高价格购买为自身打造的深度定制服装，如此服装企业也可以增加收入。

4）客户细分

采用“利基定制–集中制造”商业模式的 3D 打印服装企业为客户提供的是高度个性化的服装定制产品和服务，主要满足的是那些对个性化服装有极高需求的客户（如时装模特、影视明星、潮派人士等），有特殊功能性要求的客户（如残疾人、特殊工种的工人等，这些用户包含一般消费者和组织用户）、愿意深入参与个性化定制的消费者（对 3D 打印服装有浓厚兴趣）等。

5）关键活动

对 3D 打印服装进行 B2C 集中生产是“利基定制–集中制造”商业模式的核心活动，这也是与“大规模选择定制–集中制造”商业模式相同但区别于“大规模自由定制–分布制造”商业模式的关键活动。另外，对那些利基消费者而言，如果 3D 打印服装企业不能设计出令其满意的服装，那么他们必将从企业的客户群中逐渐流失。为此，“利基定制–集中制造”商业模式的另外一项关键活动就是“3D 打印服装的深度定制设计”。这一点，虽然在“大规模自由定制–分布制造”商业模式中也有提及，但是对于“利基定制–集中制造”商业模式而言要求更高，因为消费者追求的不是普通定制，而是更高端、个性化程度更深入的服装定制。

6）关键资源

为了开展利基定制和集中制造，3D 打印服装企业除了要拥有服装 3D 打印机、3D 打印厂房、云平台、协同创新平台、互联网平台、各种移动终端信息化平台、3D 打印服装 App、服装原料回收器等资源之外，还需要拥有的一项重要资源就是资深 3D 打印服装设计师，这些设计师是打造企业强大设计能力的重要保证，也是提升企业竞争力的关键资源。

7）重要伙伴

相较于“大规模选择定制–集中制造”商业模式而言，“利基定制–集中制造”商业模式的重要伙伴并没有改变。其主要合作伙伴包括 3D 打印设备供应商、3D 打印原料供应商、3D 打印软件供应商、3D 打印原料加工设备供应商和物流企业。

8）成本结构

在“利基定制–集中制造”商业模式中，由于开展的是 3D 打印服装深度定制，服装的研发费用将会明显提高。首先，服装企业可能会涉及与企业之外的社会组织或者独立设计师等开展服装的协同设计，这需要支付一定的研发费用；此外，由于对设计师人才的高度重视，服装企业投入的自有设计师的人才引进、人力培育和人才持有成本等相较于其他商业模式有显著提升。

9）收益来源

“利基定制–集中制造”商业模式的收入来源主要是完全个性化定制3D打印服装的销售。由于满足了消费者更加独特的深度定制需求，根据市场经济特点，此类服装的利润率会比“大规模自由定制–分布制造”商业模式还要高。除此之外，采用“利基定制–集中制造”商业模式的服装企业的其他收入还包括来自对外开展3D打印服装设计服务和对外开展ODM代工服务获得的收益。可以开展这两项对外服务的原因是采用“利基定制–集中制造”商业模式的3D打印服装企业具有极强的服装设计研发实力和一定的3D打印生产能力。需要说明的是，因为3D打印生产并不是采用“利基定制–集中制造”商业模式的服装企业的强项，所以通过对外开展OEM代工服务获得的收益不在考虑之中。

综合以上分析，本书最终构建的“利基定制–集中制造”商业模式画布如图5.16所示。其中，色带项目体现了“利基定制–集中制造”商业模式与“大规模自由定制–分布制造”商业模式和“大规模选择定制–集中制造”商业模式之间的主要区别。

4. “利基定制–集中制造”商业模式的生态系统

为了系统反映“利基定制–集中制造”商业模式，基于物流、信息流和资金流等供应链基本架构，结合“利基定制–集中制造”商业模式画布，本部分构建了如图5.17所示的“利基定制–集中制造”商业模式生态系统。

相对于“大规模选择定制–集中制造”商业模式和“大规模自由定制–分布制造”商业模式而言，“利基定制–集中制造”商业模式最大的不同点体现在订单获取环节和生产环节。“利基定制–集中制造”商业模式剔除了体验店环节，因此包含3D体型信息的订单数据将直接由消费者通过云平台等提供给3D打印服装企业（消费者仍然可以通过类似于“大规模自由定制–分布制造”商业模式中的手机、便携设备、视频直播，亲自到服装工厂或视频中心等方式提供个人体型信息），然后服装企业与其通过互动交流进行服装设计。利基定制属于完全个性化定制，消费者必然与3D打印服装设计师进行协同设计，因此，在“大规模自由定制–分布制造”商业模式中出现的消费者直接提供3D打印服装模型给服装企业进行生产的情况在“利基定制–集中制造”商业模式中是不会发生的，故在“利基定制–集中制造”商业模式中剔除了这一流程；同样，还剔除了“大规模自由定制–分布制造”商业模式中“概念建模”和“图片建模”的可能，因为这两个途径均不能依据准确的客户体型数据进行完全个性化的深度定制。具体的服装模型构建流程如图5.18所示。

重要伙伴

- 3D打印设备供应商
- 3D打印原料供应商
- 3D打印软件供应商
- 3D打印原料加工设备供应商
- 物流企业

关键活动

- 3D打印服装的利基定制
- 进行B2C集中生产
- 3D打印服装的深度定制设计
- 客户3D体型数据的采集
- 研发外包、物流外包等
- 建立企业协同创新联盟
- 推进线上和线下协同运行
- 系统动力学研究商业模式
- 商业模式建模和仿真分析
- 建模优化供应链生产网络
- 建立设计师资源库
- 研判新型商业模式生命力

关键资源

- 资深3D打印服装设计师
- 服装3D打印机
- 3D打印厂房
- 云平台、协同创新平台
- 互联网、微信、各种移动终端等信息化平台
- 3D打印服装App
- 服装原料回收器

价值主张

产品

- 针对小众群体“完全个性化定制”的3D打印服装
- 3D打印的智能服装
- 3D打印的集成性服装
- 3D打印服装的饰品配件

服务

- 免费服务
- 尺码扫描和高级款式设计
- 3D打印服装的深度改款
- 3D打印服装的回收服务
- 3D打印服装产品转换服务
- 3D打印服装的ODM服务

客户关系

- 通过网络视频等增强沟通
- 服务驱动、信息驱动
- 消费者与企业间价值共创
- 与虚拟运营商合作
- 引入在线服务、网络社区
- 采用撇脂定价
- 植入社交网站、微博、微信、博客、论坛、播客等社交媒体
- 开展手机银行等便捷支付
- 融入互联网
- 设备共享
- 更强的客户关系管理
- 生产前期，植入款式设计、面料选择、3D尺码测量
- 使用远程媒体互动
- 开发和应用3D打印服装类游戏

渠道通路

- 自身渠道和外部渠道共同拓展市场
- 去除或缩减传统服装产业的销售代理环节
- 取消体验店
- 开展供应链物流网络优化
- 通过物流外包加快商业模式反应速度

客户细分

- 时装模特
- 潮派人士
- 影视明星
- 对个性化服装有极高需求的消费者
- 有特殊功能性要求的客户
- 愿意深入参与个性化定制的消费者

成本结构

- 3D打印设备购置成本
- 3D打印原辅料购置成本、原料回收加工器购置成本
- 研发成本、人力成本、物流成本1)
- 各种平台建设与维护成本、软件购置与使用成本
- 营销费用、数字版权成本、3D打印服装的废弃成本与回收成本

收益来源

- 完全个性化定制3D打印服装的销售
- App和云平台等广告收入
- 服装及配套产品数字化模型的出售收入
- 对外开展3D打印服装设计服务、ODM代工服务的收入
- 专利转让收入、回收废弃产品将其生产为原料的销售收入

图5.16　“利基定制–集中制造”商业模式画布

1）物流成本与其他商业模式无显著差异，研发成本、人力成本与其他商业模式有差异

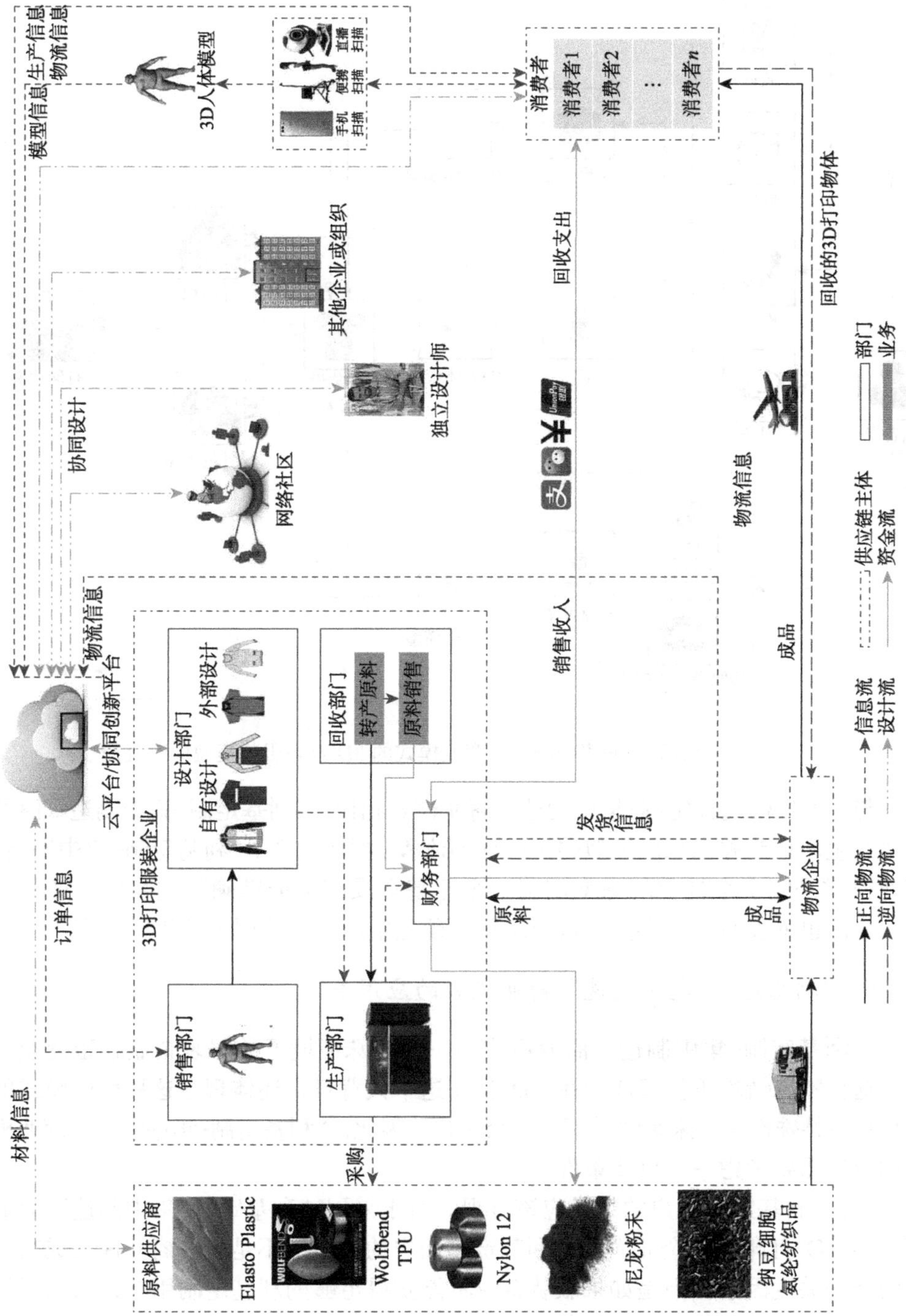

图5.17　“利基定制-集中制造”商业模式生态系统

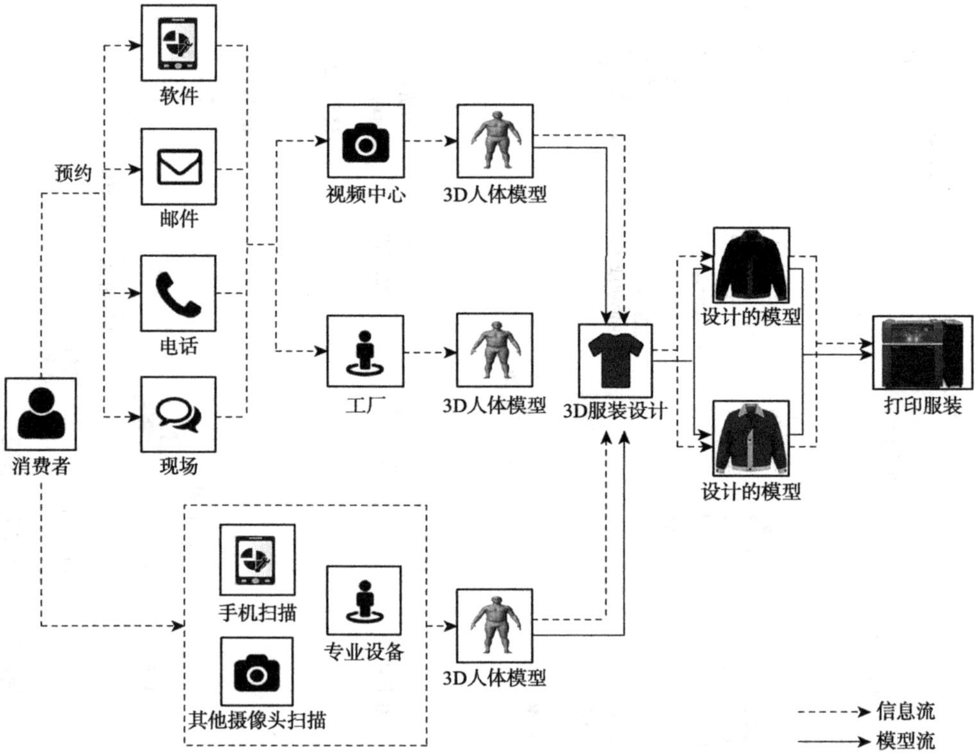

图 5.18　“利基定制–集中制造”商业模式的 3D 打印服装模型构建流程

与“大规模选择定制–集中制造”商业模式相比，“利基定制–集中制造”商业模式的生产环节并未采用类似的生产计划流程。原因在于，“利基定制–集中制造”商业模式是完全个性化的深度定制，企业基本没有可能准确预测客户的产品需求，为此也就没有任何必要通过模块化的预先生产来加快服装的生产速度。

5. “利基定制–集中制造”商业模式的应用条件

“利基定制–集中制造”商业模式是一种特殊情境下的服装企业新型商业模式。这种特殊情境不仅仅体现在 3D 打印这个大背景，还体现在这种商业模式的客户具有特殊性——未来情景下的小众客户。因此，“利基定制–集中制造”商业模式的应用需要考虑一些重要条件。

（1）利基定制用户的数量应该可观。对于采用“利基定制–集中制造”商业模式的 3D 打印服装企业而言，利基定制用户的数量并不是影响商业模式成功与否的唯一关键因素，但是如果服装企业不能获得足够的利基定制用户，那么尽管利基定制服装的价格很高，但是服装企业将仍然难以取得好的销售业绩，从长期来看服装企业也将面临发展动力不足的问题。

（2）服装企业必须具有强大的 3D 打印服装设计能力，提供高附加值的 3D 打印服装产品。对于利基定制客户而言，他们追求的不仅仅是采用 3D 打印技术制造的服装，而是顶级个性化的，甚至是引领潮流的 3D 打印服装。因此，采用“利基定制–集中制造”商业模式的 3D 打印服装企业必须具有一流水准的 3D 打印服装设计能力，进而为客户提供高附加值的 3D 打印服装产品，满足客户的苛刻定制需求。

（3）服装企业具备小规模 3D 打印生产能力即可，但是服装的打印质量必须出色。利基定制的客户数量相对较少，因此服装企业的 3D 打印生产任务并不会特别繁重，具备一定的 3D 打印生产能力就可以应付生产任务。但是，“利基定制–集中制造”商业模式的客户都是具有极高个性化要求的高级消费者，因此他们对于 3D 打印服装的质量将具有最高等级的要求，与之相对应的，就是服装企业必须配备高性能的服装 3D 打印机。

5.3.5　“利基设计–自助制造”商业模式

1．“利基设计–自助制造”商业模式的设计依据

遵循商业模式创新画布的使用方法，本书从表 5.26 的“创新方向”中提取到如下一组商业模式创新信息：[26]开展利基定制，[20]为客户开展深度定制，[46]推行用户自助打印，[7]考虑设备共享，[13]用户驱动，满足不同客户群体的定制服务，[19]消费者与消费者之间价值共创，[22]加大顾客参与度，考虑公共服务中心进行打印生产，[57]时装模特、时装爱好者、个性消费者、高端消费者是主要消费对象。本书对上述“创新方向”进行如下解读。

（1）针对“[57]时装模特、高端消费者”等利基消费者，除了可以为他们“[26]开展利基定制”之外，会不会有一些客户仅仅需要为他们提供 3D 打印服装的设计呢？此时，为了“[13]用户驱动，满足不同客户群体的定制服务”，服装企业可以考虑“[20]为客户开展深度设计”业务，即“利基设计”。

（2）当服装企业仅仅开展 3D 打印服装的“利基设计”业务时，3D 打印服装的生产由谁来完成？“[46]推行用户自助打印”是一个重要思路。

（3）“[46]推行用户自助打印”是否可行呢？“[22]加大顾客参与度，考虑公共服务中心进行打印生产”、“[19]消费者与消费者之间价值共创”和“[7]考虑设备共享”等举措将使得用户的自助制造更为可行。

基于上述“创新方向组合”的分析，本书提出了“利基设计–自助制造”（niche design-self service manufacturing，ND-SM）商业模式。

2. “利基设计-自助制造”商业模式的设计理念

由于利基产品的需求不确定性，为了规避风险，服装企业并不一定要进行 3D 打印生产，可以考虑将生产转移出去。转移的时候，服装企业可以通过外包方式委托其他企业代工打印生产，这种方式本质上属于“大规模定制-分布制造”商业模式的一种特例，即核心企业不进行打印生产，而由分布式工厂生产，在定制方面则可以认为是大规模定制中针对个别特殊个性化消费者的设计。因此，此种模式不予赘述。另外一种转移生产的方向就是消费者，即消费者自助生产模式。所谓的“自助生产”包含三个渠道：第一个是消费者采用自有 3D 打印机进行打印生产；第二个是消费者通过公共 3D 打印中心进行打印生产；第三个是消费者可以通过消费者之间的设备共享实现 3D 打印生产。

如表 5.29 所示，相对于“利基定制-集中制造”商业模式而言，“利基设计-自助制造”商业模式实现了 3D 打印服装的完全个性化设计，但是不提供打印精度参数选项，因为 3D 打印是由消费者完成的，打印精度将由消费者的自有打印机、公共 3D 打印中心的打印机及消费者之间的共享打印机的性能和原材料性能等参数共同决定。这种模式与耐克等企业只做研发设计而将生产完全外包的模式有些类似。然而不同的是，“利基定制-集中制造”商业模式将生产直接转移到客户自助领域，彻底缩减了中间生产环节和销售环节。

表 5.29　3D 打印服装利基设计示例

定制项目	定制内容
类型	整装
尺寸	依据体型
颜色	依据客户选择（基于市场可供颜色）
款式	高级设计
面料	依据客户选择（基于市场可供原料）

3. “利基设计-自助制造”商业模式画布

鉴于“利基设计-自助制造”商业模式主要是将“利基定制-集中制造”商业模式的生产方实现了转移，因此，本部分将对标“利基定制-集中制造”商业模式展开“利基设计-自助制造”商业模式的商业模式画布分析。

1）价值主张

“利基设计-自助制造”商业模式提供的是 3D 打印服装及饰品配件的个性化设计。服装企业并不从事服装的 3D 打印生产。这一点有别于前文的三种商业模式。3D 打印服装的 OEM 代工服务、3D 打印服装的 ODM 代工服务、3D 体型扫描等免费服务、3D 打印服装的回收服务和 3D 打印服装产品转换服务等，都将由于服装企业的核心业务是设计而非生产，最终被取消。

2）客户关系

与“利基定制-集中制造”商业模式类似，由于利基消费者并不多，采用“利基设计-自助制造”商业模式的服装企业需要开展更强的客户关系管理，实现保留老客户和开发新客户的目的。在定价方面，鉴于“利基设计-自助制造”商业模式属于完全定制，因此具有撇脂定价的合理性，但是由于不具备 3D 打印生产能力，企业的竞争力受到负面影响。结合这种情况，采用以撇脂定价为主、满意定价为辅的组合定价是比较合理的。除此之外，因为不从事服装的 3D 打印生产业务，所以在“利基定制-集中制造”商业模式中提供的“设备共享”“生产前期，植入款式设计、面料选择、3D 尺码测量”等服务都将被取消。

3）渠道通路

在渠道方面，“利基设计-自助制造”商业模式与“利基定制-集中制造”商业模式是相同的，都取消了体验店。但是，“利基设计-自助制造”商业模式仍然需要通过物流体系送达客户 3D 打印服装实体，然而“利基设计-自助制造”商业模式的产品是 3D 打印服装模型，其只需要将 3D 打印服装的电子模型信息通过网络传输给消费者即可。当然，对于“利基设计-自助制造”商业模式而言，由于不进行服装的 3D 打印生产，也不进行 3D 打印服装产品的实物配送，开展“供应链物流网络优化”也无必要性。

4）客户细分

采用“利基设计-自助制造”商业模式的服装企业为客户提供的是高度个性化的 3D 打印服装设计和服务，主要满足的是那些具有 3D 打印自助生产能力的对个性化服装有极高需求的客户（如时装模特、影视明星、潮派人士等）、有特殊功能性要求的客户（如残疾人、特殊工种的工人等，这些客户包含一般消费者和组织客户）、愿意深入参与个性化定制的消费者（对 3D 打印服装有浓厚兴趣）等。

5）关键活动

3D 打印服装的设计能力是采用“利基设计-自助制造”商业模式的服装企业的核心竞争力。因此，对 3D 打印服装进行个性化深度设计是该模式的核心活动。同时，强化设计师队伍建设也是十分重要的关键活动。此外，服装企业还可以将研发业务进行外包，可以与其他社会组织或者独立设计师等建立 3D 打印服装的协同创新网络和平台，促进 3D 打印服装的合作开发和信息共享。

6）关键资源

为了打造强大的设计能力，采用“利基设计-自助制造”商业模式的服装企业必须拥有高级 3D 打印服装设计师。除此之外，云平台、协同创新平台、互联网、微信、各种移动终端等信息化平台、3D 打印服装 App 等也是推进服装设计的重要资源。通过这些资源，服装企业可以发挥最大的商业运营潜力。

7）重要伙伴

由于“利基设计–自助制造”商业模式只从事研发，并不从事 3D 打印生产，服装企业的合作伙伴大为减少。其中，3D 打印软件供应商依然是服装企业的合作伙伴。另外，独立设计师、网络社区等能够与服装企业开展 3D 打印服装协同研发的个人或者组织，以及其他企业或组织将成为服装企业的重要伙伴。生产 3D 打印服装所需要的原料供应商、开展 3D 打印服装送达业务的物流企业、进行 3D 打印服装展示和销售的体验店等都将不存在。

8）成本结构

由于企业的核心业务是 3D 打印服装的高级深度定制，3D 打印服装的研发成本明显提高；由于对设计师人才的重视，人力成本也将提高。同时，3D 打印服装企业还需要支付各种平台建设与维护成本、软件购置成本、营销成本和外购 3D 打印服装模型的专利成本等。此外，由于不进行生产，3D 打印设备购置成本、3D 打印原辅料购置成本、原料回收加工器购置成本、3D 打印服装的回收成本等也将取消。由于没有实物产品的传递，物流费用也被取消。

9）收益来源

服装及配套产品数字化模型的出售收入是“利基设计–自助制造”商业模式的主要收益来源。此外，对外开展 3D 打印服装设计服务也将获得一些收益，原因是采用“利基设计–自助制造”商业模式的 3D 打印服装企业具有极强的服装设计研发实力。由于不开展生产业务，对外开展 OEM 代工服务和 ODM 代工服务已经不具有可行性，相关收益不在“利基设计–自助制造”商业模式的考虑之中。

综合以上分析，“利基设计–自助制造”商业模式画布如图 5.19 所示。其中，色带项目体现了“利基设计–自助制造”商业模式与“利基定制–集中制造”商业模式的主要区别，可以看到“利基设计–自助制造”商业模式比较精炼，实际上这类企业已经转化为专业的 3D 打印服装设计企业。

4. “利基设计–自助制造”商业模式的生态系统

为了系统反映“利基设计–自助制造”商业模式，基于物流、信息流和资金流等供应链基本架构，结合“利基设计–自助制造”商业模式画布，本部分构建了如图 5.20 所示的“利基设计–自助制造”商业模式生态系统。

“利基设计–自助制造”商业模式的供应链较为简单，原因是取消了体验店和生产环节，而且生产环节的取消进一步带来了原材料采购等环节的取消。该模式将 3D 打印生产活动转移到了消费者自助进行。产生的结果是，在消费者提供 3D 体型模型阶段，该商业模式与“利基定制–集中制造”商业模式是相同的，但是进入模型设计阶段之后，服装企业将把模型产品直接传输到消费者，然后消费者一

<table>
<tr><th>重要伙伴</th><th>关键活动</th><th>价值主张</th><th>客户关系</th><th>客户细分</th></tr>
<tr>
<td rowspan="3">• 3D打印软件供应商
• 网络社区
• 独立设计师
• 其他企业或组织</td>
<td>• 3D打印服装深度定制设计
• 研发外包
• 建立企业协同创新联盟
• 系统动力学研究商业模式
• 商业模式建模和仿真分析
• 强化设计师队伍建设
• 研判新型商业模式生命力</td>
<td rowspan="3">产品
• 3D打印服装及饰品配件的个性化设计</td>
<td>• 通过网络视频等增强沟通
• 服务驱动、信息驱动
• 消费者与企业间价值共创
• 与虚拟运营商合作
• 引入在线服务、网络社区
• 以撇脂定价为主、满意定价为辅的组合定价
• 植入社交网站、微博、微信、博客、论坛、播客等社交媒体
• 开展手机银行等便捷支付
• 融入互联网
• 更强的客户关系管理
• 使用远程媒体互动
• 开发和应用3D打印服装类游戏</td>
<td rowspan="3">• 具备3D打印自助生产能力
• 时装模特
• 影视明星
• 潮派人士
• 对个性化服装有极高需求的消费者
• 有特殊功能性要求的客户
• 愿意深入参与个性化定制的消费者</td>
</tr>
<tr><th>关键资源</th><th>渠道通路</th></tr>
<tr>
<td>• 高级3D打印服装设计师
• 云平台、协同创新平台
• 互联网、微信、各种移动终端等信息化平台
• 3D打印服装App</td>
<td>• 3D打印服装的电子模型信息通过网络传递给消费者
• 去除或缩减传统服装产业的销售代理环节
• 取消体验店
• 通过物流外包加快商业模式反应速度</td>
</tr>
<tr><th colspan="2">成本结构</th><th colspan="3">收益来源</th></tr>
<tr>
<td colspan="2">• 研发成本、人力成本
• 各种平台建设与维护成本、软件购置与使用成本
• 营销费用、数字版权成本</td>
<td colspan="3">• 服装及配套产品数字化模型的出售收入
• App和 云平台等广告收入
• 对外开展3D打印服装设计的收入
• 专利转让收入</td>
</tr>
</table>

图5.19　“利基设计–自助制造”商业模式画布

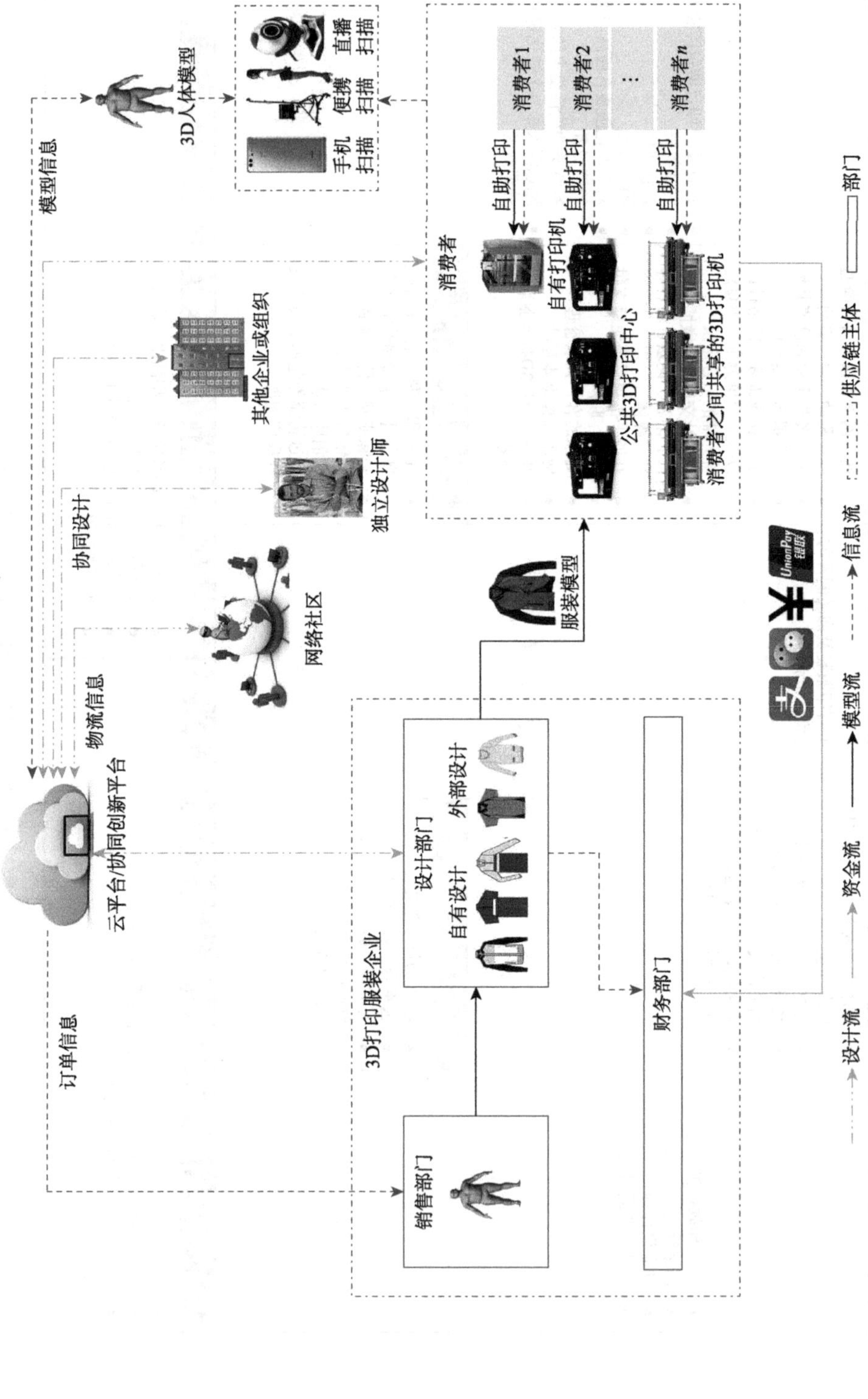

图5.20　“利基设计-自助制造”商业模式生态系统

方面可以采用自有 3D 打印机或者消费者之间共享的 3D 打印机进行生产，另一方面也可以携带数据到公共 3D 打印中心进行生产。

在供应链的资金流方面，由于“利基定制–集中制造”商业模式的业务比较简单，其资金流相对单一，主要是 3D 打印服装模型的销售收入和人力资本等费用的支出。消费者确定购买最终的 3D 打印服装模型后，直接支付费用即可。

在供应链的物流与信息流方面，“利基定制–集中制造”商业模式不进行生产，不采购物料，不进行实物商品的销售和送达，因此相关的物流和信息流也就不存在。但是，3D 打印服装企业仍然需要与协同创新伙伴保持信息的交流与共享。

该模式的 3D 打印服装模型构建流程如图 5.21 所示。

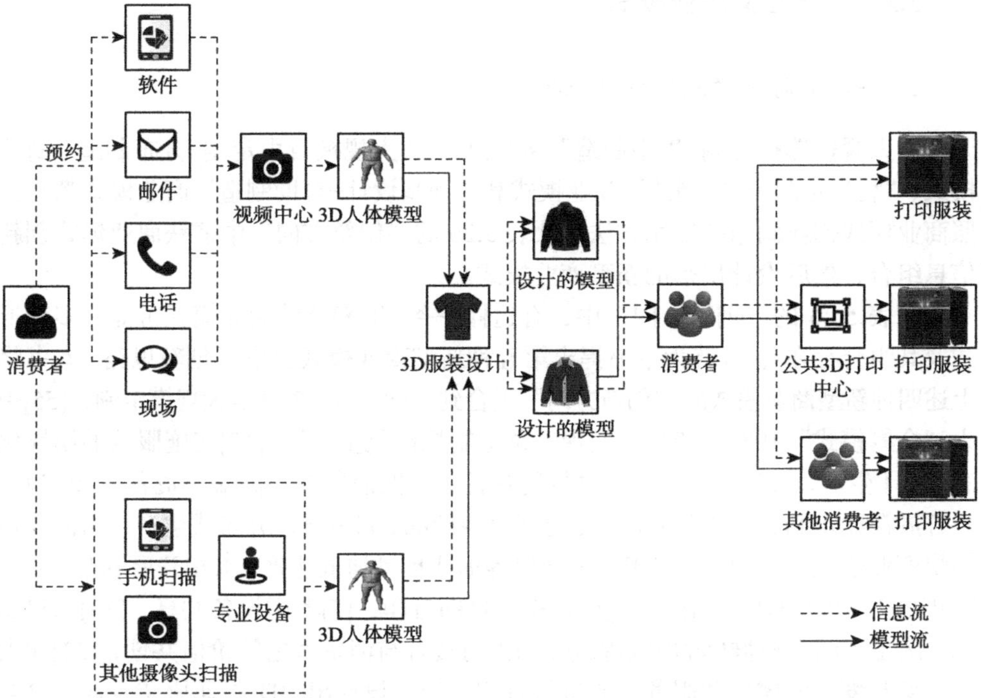

图 5.21　“利基设计–自助制造”商业模式的 3D 打印服装模型构建流程

5. “利基设计–自助制造”商业模式的应用条件

“利基设计–自助制造”商业模式适合那些专门进行服装设计的企业。具体而言，采用这种商业模式的服装企业需要考虑如下条件。

（1）服装企业的主营业务应该是 3D 打印服装的设计，而不是生产。采用“利基设计–自助制造”商业模式的服装企业主要从事的是 3D 打印服装的设计，它们并不从事服装的 3D 打印生产，只有确立了这种发展定位的服装企业才适合采用

“利基设计–自助制造”商业模式。

（2）服装企业不需要配置 3D 打印机设备。企业业务中并不开展服装的 3D 打印生产，因此采用“利基设计–自助制造”商业模式的服装企业无须购置服装 3D 打印机设备，这在很大程度上降低了发展该类商业模式的门槛。

（3）消费者具备 3D 打印服装的自助生产能力。只有当消费者自身具备了服装 3D 打印能力，或者有越来越多的“3D 打印公共服装中心”出现，或者“服装的共享打印”越来越容易时，“自助制造”才有更广阔的发展潜力，最终推动“利基设计–自助制造”商业模式的快速发展。

5.3.6 整合型商业模式

1. 整合型商业模式的设计依据

“大规模选择定制–集中制造”商业模式、“大规模自由定制–分布制造”商业模式、“利基定制–集中制造”商业模式和“利基设计–自助制造”商业模式都是按照商业模式创新画布的使用方法，从表 5.26 的“创新方向”中捕获商业模式创新信息组合，然后设计出来的新型商业模式。

在表 5.26 的“创新方向”中，有这样一条“[58]新的商业模式可能有多种形式及其组合存在”。这就为本书提出第五种新型商业模式提供了创新思路。本书将上述四种新型商业模式的“创新方向”组合到一起，即[27]开展大规模定制，[55]引入“众筹模式”开发新产品，实现“预定制规模化生产”，[17]实施服装的模块化 3D 打印生产，[57]时装模特、时装爱好者、个性消费者、高端消费者，[20]为客户开展深度定制，[34]开发个性化定制服装产品，[16]通过分布式生产、物流外包加快商业模式反应速度，[29]通过众包等形式推动协同生产，[26]开展利基定制、[20]为客户开展深度定制，[46]推行用户自助打印，[7]考虑设备共享，[13]用户驱动，满足不同客户群体的定制服务，[19]消费者与消费者之间价值共创，[22]加大顾客参与度，考虑公共服务中心进行打印生产，设计出 3D 打印服装企业的整合型（integrated business model，IBM）商业模式。

2. 整合型商业模式的设计理念

很多服装企业的商业模式并不是上述商业模式中的一种，而可能是几种商业模式的混合。它们同时开展着服装产品的选择定制、自由定制、利基定制或利基设计，同时进行着自营生产、外包生产或消费者自助生产。不同的运营组合可能又会衍生出不同的商业模式组合。在本小节，为了充分体现 3D 打印背景下服装企业商业模式的整个生态系统，将上述四种商业模式进行整合，构建 3D 打印服装企业的整合型商业模式。表 5.30 体现了 3D 打印服装企业五种商业模式的主要区别。

表 5.30　3D 打印服装企业五种商业模式的主要区别

模式	"大规模选择定制–集中制造"商业模式	"大规模自由定制–分布制造"商业模式	"利基定制–集中制造"商业模式	"利基设计–自助制造"商业模式	整合型商业模式
生产	集中	分布式	集中	消费者自助	分布式/集中/消费者自助
类型	模块	整装	整装	整装	模块/整装
尺寸	常规尺码	依据体型	依据体型	依据体型	常规尺码/依据体型
精度	可选	可选	可选	不提供	自助制造不提供，其他可选
库存	流行部件可有	无	无	无	流行部件可有，其他无
颜色	可选（有限）	可选	可选	可选	可选
款式	可选	深度设计	高级设计	高级设计	可选/深度设计/高级设计/高级设计
面料	可选（有限）	可选	可选	可选	可选

3. 整合型商业模式画布

3D 打印服装企业的整合型商业模式融合了之前的四种商业模式业务，因此其商业模式画布是之前四种商业模式画布的整合。在此不再对其具体业务进行阐述。具体的商业模式画布如图 5.22 所示。

4. 整合型商业模式的生态系统

为了系统反映整合后的商业模式，基于物流、信息流和资金流等供应链基本架构，结合整合型商业模式画布，本部分构建了如图 5.23 所示的整合型商业模式生态系统。

作为整合了之前多种商业模式的复杂型商业模式，整合型商业模式在生产计划环节不是之前各种商业模式的简单叠加。服装企业首先需要判断消费者的订单类型，如果是选择性定制，那么可以直接进入"大规模选择定制–集中制造"商业模式的生产计划制定流程，但是在生产环节，服装企业除了可以进行集中生产之外，还可以安排在自营的 3D 打印分工厂、体验店或者外包工厂进行生产；除此之外，各类订单都将分别进入自由定制、利基定制和利基设计流程，服装企业将根据设备负荷等多种因素合理安排集中生产或者分布式生产。

整合型商业模式的信息流较为复杂。相关各方都将依托云平台实现信息共享，并为决策提供依据。在商业模式生态系统中，当核心企业向分工厂、外包工厂、体验店等分配生产订单的时候，也是通过云平台实现信息的传递。物流企业与消费者之间也是通过云平台实现物流信息共享的。鉴于生态系统架构的复杂性，为了避免构图的杂乱，在图 5.23 中并没有将上述信息流与云平台直接相连接，而是

重要伙伴

- 3D打印设备供应商
- 3D打印原料供应商
- 3D打印软件供应商
- 3D打印原料加工设备供应商
- 物流企业
- 第三方3D打印生产商
- 第三方3D打印体验店
- 网络社区
- 独立设计师
- 其他企业或组织

关键活动

- 3D打印服装的大规模定制
- 3D打印服装的利基定制
- 3D打印服装的模型设计
- 3D打印服装的深度定制
- 分布式生产与集中式生产并行
- 获取客户服装或体型信息
- 生产外包、服务外包、研发外包、物流外包等
- 建立企业协同创新联盟
- 推进线上和线下协同运行
- 系统动力学研究商业模式
- 商业模式建模和仿真分析
- 建模优化供应链生产网络
- 建立设计师资源库
- 研判新型商业模式生命力

关键资源

- 服装3D打印机
- 分布式制造网络
- 3D打印服装设计师
- 3D打印厂房
- 云平台、协同创新平台
- 互联网、微信、各种移动终端等信息化平台
- 3D打印服装App
- 原料回收加工器

价值主张

产品

- 3D打印选择性定制服装
- 3D打印自由定制服装
- 针对小众群体的“完全个性化定制”的3D打印服装
- 3D打印的智能服装
- 3D打印的集成性服装
- 3D打印服装的饰品配件
- 3D打印服装及饰品配件的个性化设计

服务

- 免费服务
- 3D打印服装的模块化改款
- 消费者体型尺码扫描
- 3D打印服装的深度款式设计和高级款式设计
- 3D打印服装的回收服务
- 3D打印服装产品转换服务
- 3D打印服装的OEM、ODM服务
- 其他3D打印商品的OEM服务

客户关系

- 虚拟现实选装、试装
- 服务驱动、信息驱动
- 消费者与企业间价值共创
- 与虚拟运营商合作
- 通过网络视频等增强沟通
- 引入在线服务、网络社区
- 采用撇脂定价，或者以撇脂定价为主、满意定价为辅的组合定价
- 植入社交网站、微博、微信等社交媒体
- 开展手机银行等便捷支付
- 融入互联网
- 设备共享
- 更强的客户关系管理
- 生产前期，植入款式设计、面料选择、尺码测量等服务
- 使用远程媒体互动
- 应用3D打印服装类游戏

渠道通路

- 自身渠道和外部渠道协同
- 去除或缩减传统服装产业的销售代理环节
- 增开体验店销售渠道
- 生产与销售复合型体验店
- 服装模型通过网络传递给消费者
- 开展供应链物流网络优化
- 物流外包加快反应速度

客户细分

- 追求一定时尚的人士
- 低度个性化消费者
- 高度个性化消费者
- 对个性化服装有极高需求的消费者
- 对完全个性化过程感到烦琐的消费者
- 愿意深入参与个性化定制的消费者
- 难以忍耐完全个性化生产较长周期的消费者
- 时装爱好者
- 时装模特
- 潮派人士
- 有特殊功能性要求的客户
- 具备3D打印生产能力的消费者

成本结构

- 3D打印设备购置成本
- 3D打印原辅料购置成本、原料回收加工器购置成本
- 与第三方合作生产的费用
- 研发成本、人力成本、物流成本
- 各种平台建设与维护成本、软件购置与使用成本
- 营销费用、数字版权成本、3D打印服装的废弃成本与回收成本

收益来源

- 各类型3D打印定制服装的销售
- App和云平台等广告收入
- 服装及配套产品数字化模型的出售收入
- 对外开展3D打印服装设计服务及ODM、OEM代工服务的收入
- 对外开展其他3D打印商品的OEM代工服务的收入
- 专利转让收入、回收废弃产品将其生产为原料的销售收入

图5.22　整合型商业模式画布

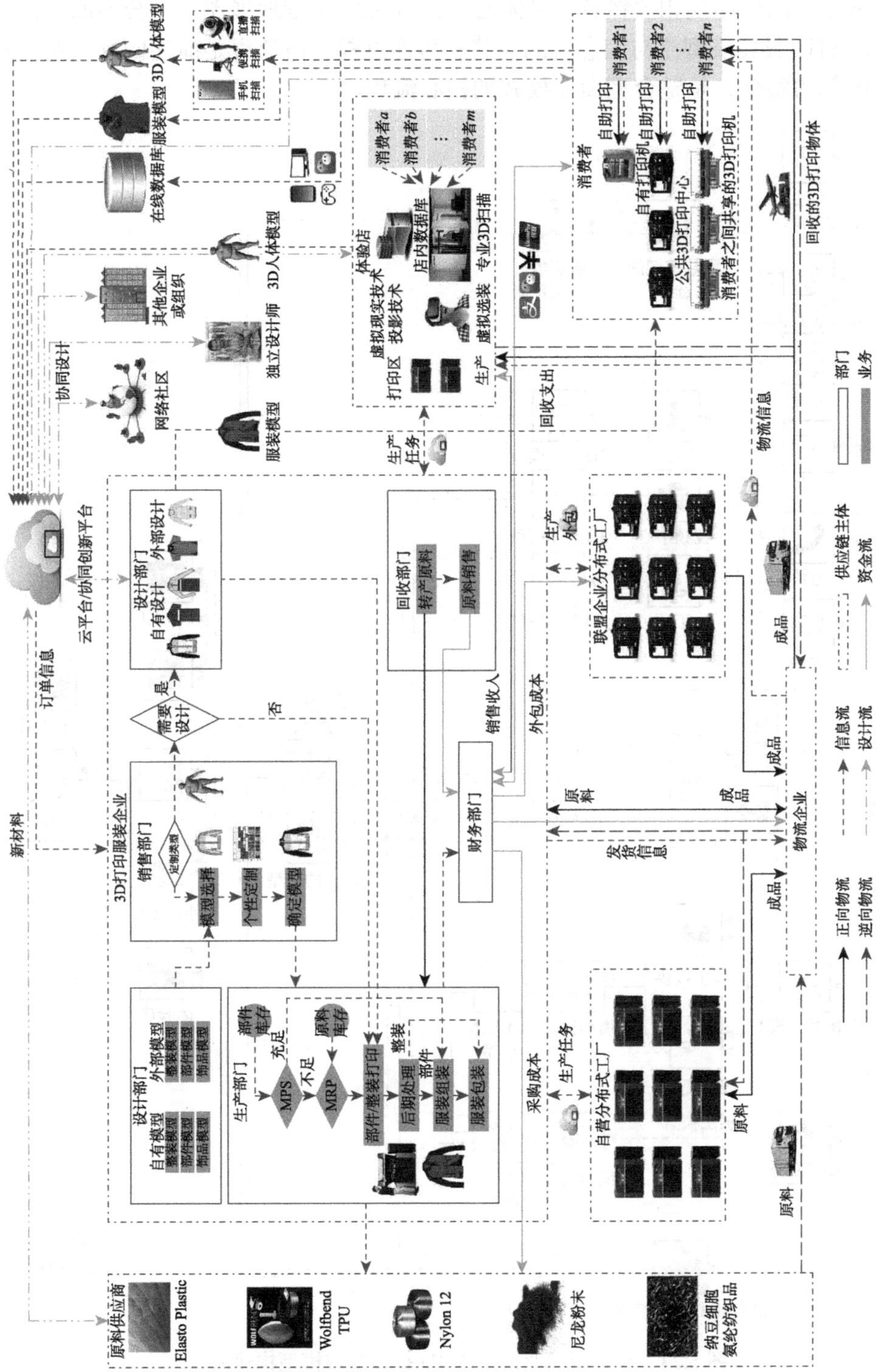

图5.23　整合型商业模式生态系统

通过云平台图标体现相关释意。具体而言，图 5.24 详细地展现了整合型商业模式中 3D 打印服装模型流与信息流的构建和传递过程。该流程是前述四种商业模式对应图例的整合，是整合型商业模式的核心流程。

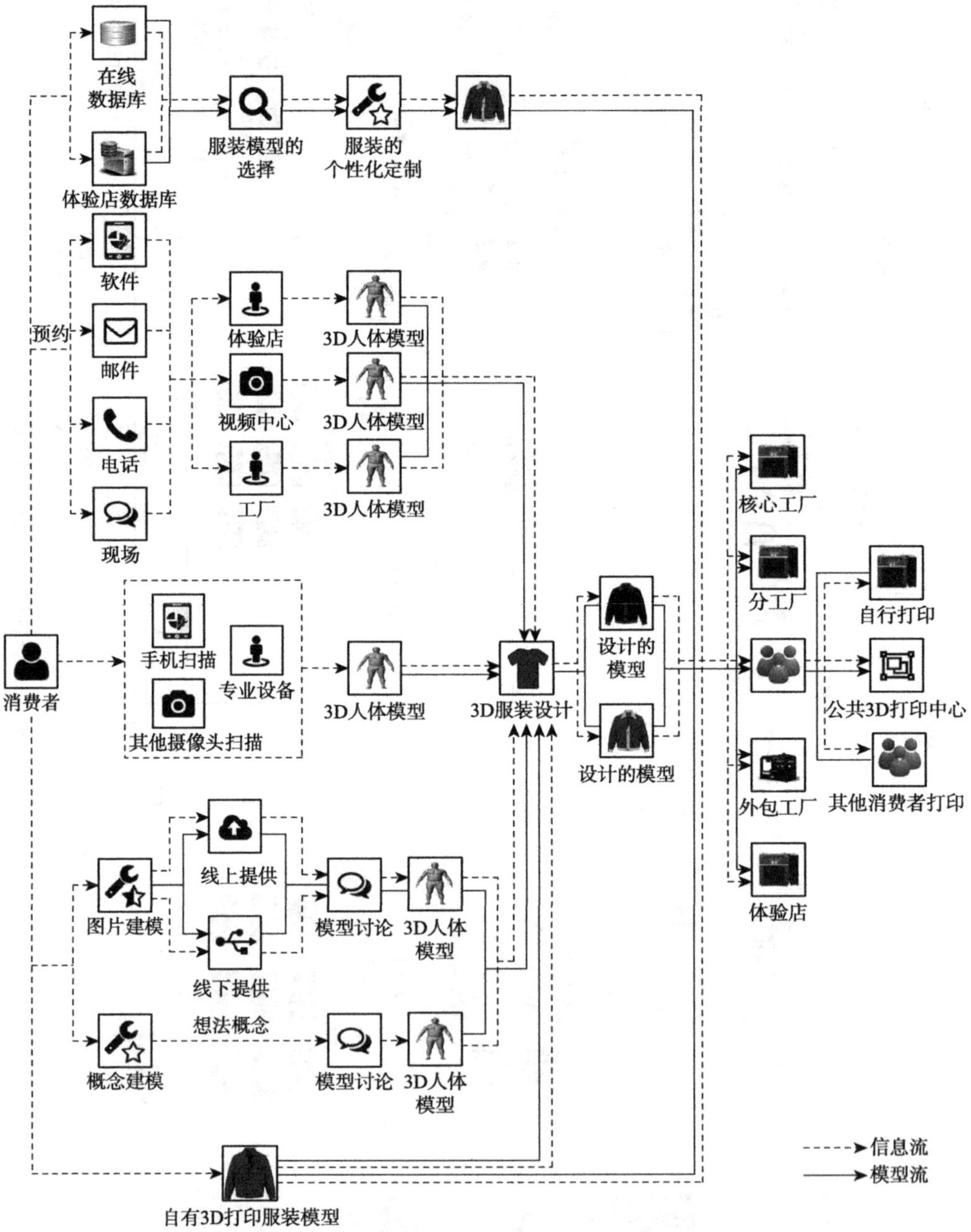

图 5.24 整合型商业模式的 3D 打印服装模型构建流程

5. 整合型商业模式的应用条件

整合型商业模式是一种业务范围更加广泛、业务形式更加复杂的综合型商业模式，只有那些实力雄厚的服装企业才有可能采用这种商业模式。具体而言，采用这种商业模式的服装企业必须考虑如下应用条件。

（1）3D 打印服装的个性化消费者规模需要可观。对一家 3D 打印背景下的服装企业而言，打造整合型商业模式，就意味着这家服装企业需要进行全方位的人财物投入，这将使企业面临更多的财务风险。在此背景下，3D 打印服装的个性化消费者规模就显得尤为重要。合理的客户规模是发展整合型商业模式的基础条件。

（2）服装企业需要拥有 3D 打印服装强大的设计能力，进而满足各类消费者的个性化定制需求。其中既包括普通的个性化消费者，也包括时装爱好者、时装模特和各类高端消费者。为了实现与这种强大的 3D 打印服装设计能力相匹配，服装企业必须拥有大量的 3D 打印服装设计师人才。

（3）服装企业需要拥有良好的 3D 打印服装生产能力。采用整合型商业模式的服装企业自身需要具备一定的 3D 打印生产能力，一方面来满足部分消费者的 3D 打印服装基本生产需求，另一方面也要解决依靠外包企业无法实现的生产问题（例如，没有外包企业可以提供符合要求的 3D 打印生产设备等，此时服装企业必须依靠自身实力投入该领域的服装 3D 打印生产）。

（4）服装企业需要拥有 3D 打印服装的分布式生产网络。要打造整合型商业模式，服装企业仅仅依靠自身的 3D 打印生产能力显然是不够的，它们必须拥有广泛的合作伙伴联盟，建立有强大的分布式生产网络，进而加快供应链反应速度，提高客户的满意度。

5.4　五种新型商业模式的管理启示

本章设计了 3D 打印背景下的五种新型商业模式，综合上述研究结果，可以得到如下两点管理启示。

1. 服装企业应该选择适合自身实力与战略发展的新型商业模式

本章提出的五种新型商业模式具有不同的适用特征和要求，各类服装企业应该合理选择。

“大规模选择定制-集中制造”商业模式适合具有较雄厚实力的服装企业，原因是大规模定制意味着企业的业务量较大,但是企业又要实现 3D 打印的自我生产，为此服装企业需要购置较多的 3D 打印机设备，投入较多的人力、物力和财力。

“大规模自由定制-分布制造”商业模式适合具有较强设计能力且注重品牌价值打造的服装企业，原因是该模式需要开展 3D 打印服装的深度定制，因此设计能力就是企业的核心竞争力。同时，该类商业模式实行分布式制造，因此企业可以有效降低 3D 打印机设备采购和物流费用等。

“利基定制-集中制造”商业模式适合具有强大设计能力和小规模 3D 打印生产能力的服装企业，这一点是由利基定制和集中制造所决定的。

“利基设计-自助制造”商业模式适合那些专门进行服装设计的企业，相较于上述类型的商业模式，该类企业的获利途径较少，但是企业投入低，因此承担的风险也是最小的。

整合型商业模式适合实力雄厚的服装企业，该类企业需要拥有强大的 3D 打印分布式生产网络，拥有强大的服装设计能力和 3D 打印生产能力。但是，由于投入较多，也意味着该类企业面临更多的风险。

2. “商业模式创新画布”将成为企业商业模式创新的新工具

依靠本章提出的商业模式创新工具——商业模式创新画布，本书已经成功地为 3D 打印背景下的服装企业设计出五种新型商业模式，该结果有效地验证了商业模式创新画布的应用价值。由此可以预见，在当前社会各界普遍缺乏可操作性高的商业模式工具之际，作为一种通用性商业模式创新工具，商业模式创新画布的出现将不仅可以推动 3D 打印背景下的服装企业开展商业模式创新，也会受到越来越多其他行业企业的高度重视和欢迎，有望成为企业界开展商业模式创新的重要利器和新工具。

第6章 3D打印背景下服装企业的新型商业模式仿真

本书第5章提出了3D打印背景下服装企业的五种新型商业模式，但是这些新型商业模式都是"静态模式"，无法反映任何动态因素影响下的商业模式运行态势，不利于企业观察相关因素对商业模式运营的影响，更不能为企业提供不同商业策略的试错机会，这些都无疑降低了新型商业模式的实用性。为此，本章将进一步构建这些新型商业模式的仿真模型，为采用新型商业模式的服装企业提供测试不同商业策略的实验平台；本章还将开展未来情景下的新型商业模式仿真实验，推演五种不同商业模式的未来发展趋势，为3D打印服装企业合理选择商业模式发展类型提供决策参考。

6.1 仿真目的与仿真方法设计

6.1.1 仿真目的

通过对3D打印背景下服装企业新型商业模式的仿真建模和分析，本书旨在达到如下研究目的。

1. 为3D打印服装企业提供测试商业策略的实验平台

本书之前设计的3D打印背景下服装企业的新型商业模式都是静态商业模式，不具备为企业测试商业策略的能力，而这种能力恰恰是企业商业运营中迫切渴望具备的能力，它可以降低真实商业运营的风险和成本，提高商业模式创新的成功率。本章建立这些新型商业模式仿真模型的首要目的就是为3D打印服装企业提供测试商业策略的实验平台，让它们打开商业模式运营黑箱，观察不同商业策略的运行效果，最终提升商业策略的制定质量，实现盈利改善。

2. 为 3D 打印服装企业合理选择商业模式发展类型提供决策参考

本章对未来情景下的 3D 打印服装企业新型商业模式进行仿真分析，目的是通过对比不同商业模式的仿真结果来展现五种新型商业模式的未来发展潜力。例如，有的商业模式在未来情景下可能表现出强劲的获利能力，有的商业模式可能出现盈利能力下降等情况。3D 打印服装企业可以根据这些商业模式的远期发展态势来评估自身的商业模式变革方向，选择最适合自身的商业模式类型进行建设和发展。

3. 为 3D 打印服装企业提供未来情景下的商业模式发展策略

每一种新型商业模式在未来情景下都有可能面临新的挑战和问题。为此，本书开展未来情景下 3D 打印服装企业新型商业模式仿真分析的另外一个目的，就是根据仿真结果帮助服装企业先期发现未来情景下可能面临的问题，并且为这些服装企业提供一些可行的解决方案和措施。

6.1.2 仿真方法设计——基于系统动力学的商业模式画布仿真

商业模式画布已经成为一种在组织中进行价值创造和传递的公认工具，它通过九个模块提供了一种对商业结构的可视化展示（Osterwalder et al., 2014）。然而，商业模式画布模型的建立和呈现方式仍有不足，因为它仅仅与静态因素有关，很多隐含的动态因素未被考虑进去，而且很多有价值的信息也未体现出来。由此，很多企业丧失了解决问题和测试变革的机会。鉴于此，商业模式画布不仅应为创造、传递和捕获价值提供一个静态视角，还应提供一个测试新策略的途径，进而帮助企业不断面对新规则，不断评估运营流程和发展前景。在这种需求下，仿真成为解决这个问题的有效办法，因为它允许设计一个模型并将其中的动态行为可视化。如果能够对商业模式画布模型进行仿真，那么通过观察和调整企业的动态行为将使不同场景下的商业模式实验成为可能。

为了有效模拟商业模式画布模型，有必要对不同的仿真技术进行研究。商业模式画布反映的是价值流在不同模块间的流动情况，因此有必要找到同样以“流”的理念建立仿真模型的工具。在评估多种仿真技术后，本书认为系统动力学是实现这一目的的最优方案。系统动力学是一种建立、理解和讨论复杂问题的方法论，适用于社会、管理、经济或生态系统中出现的动态问题，“流”是系统动力学仿真的核心要素。

综上分析，本书借鉴 Komoto 等（2013）、Jia 等（2016）、Poulin 和 Montreuil

（2013）等研究成果，以 Romero 等（2015）的成果为基础，把系统动力学仿真方法与商业模式画布方法结合起来，以商业模式画布的九个模块为对象，采用系统动力学仿真建模方法，来构建 3D 打印背景下服装企业新型商业模式的仿真模型。

6.2　仿真工具的选择——iThink 软件

6.2.1　iThink 软件特点

有多种软件工具可被用于开展系统动力学仿真研究。其中，iSee Systems 公司的 iThink 软件是一款优秀的系统动力学仿真产品，该产品主要被应用在商业运营研究、资源规划和财务分析等领域（Abdelkafi and Täuscher，2016），这与本书开展的商业模式研究相匹配；另外，该软件使用可视化的图形用户界面来捕捉因果循环图中的系统动态行为（Kirkwood，2013；Abdelkafi and Täuscher，2016），这为模型的建立和展示提供了便捷条件；此外，该软件还提供了一个完整套件来构建和模拟仿真系统（王欣，2008），极大地方便了模型的构建和仿真分析。鉴于以上原因，本书选用 iThink 软件作为商业模式画布的仿真建模与分析工具。

iThink 软件（9.02 版本）由四层组成：界面层（interface layer）、图层（map layer）、模型层（model layer）和公式层（equation layer）。其中，界面层用来展示模型的基本构成，图层用来描述模型元素间的逻辑关系，模型层用来搭建模型元素之间的具体定量关系，公式层用来构建模型元素之间的数学关系。iThink 软件具有如下主要特点：①可以动态地、可视化地展现复杂系统或想法的运行状态；②通过询问“what if”及观察“what happens”，iThink 软件为研究者提供了无限的探索机会；③可以使研究者直观地了解到系统是如何工作的，系统是如何受到影响的，以及产生了什么结果（王欣，2008；Abdelkafi and Täuscher，2016）。

6.2.2　iThink 软件的建模构件

iThink 软件在建立模型的过程中会使用栈（stocks）、流（flows）、转换器（converters）和连接器（connectors）四类构件模块，如表 6.1 所示。

表 6.1　iThink 软件的建模构件

栈	流	连接器	转换器
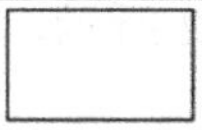	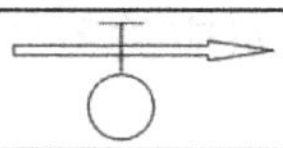		

建模中使用的最基本构造块是栈，栈用来表示任何可以积累的量，人口、河流或蓄水池中的水及其质量等都可以作为栈，这些是有形的、可计量的物质；还可以用栈表示非物质的累积量，如技能、知识、恐惧等。非物质的累积量虽然不易被测量，但可以被量化，在许多模型中起到了非常重要的作用。

流代表活动，出生、水流、移民、运输等都可以当作流，这些活动将改变系统内栈的存量。可以把流想象为管道，不论相应的栈中有什么，它们按照箭头的方向流过管道后，不是流进就是流出栈。流的图示中，圆圈上面的“T”代表流量调节器，调节器中用一个代数表达式决定流过管道的流量。

连接器用来传送信息和用于调节流量的输入。连接器可以连接到流或者转换器，但决不能连接到栈。但是，连接器可以作为输入流和输出流的输入，或者栈的输出。

转换器包含各个时间段产生输出值的方程式，它还经常接收信息并把信息传输给模型中的其他变量所用，转换器也经常用来存储常数（Zhang et al.，2012；Kirkwood，2013；Abdelkafi and Täuscher，2016）。

6.2.3　iThink 软件仿真要素与商业模式画布要素的关系转换

为了采用 iThink 软件进行商业模式画布的系统动力学仿真建模，必须使商业模式画布要素与 iThink 软件系统动力学仿真要素之间实现关系对应。iThink 软件系统动力学建模是建立在栈、转换器和流的基础上，因此，在构建商业模式画布的系统动力学模型之前，需要先将商业模式画布中的要素类型与系统动力学要素类型相匹配。

本书将商业模式画布中的流分为信息流、物流和资金流。其中，信息流包括在 3D 打印服装消费者、3D 打印服装制造企业、3D 打印原料供应商和第三方物流企业之间传递的信息，也包括 3D 打印服装企业内部生产、成本和收益之间的信息流动，如客户订单的数量信息、3D 打印服装的物料清单信息、3D 打印服装的售价信息、3D 打印服装原料的成本信息等。本书在系统动力学仿真模型中用虚线表示信息流。另外，鉴于 iThink 软件建模中的线型只有实线和虚线两种，故本书用细的灰色实线表示物流，体现的是 3D 打印原材料、半成品及成品 3D 打印服装的流动过程。另外，在成本和收益模块中采用粗的灰色实线表示资金流，体现企业资金收支流动情况。

除了上述有关流的对应关系之外，商业模式画布中的各个模块也需要与 iThink 系统动力学模型中的栈和转换器对应。考虑到栈和转换器的特性及商业模式画布中九个模块的特性，本书将它们之间的对应关系分类如表 6.2 所示。

表 6.2　商业模式画布模块元素的系统动力学转换

商业模式画布模块元素	iThink 中的系统动力学元素
重要伙伴	转换器
关键资源	转换器
关键活动	栈
价值主张	转换器
客户关系	栈
渠道通路	栈
客户细分	转换器
收益来源	转换器
成本结构	转换器

6.3　“大规模选择定制–集中制造”商业模式仿真分析

6.3.1　商业模式的系统动力学建模

1. 模型结构

本部分针对第 5 章构建的“大规模选择定制–集中制造”商业模式画布，采用 iThink 软件，进行“大规模选择定制–集中制造”商业模式的仿真建模。

首先，本书针对商业模式画布的每个模块进行建模。在“重要伙伴”仿真模块中，模型与商业模式画布中的要素保持了完全一致，即由原材料供应商（Material provider）、设备[①]供应商（Printer provider）、软件供应商（Software provider）、物流企业（Logistics company）和第三方体验店（Third enterprise store）组成；在“关键资源”仿真模块中，主要有打印机（Printers）、原材料（Material）、管理者（Managers）、设计师（Technician）、工人（Workers）、自营体验店（Store house）和 3D 打印软件（Software）；在“价值主张”仿真模块中，模型主要考虑了提供 3D 打印服装（Printed fashion），商业模式画布中设计的其他服务并未考虑，原因是这些服务并非企业的核心业务和关键收入，而且也难以量化；在“客户细分”仿真模块中，模型中主要考虑 3D 打印仿真的个性化消费者（Person consumer），原因是这些消费者是 3D 打印服装的主要消费者，其他类消费者也存在购买 3D 打印服装的可能，但是从总体来看仍然不是主力消费者；在“收益来源”仿真模块中，模型中主要考虑 3D 打印服装的收入，并未引入 3D 打印服装模型、专利和回

① 这里的设备指的是 3D 打印机。

收 3D 服装等产生的收益。主要原因是 3D 打印服装的销售是 3D 打印服装企业的主营收入，是驱动企业发展的核心业务，是商业模式创新的核心对象，而其他业务并不是商业模式的核心业务，也不是企业的主要收入来源。在计算销售量（Sales）时，直接按照订单数据乘以时装价格（Fashion price）计算。原因是本书设计的各类商业模式都是基于 3D 打印定制服装，因此，订单最终都会履行。

在“关键活动”仿真模块中，按照“大规模选择定制-集中制造”商业模式的设计，客户首先进入 3D 打印服装的模型选择（Model selection）环节，企业需要提前为该环节做好准备（For selecting fashion model），当企业与客户确认模型后（Check with consumer），企业将按照订单数量（Orders with model）进行生产准备（For printing），然后进入订单的打印（Printing）。接着，在预处理（For processing）后，将进入后期处理（Post processing）环节，最后将合格品（Qualified product）发往客户。其中，考虑到不同打印设备的精度和不同打印服装的质量要求，设置了合格品率（Qualified rate）变量。模型中还设置了 3D 打印服装的物料清单（bill of material，BOM）变量，服装企业将 BOM 信息（BOM of fashion）和来源于终端消费者的订单信息（Fashion orders）汇总后发送给原料供应商进行原料采购。所有的客户模型订单都累积在总需求（All demand with model）这个栈之中，当把最终的合格品（Qualified product），也就是最终完成的订单（Completed demand）发送给客户后，没有如期发货的所有订单都被视为延期产品，无论是因为不合格还是因为未如期进入生产进程。因此，延期产品的数量=客户模型订单（All demand with model）数量–合格品（Qualified product）数量。另外，Printing 栈代表服装的 3D 打印生产，Post processing 栈代表服装清洗、整顿等后期处理业务，Transit time 转换器表示后期处理的时间。

在“客户关系”仿真模块中，结合“大规模选择定制-集中制造”商业模式的设计，模型中设置了三种主要的客户开发途径，即人员拜访开发客户（Person relationships）、互联网开发客户（Web customer relationships）和手机开发客户（Mobile phone relationships）。每一种客户开发途径都设置了成功开发客户的转化率变量（Consumer rate，包括 P consumer rate、W consumer rate 和 M consumer rate），进而反映不同渠道的客户开发效果。Person visits 转换器、Web page visits 转换器和 Mobile phone visits 转换器分别代表市场中不同类型客户的流量。Pconsumer 转换器、Wconsumer 转换器和 Mconsumer 转换器分别代表不同类型客户的有效流量。

在“渠道通路”仿真模块中，结合“大规模选择定制-集中制造”商业模式的设计，模型模拟了“体验店+物流”渠道和“物流直送客户”渠道。设置两家体验店（Enterprise store 1 和 Enterprise store 2）的思路是，体验店可以提高客户满意度，但是不同体验店的运营成本是有差异的，通过仿真分析有利于了解不同体验店的运营效果。此外，模型中的体验店并没有区分自营还是第三方，因为它们之间的主要差异是成本不同（不考虑品牌、服务等软性差异），而这一点可以通过设置不同体验店的成本值加以区分。Logistics1、Logistics2 和 Logistics3 转换器分别表示三种不同渠道下的物流参数。Transportation order1 和 Transportation order2 转换器分别表示体验店 1 和体验店 2 的订单物流量。To consumer 1 转换器表示送达给客户 1，To consumer *n* 转换器表示送达给客户 *n*。

在“成本结构”仿真模块中，模型中包括 3D 打印设备采购（Machines cost）、3D 打印原料采购（Materia cost）、3D 打印软件采购（Software cost）、人员工资（Payroll）、营销费用（Marketing cost）、房屋租金（Rent）、税金（Royalties）、折旧（Depreciation）、物流费用（Logistics cost）、打印服装的废弃费用（Waste cost）和生产延期费用（Extension fee）等成本（Cost）。设置“生产延期费用”的原因是，如果客户订单较多，3D 打印服装企业的打印机设备可能不充足，进而无法迅速投入生产，加之现阶段 3D 打印服装的速度较慢，因此企业很可能产生生产延误，进而导致延期供货费用的产生。这种费用也可以理解为客户服务水平的降低产生了客户流失成本。设置“打印服装的废弃费用”的原因是在 3D 打印生产的过程中也会存在打印失败或者产品质量不合格的情况。此外，同步设置了不同体验店的租金变量（Rent rate）、毛利润（Gross profit）、累计现金流量（Accumulative cash）、不同营销渠道的费用比率变量（P unit cost、W unit cost 和 M unit cost）、不同类别职员的工资额度变量（T salary、W salary 和 M salary）、原材料价格变量（Material price）、3D 打印机设备价格变量（Machines price）、不同物流渠道的物流成本变量（Logistics cost per product），以及延期成本变量（Extension fee per product）。

基于以上九个子模块的仿真建模结果，将它们进行整合和要素链接之后，本书构建的“大规模选择定制-集中制造”商业模式系统动力学完整版仿真模型如图 6.1 所示。

2. 模型说明——以 A 企业为例

为了对“大规模选择定制-集中制造”商业模式的系统动力学仿真模型进行验证分析，本书结合 3D 打印服装产业的发展状况设置了模拟企业 A，并对 A 企业仿真模型的相关变量进行初始赋值。其中，在系统层面，为了可以较长时间观察商业模式的变化，仿真时间长度设置为 5 年，时间单位为月，即 1~61 个月（考虑到每个订单任务不一定都是从月初开始到月末结束，因此 60 个月的实际跨度被设置为 1~61 个月更为合理）。由于 3D 打印生产时间等通常以小时为计算单位，仿真模型中设计仿真计算周期 DT=0.005，也就是说按照每个月 30 天计算的话，就是 0.15 天（3.6 小时）仿真计算一次，如此将每个月运行 200 次。为此在后续的 PULSE 等函数中，都需要将每个月的实际数量除以 200，如此当仿真运行时，运行 200 次之后，结果才是每个月的实际数量。货币计量单位为元。

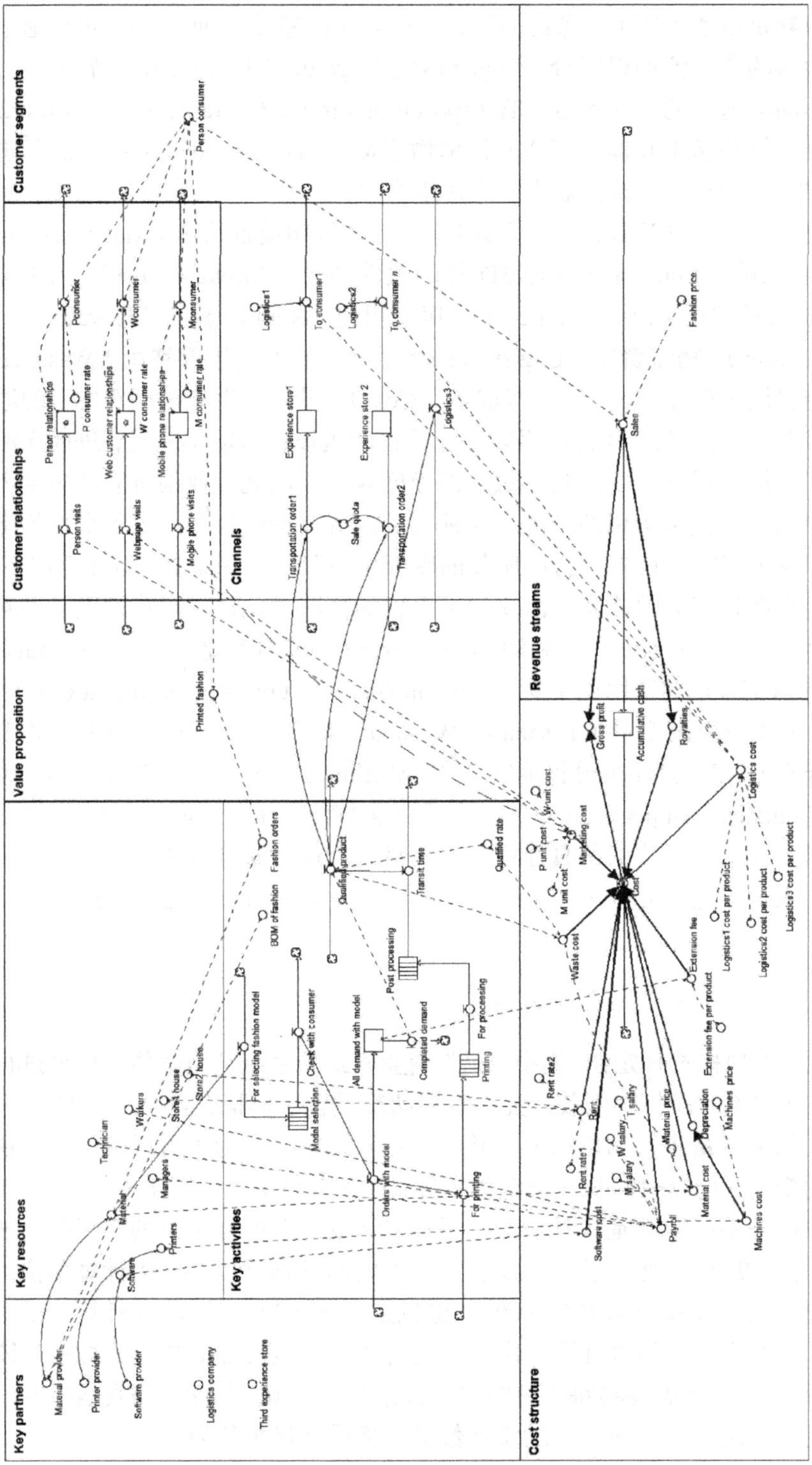

图 6.1　“大规模选择定制-集中制造”商业模式的系统动力学仿真模型

其他主要初始赋值如下：初始净现金=500 000，每个产品每个月的延期费用=100，体验店 1 的单位产品物流费用=10，体验店 2 的单位产品物流费用=20，物流企业直送客户的单位产品物流费用=8，3D 打印机价格=30 000；人员拜访投入成本= 200 元/人次，手机流量投入成本= 50 元/人次，互联网流量投入成本= 20 元/人次；管理者月工资=15 000，设计师工资=10 000，工人工资=3 000；租金率 1=200 000 元/年，租金率 2=150 000 元/年；手机流量客户转化率=0.3，人员拜访量客户转化率=0.4，互联网流量客户转化率=0.2；选择服装模型的时间=0.005，服装的后期处理时间=0.005，服装的 3D 打印时间=0.005；3D 打印机的数量=10 台，10 台 3D 打印机的总生产能力= 60 件（每台 3D 打印机的 DT 周期生产能力为 6 件）；3D 打印机服装的物料清单=1（在此把 3D 打印服装作为一个整体进行处理）；3D 打印服装的合格率= 0.95；管理者= 3 人，体验店 1 型= 1 个，体验店 2 型= 1 个，设计师= 5 人，工人= 10 人，销售配额= 0.5。

模型中的主要变量关系如下。

（1）3D 打印机的折旧= PULSE（3D 打印机成本 × 0.2/200，12，12），每年折旧 1 次，每次折旧 20%。

（2）延期费用=未生产订单量 × 每个产品每个月的延期费用。

（3）3D 打印机成本=打印机价格 × 打印机数量。

（4）营销成本=人员拜访量 × 拜访成本+互联网流量 × 投入成本 1+手机流量 × 投入成本 2。

（5）原料成本=原料数量 × 原料价格。

（6）工资=管理者数量 × 管理者工资+设计师数量 × 设计师工资+工人数量 × 工人工资。

（7）体验店租金= PULSE（体验店 1 数量 × 租金率 1/200+体验店 2 数量 × 租金率 2 /200，12，12）。

（8）增值税=销售额 × 17%。

（9）软件成本= PULSE（软件数量 × 8 000，0，0）。

（10）物流成本=客户 1 的运量 × 运输成本 1+客户 2 的运量 × 运输成本 2+客户 3 的运量 × 运输成本 3。

（11）销售额=个性消费者订单量 × 3D 打印服装的售价。针对废弃的 3D 打印服装，尽管生产过程中会产生废弃品，但是企业最终都会重新打印成合格品提供给客户，也就是说并不会因为出现了废弃品而影响订单的满足率，因此该模型按照订单总量计算销售总收入。

（12）服装废弃费用=（合格品/合格品率）×（1–合格品率）×（原料价格 × 0.8），用合格品数量反推出生产总量，然后乘以不合格率得到不合格产品量，接着乘以不合格产品单位成本得到服装的废弃成本。打印失败的 3D 打印服装有可能被回收并由服装企业自行加工为原料，因此废弃品原料成本应该低于原料采购成本。此外，为了便于计算，该模型将废弃品经重新打印为成品的销售物流费用一并计入该成本项中。废弃品在生产过程中的费用已经在模型中计算，因此不必再次引入。最终，该模型设置废弃品成本为原料成本的 80%。

（13）个性消费者总量=人员拜访开发的客户+手机开发的客户+互联网开发的客户。

（14）手机开发的客户=手机流量 × 手机流量客户转化率。

（15）人员拜访开发的客户=人员拜访量 × 人员拜访量客户转化率。

（16）互联网开发的客户=互联网流量 × 互联网流量客户转化率。

（17）3D 打印服装的选型时间=0.005，核算后为 3.6 小时/个。

（18）打印机生产时间（月/批）= 0.005，核算后为 3.6 小时/批。

（19）打印机生产能力（月/批）= 60，共 10 台打印机，每台每批可同时打印 6 件服装的容量。

（20）合格产品=生产量 × 合格率。

（21）体验店 1 的销售量 = 企业的合格品总量 × 销售配额。

（22）体验店 2 的销售量 = 企业的合格品总量 ×（0.7–销售配额），此假设的含义是体验店 1 和体验店 2 的总销售额度占企业总销售量的 70%。

（23）物流企业直送客户的销售量 =企业的合格品总量 × 0.3。

（24）体验店 1 的物流送货频率= PULSE（7 000/200，0.03，0.03）。

（25）体验店 2 的物流送货频率= PULSE（5 000/200，0.03，0.03）。

3. 模型有效性实验

为了验证模型的有效性，本书对所有变量进行测试，实验结果表明：改变不同变量值所产生的系统结果与真实的市场预期基本一致。例如，当对每件 3D 打印服装原材料价格分别为 800 元、550 元和 300 元进行企业净利润的敏感度分析时，结果显示随着价格降低，净利润逐步提升。当对 3D 打印服装合格率由 0.95 降至 0.725 和 0.5 情况下进行企业净利润敏感度分析时，结果显示随着合格率降低，净利润出现剧烈下滑，主要原因是不合格品的增加导致无法及时提供给客户产品，进而导致延期成本的累积性增加。

6.3.2 未来情景开发

为了能够对商业模式的未来发展做出仿真推演，有必要对商业模式发展过程中面对的新情景进行预测性开发。结合服装产业及 3D 打印产业的发展趋势，本书做出以下情景开发与数据假设。

1）3D 打印服装的售价逐渐走低

本书的研究开展时，全世界第一件在线定制销售的 3D 打印夹克 Bomber Jacket 售价为每件 1 500 美元左右。波士顿服装品牌 Ministry of Supply 与 Shima Seiki 公司合作使用 3D 打印针织技术生产的一款高质量无缝接男士外套零售价为 345 美元。阿迪达斯快闪店销售的 3D 打印美利奴羊毛衫售价为 215 美元。综合来看，价格还是比较高的，折合成人民币在 1 300~10 000 元。为此，本书在建立初始仿真模型时取其大约平均价格 5 000 元作为系统初值。但是，在未来，随着 3D 打印服装的消费需求增加，原材料的规模化生产将实现，进而降低原材料价格，而且性价比更高的原材料的出现也会使原材料价格逐渐降低，此外，打印机生产性能的提高也将促进生产成本的降低，这些都将直接降低 3D 打印服装的成本，进而促进 3D 打印服装的售价走低；另外，长期来看，行业竞争者的增加会加剧 3D 打印服装企业的竞争，为此也将促使 3D 打印服装的售价降低。在这种背景下，本书假设从系统初值 5 000 元均价开始，在 1~2 年内小幅减低，中期将大幅降低，之后保持窄幅下降趋势。

2）人员拜访量客户平稳增加

销售人员拜访推销是增加客户的传统措施。但是，随着网络时代的到来，这种途径开发客户的效果正在明显缩小，但是开展客户关系管理仍然是开发客户的主要举措。由于 3D 打印服装是新兴事物，人员拜访推销在前期的营销推广中起到的作用更加明显，但是当消费者普遍对 3D 打印服装认可后，人员拜访开发客户的效果将会迅速被弱化。因此，图形情景函数中的早期开发客户量迅速增加，后期速度减慢。

3）互联网流量客户快速增加

互联网已经成为全球性的商业网络。企业通过互联网网站的开发和使用可以极大地方便消费者进行 3D 打印服装的定制，进而增加销售量。由于 3D 打印服装目前的销售量比较少，前期的互联网流量也不会很多，但是一旦 3D 打印服装爆发后，互联网流量客户将可能会在全球快速增加。

4）手机流量客户剧烈增加

手机已经成为现代消费者信息浏览和进行交易的重要平台。在未来，无论针对本书之前提出的哪一类商业模式，手机都将成为消费者购买 3D 打印服装的重要平台。由于消费者前期对 3D 打印服装比较陌生，近年来，通过手机专门浏览 3D 打印服装的消费者虽然呈上升趋势，但是不会特别多。然而，随着 3D 打印服装的快速兴起，加之更多 3D 打印服装 App 的出现，可以预见在 3 年以后，3D 打印服装的手机流量用户会剧增。

5）3D 打印服装的原材料价格逐渐走低

本书的研究开展时，用于服装打印的 Wolfbend TPU/Rubber-like 材料价格每立方厘米 2 欧元（2.60 美元），每卷（1 磅）68 美元，Shapeways 提供给 3D 打印创客使用的 Elasto Plastic 材料售价为每立方厘米 0.26~0.42 美元，WillowFlex 可降解材料一个 300 克的线轴售价 28 美元，一个 500 克的线轴售价 44 美元。按照每件衣服至少 1 000 克或者 0.5 平方米的需求量，因此，每件 3D 打印服装的原料成本在 600 元以上。但是，随着 3D 打印服装销量的增加，相关原料供应商将可以实现规模生产，进而大幅降低 3D 打印原料成本。

6）3D 打印服装的生产能力加大

正如本书在第 4 章所述，3D 打印服装的生产能力正在不断加强。阿迪达斯在柏林开设的一家快闪店打印一件羊毛衫的时间只需要 4 个小时，这将显著增加服装企业的店面生产能力，进而使服装企业可以更灵活地适应消费者的个性化定制需求。美国男士服装初创品牌 Ministry of Supply 公司可以在 1.5 小时内打印一件高质量的男士外套，按照这个速度计算，一家零售店每天只用 1 台 3D 打印机就可以打印出大约 6 件定制服装，这个速度足以应付中小规模的服装零售需求。Danit Peleg 公司打印一件夹克的速度尽管很慢（需要 100 小时），但是相比之前的 300 小时已经缩短了 200 小时。2017 年，英特尔公司在纽约举行的全国零售联合会年度展上推出了一款由 Shima Seiki 制造的 3D 打印机，该打印机可以帮助服装零售商在 45 分钟内打印出一件衣服。英国 Tamicare 公司的 3D 打印技术能够在短短几秒内就打印出成品衣物，而且该技术生产过程简单，具有大规模生产的巨大潜力。依据这些发展趋势，本书将在初始仿真系统中 DT 时间内打印机生产能力为 60 件服装的基础上加大能力值，进而测试 3D 打印机生产能力的加强会对服装企业商业模式运行结果产生何种影响。

6.3.3 未来情景的商业模式仿真分析

本部分应用“大规模选择定制-集中制造”商业模式的系统动力学仿真模型，以前文 A 企业数据为例，将未来情景下的多种变量值均导入仿真系统后（除了打印机性能参数，该变量需要单独采用敏感度分析），观察 A 企业在未来情境下的商业模式运行结果。图 6.2 显示了未来 5 年商业模式的成本、销售额和净利润变化趋势。可以看到，前期净利润小幅度稳步增长，对比未来情景可知，这一期间的社会需求增长缓慢，因此销售额增加不明显，另外同期的成本变化不大。这一阶段，企业很难控制行业性成本，因此应该加大客户开发力度来增加销售额。之后，净利润出现了小幅回落，原因是同期价格回落速度大于社会需求增长速度，导致销售额回落，而同期的成本依然变化不大。这一阶段，企业一方面除了继续开发客户之外，还可以通过打造 3D 打印服装品牌等途径提升品牌价值，进而通过高于行业性价格的途径获利。在进入未来的第四年，净利润将出现剧烈增加，原因是这一阶段的需求量大幅增长，尽管产品的价格继续有所回落，但是需求量的增速将远远高于价格下降速度，这导致了销售额的明显增加，此外，同期 3D 服装原料价格的大幅下降也是重要原因。这一阶段，企业有可能进入了行业同质化竞争时期，此时的企业可以继续通过加大品牌建设来保持价格优势，同时还可以通过开展中低端产品组合策略来促进发展。

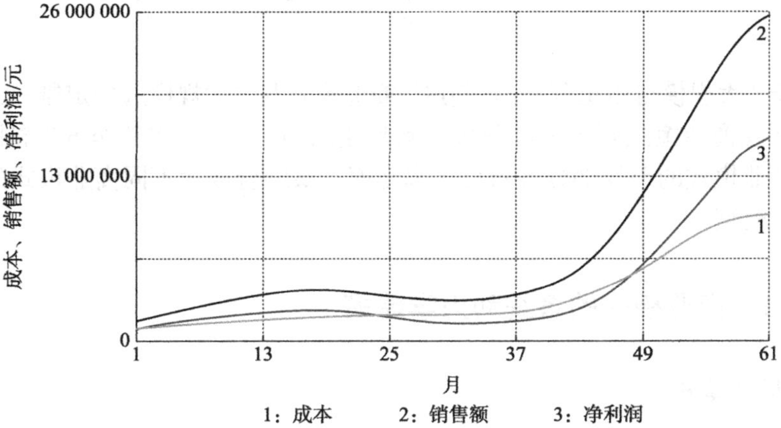

图 6.2　未来情景下 A 企业的成本、销售额、净利润变化趋势

在服装的 3D 打印生产关键环节，图 6.3 展现了未来情景下的 3D 打印机生产效能。按照仿真系统的数值推演，在未来的前 3 年，企业的 3D 打印机产能只是稍有发挥，在第 4 年开始出现产能爆发，这与市场需求的爆发相吻合。到了第 5 年中期出现了产能拐点，打印机的所有产能完全释放，达到了 DT 周期（3.6 小时）内生产 60 件服装的生产上限。上述分析显示，A 企业的 3D 打印机设备数量在前 3 年处于过剩，过多而不必要的设备显然增加了企业的采购和运营成本。同时，在第 5 年，3D 打印机的生产能力已经不足，需要及时采购设备，否则不能及时供应产品将导致延期费用的增加。

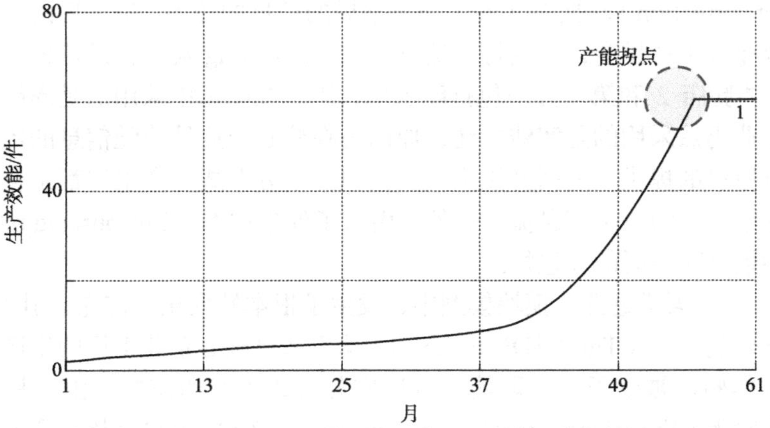

图 6.3　未来情景下的 3D 打印机生产效能

6.4 “大规模自由定制–分布制造”商业模式仿真分析

由于“大规模自由定制–分布制造”商业模式与“大规模选择定制–集中制造”商业模式在商业模式画布中的很多要素是相同的，为此，本节至 6.7 节将主要针对各个商业模式的差异部分进行分析和建模，最终合成为不同商业模式的系统动力学仿真模型。

6.4.1 商业模式的系统动力学建模

1. 模型结构

本节针对第 5 章构建的“大规模自由定制–分布制造”商业模式画布，采用 iThink 软件，进行仿真建模。相比“大规模选择定制–集中制造”商业模式仿真模型，新的模型存在以下主要变化。

（1）在“重要伙伴”模块模型中增加了第三方 3D 打印工厂（Third 3D printing factory）。当核心企业的产能无法满足订单需要或者自身打印质量无法满足客户需要等情况发生时，核心企业将把这些订单外包给第三方 3D 打印工厂。

（2）在“关键活动”模块模型中加入了 3D 打印服装的设计（Model design）、与客户沟通（Check with consumer）和产品的调整（Correction）等环节，配合实现商业模式中的自由定制。在进行服装模型设计（Model design）时，相关信息通过服装 3D 模型设计（Fashion 3D model design）转换器实现信息传递。产品调整（Product correction）转换器实现了被调整后的信息的传递。确认后的产品订单将被进行分布式生产排产，这些订单信息将从“transiting 流”传送给核心企业、体验店 1、体验店 2 和第三方外包打印工厂，因此在图示中采用的是虚线标注，但是核心企业仍然采用的是实线标注，原因是在核心企业处伴随信息的传递，同时还会进行原料的提供，进而开展生产。其他三个分布式生产主体都是各自生产，因此传递给它们的只是信息流。另外，引入了外包比率（Outsourcing rate）参数，通过该参数反映不同的外包情景。

（3）在“渠道通路”模块模型中，发生了根本性变化。首先，引入了 3D 打印第三方外包工厂（Third 3DP factory），承担来自核心企业工厂的生产任务。其次，传统体验店被赋予生产职能，以适应分布式生产的需要。由于具有了生产职能，体验店（Experience store1，Experience store2）将不再是核心企业的产成品体验场所，而是将生产与体验融为一体的新型主体。在此情境下，体验店的主要职能向生产转移，因此核心企业将产品发往体验店，然后再由体验店送达客户的渠道已无必要。体验店只需要按照核心企业的生产任务进行服装的 3D 打印工作，然后由物流企业提供给客户即可。另外，按照“大规模自由定制-分布制造”商业模式的设计，3D 打印服装的设计环节仍保留在核心企业进行（3D 打印服装的设计能力是企业的核心竞争力），体验店和第三方外包工厂并不开展设计工作，而仅仅依据核心企业的生产任务开展分布式生产。体验店和 3D 打印外包工厂的业务流程如下：先获取生产信息（For printing2、For printing3 和 For printing4），然后汇总信息（Printing order2、Printing order3 和 Printing order4），传递生产信息（To print2、To print3 和 To print4），开展生产（Printing2、Printing3 和 Printing4），传送后处理信息（For processing2、For processing3 和 For processing4），进行后处理（Post processing2、Post processing3 和 Post processing4），传送物流信息（For logistics2、For logistics3 和 For logistics4），汇总物流业务订单（Logistics order2、Logistics order3 和 Logistics order4），通过物流企业（Local logistics2、Local logistics3 和 Local logistics4）将产品送达客户（To consumer2、To consumer3 和 To consumer4）。物流企业（Logistics company）在获取物流业务信息（Local order1）后，先是汇总物流业务订单（Logistics order1），然后通过物流部门（Local logistics1）将货物送达客户（To consumer1）。

（4）在“成本结构”模块，由于采用了外包，新增加了外包生产成本（Outsourcing cost）。核心企业工厂及其体验店工厂的物流费用仍然由核心企业支付，第三方外包工厂的物流费用由其自己支付。因此，物流成本项目并未变化。为了实现新增成本项的核算，外包商品的单位成本（Unit cost）及物流业务中的物流成本费率（Local logistics1 cost rate、Local logistics2 cost rate 和 Local logistics3 cost rate）也被考虑进来。此外，核心企业的原料成本也有变化，需要扣除外包之后的订单量来使用原材料。

基于对以上模块的分析和仿真模型构建，本书最终构建的“大规模自由定制-分布制造”商业模式的系统动力学仿真模型如图 6.4 所示，图中的英文释义同图 6.1。

2. 模型说明——以 B 企业为例

为了对“大规模自由定制-分布制造”商业模式的仿真模型进行验证分析，本书结合 3D 打印服装产业和 3D 打印产业的发展状况设置了模拟企业 B，并对 B 企业仿真模型的相关变量进行初始赋值。由于 B 企业开展服装设计定制和外包生产，设置服装设计与客户沟通时间= 0.1，服装修改时间= 0.005；第三方外包比率= 0.2，第三方外包成本=500 元/件；体验店 1 的 3D 打印时间=0.008，3D 打印能力=30 件，后期处理时间=0.005；体验店 2 的 3D 打印时间=0.005，3D 打印能力=24 件，后期处理时间=0.005；外包企业的 3D 打印时间=0.01，3D 打印能力=48 件，后期处理时间= 0.006。其他主要变量关系如下。

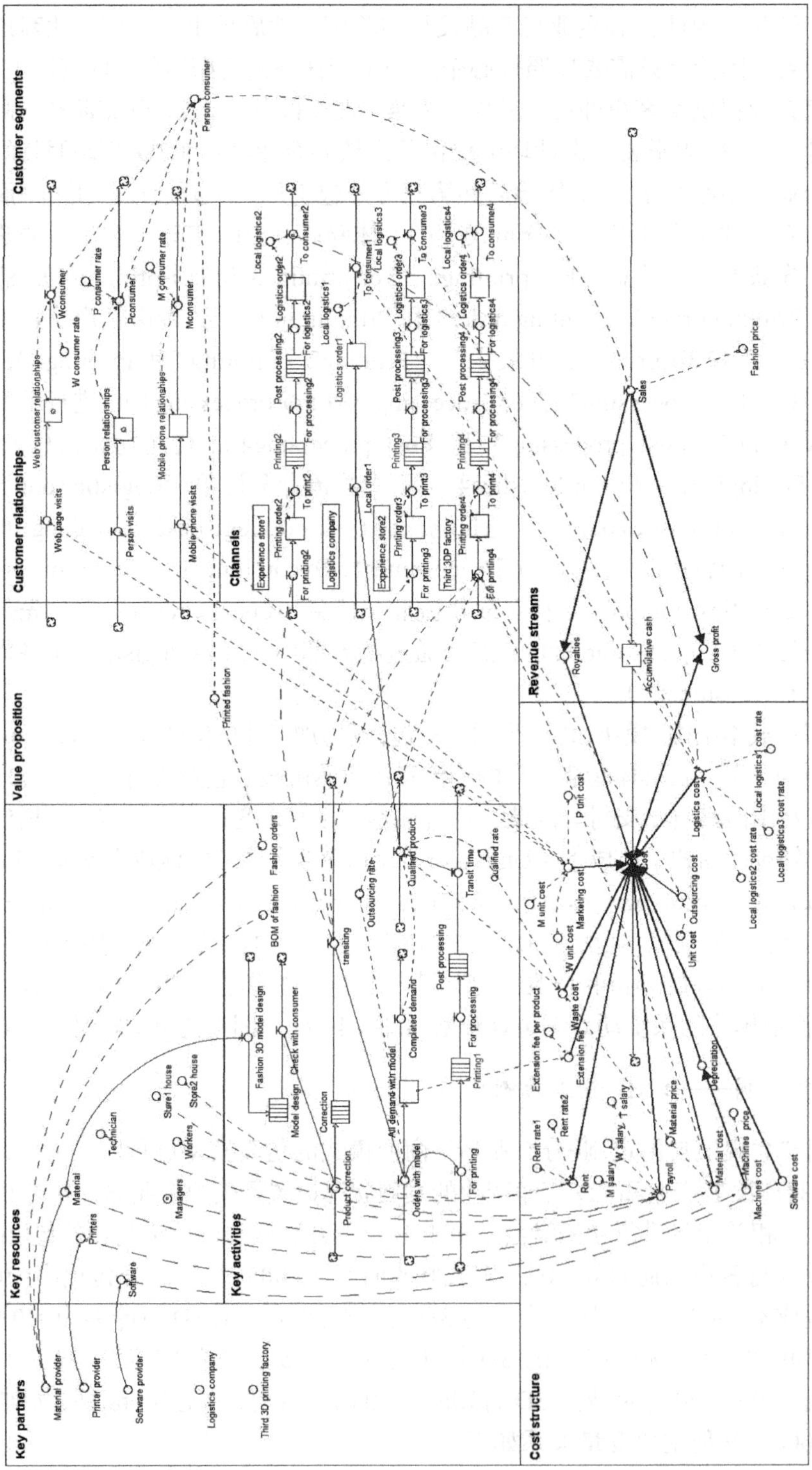

图 6.4　“大规模自由定制-分布制造”商业模式的系统动力学仿真模型

（1）原料成本=（订单数量−外包数量）×原料价格。

（2）核心企业的物流送货频率= PULSE（Logistics_order1，0.03，0.03），每 0.03 个月（0.9 天）发货 1 次。

（3）体验店 1 的物流送货频率= PULSE（Logistics_order2，0.03，0.03）。

（4）体验店 2 的物流送货频率=PULSE（Logistics_order3，0.03，0.03）。

（5）第三方外包工厂的物流送货频率=PULSE（Logistics_order4，0.03，0.03）。

（6）体验店 1 的 3D 打印生产能力控制=IF（Printing_order2<3 000）THEN Printing_order2 ELSE 3 000。由于其打印机产能是 3 000 件/月，当核心企业的生产订单小于 3 000 件时，打印机准时生产，当大于等于 3 000 件时，只能生产 3 000 件。

（7）体验店 2 的 3D 打印生产能力控制= IF（Printing_order3<2 400）THEN Printing_order3 ELSE 2 400。

（8）第三方外包工厂的 3D 打印生产能力控制=IF（Printing_order4<4 800）THEN Printing_order4 ELSE 4 800。

除了上述参数与变量关系外，B 企业常规数据与上文 A 企业相同，本部分直接采用。

3. 模型有效性实验

初始仿真模型建立完毕后，运行结果显示"大规模自由定制−分布制造"商业模式仿真模型可以有效运行。图 6.5 显示的就是 B 企业在成本、净利润和销售额方面的仿真结果。其中，后期标注的椭圆形区域内的类似竖线表示每年年末的设备折旧产生的成本。经过对商业模式关键环节的综合验证分析，确认了本书构建的"大规模自由定制−分布制造"商业模式的系统动力学仿真模型的有效性。

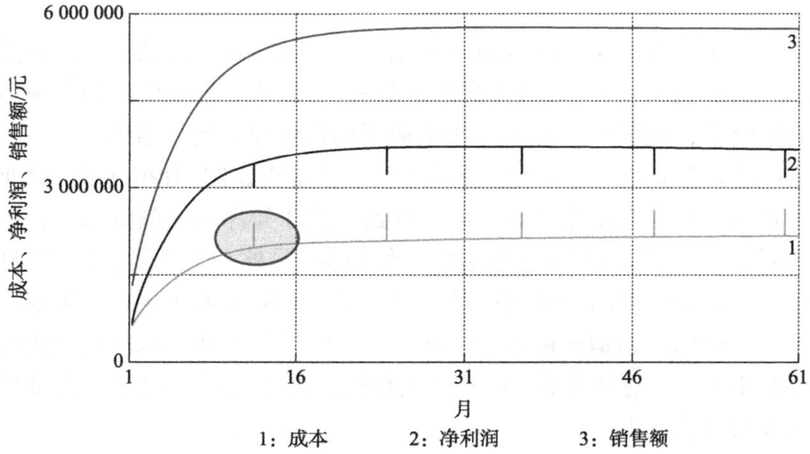

图 6.5　初始系统的成本、净利润和销售额

6.4.2 未来情景开发

为了能够对商业模式的未来发展做出仿真推演，有必要对商业模式发展过程中面对的新情景进行预测性开发。在 3D 打印服装的原材料价格方面和 3D 打印服装的生产能力方面，由于这是行业性趋势，本部分仍采用前文情景参数。但是，“大规模自由定制–分布制造”商业模式的价值主张是提供高度定制的 3D 打印服装，因此在 3D 打印服装售价、人员拜访开发的客户、互联网开发的客户和手机开发的客户方面将会有所差异。具体的情景开发与数据假设如下。

在 3D 打印服装售价走势方面，由于深度定制的 3D 打印服装刚刚起步，而且其技术含量高，预计未来 5 年的价格整体上将从系统初始值 5 000 元均价开始呈现前期小幅上扬、后期逐渐回落的高价位区间。在人员拜访开发客户方面，由于 3D 打印服装的深度定制仍然不被大众熟知，销售人员拜访将是“大规模自由定制–分布制造”商业模式增加客户的重要措施。在未来 5 年，前期的作用更为突出，但是到后期，当消费者普遍对 3D 打印服装认知后，人员拜访开发客户的效果将会迅速弱化。从客户数量趋势来看，前期整体数量要少于前文的选择性定制模式，后期会超过选择性定制模式（完全个性化定制的爆发）。在互联网开发客户与手机开发客户方面，同样会出现前期缓慢增长，后期迅速爆发的情景。从客户数量趋势来看，前期整体数量同样会少于前文的选择性定制模式，后期也会超过选择性定制模式（完全个性化定制的爆发）。

6.4.3 未来情景的商业模式仿真分析

本部分应用“大规模自由定制–分布制造”商业模式的系统动力学仿真模型，以 B 企业数据为例，将“大规模自由定制–分布制造”商业模式的未来情景数据导入仿真系统后，观察 B 企业在未来情境下的商业模式运行结果。

图 6.6 显示了未来 5 年 B 企业采用“大规模自由定制–分布制造”商业模式的成本、销售额和净利润变化趋势。可以看到，前 3 年净收入微量增长，主要原因是消费者对于 3D 打印深度定制服装的了解较少，另外一个原因就是 3D 打印服装的价格依然非常高，进而导致销售量增加不明显。进入第 4 年之后出现了净利润的大幅增长，原因一是销售量迅速增加，二是同期的服装原料价格迅速回落，此外售价降幅不明显。总体来看，采用“大规模自由定制–分布制造”商业模式的 B 企业长远发展潜力巨大。

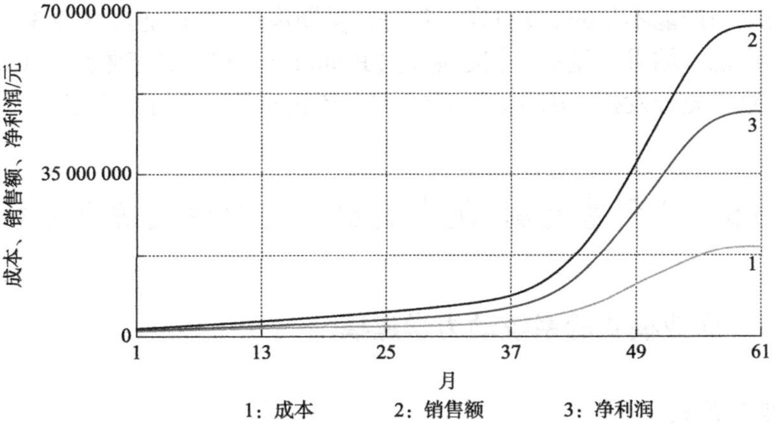

图 6.6　未来情景下 B 企业的成本、销售额和净利润变化趋势

服装售价与销售量之间的比例关系可以体现二者重要性的变化趋势，可以使企业清晰观察到“价”与“量”的重要转换关系。图 6.7 显示，B 企业在未来的早期发展阶段，售价相对于销售量而言更加重要，但是之后出现了快速下滑，说明从长期来看，相对于 3D 打印服装的价格而言，销售量对 B 企业更加重要。

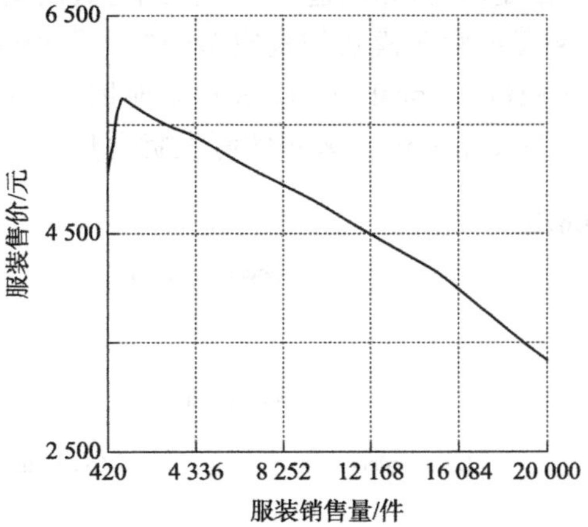

图 6.7　未来情景下 B 企业的服装价量比（服装售价/服装销售量）

对于采用“大规模自由定制–分布制造”商业模式的 3D 打印服装企业而言，各个工厂之间的分布式生产问题至关重要。结果显示出，在未来情景下的第 52 个月开始，第一家体验店（Printing2）的 3D 打印产能已经达到上限 30 件/DT，从第 54 个月开始，第三方外包工厂（Printing4）的 3D 打印产能也达到了上限的 24 件/DT。在上述趋势下，核心企业如果按照原计划排产的话，将会导致分布式工厂/体验店无法按时完成订单。因此，核心企业要么调整分布式工厂的排产计划，

要么就需要与产能不足的 3D 打印工厂进行早期沟通，提前通过增加 3D 打印机等举措提高产能。结果还显示，核心企业（Printing1）和第二家体验店（Printing3）的产能一直未充分发挥，因此，重新分配生产任务是一个可行方案。

6.5 “利基定制–集中制造”商业模式仿真分析

6.5.1 商业模式的系统动力学建模

1. 模型结构

本节针对第 5 章构建的“利基定制–集中制造”商业模式画布，采用 iThink 软件，进行仿真建模。本书设计的“利基定制–集中制造”商业模式与“大规模自由定制–分布制造”商业模式在本质上是有区别的，但是体现在仿真模型上，可以理解为是“大规模自由定制–分布制造”商业模式仿真模型中关闭第三方外包企业和所有体验店的特例情况。鉴于此，本书展示了“利基定制–集中制造”商业模式仿真模型与“大规模自由定制–分布制造”商业模式仿真模型的差异模块，如图 6.8 所示。其中，Channels 表示商业模式仿真模型中的“渠道通路”模块，Logistics order1 表示物流订单累积量，Local order1 表示本地物流订单，Local logistics1 表示本地物流发货频率，To consumer1 表示实际发货数量。

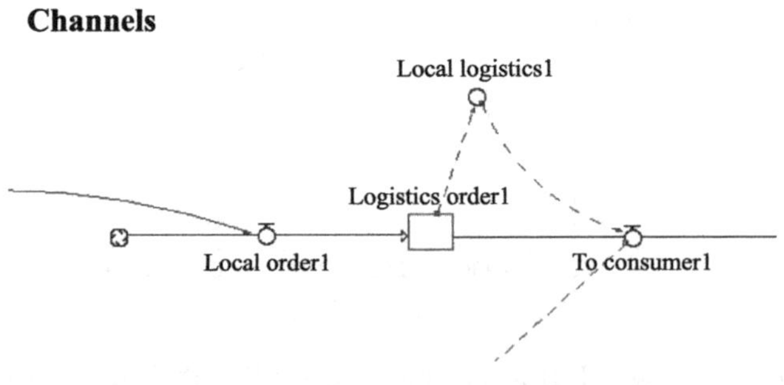

图 6.8 “利基定制–集中制造”与“大规模自由定制–分布制造”商业模式仿真模型的差异模块

2. 模型说明

由于“利基定制–集中制造”商业模式仿真模型是“大规模自由定制–分布制造”商业模式仿真模型的一种特例，“利基定制–集中制造”商业模式仿真模型中的系统赋值及变量关系都与“大规模自由定制–分布制造”商业模式仿真模型一致，只是剔除了体验店和第三方外包工厂的相关变量。

3. 模型有效性实验

由于“大规模自由定制–分布制造”商业模式仿真模型已经得到验证，作为模型特例的“利基定制–集中制造”商业模式仿真模型也同步具备合理性，这里不再重复验证。

6.5.2 未来情景开发

尽管“利基定制–集中制造”商业模式仿真模型是“大规模自由定制–分布制造”商业模式仿真模型的一种特例，但是它们适用的未来背景各不相同。原因是两种商业模式的目标客户有所差别，前者的目标客户群是具有极其个性化需求的特殊消费者（如时装模特），而后者的目标客户群是具有个性化需求的普通消费者（潮派人士），因此“利基定制–集中制造”商业模式面临的未来市场情景是有别于“大规模自由定制–分布制造”商业模式的未来情景的。具体而言，主要存在以下区别：①“利基定制–集中制造”商业模式生产的 3D 打印服装的价格高于普通 3D 打印服装。这主要还是产品定位不同所致，“大规模选择定制–集中制造”商业模式定位在常规 3D 打印服装，“大规模自由定制–分布制造”商业模式定位在中端个性化的 3D 打印服装，而“利基定制–集中制造”商业模式定位在高端个性化的 3D 打印服装。由此，“利基定制–集中制造”商业模式生产的 3D 打印服装价格将是各类 3D 打印服装产品中最高的。②鉴于高端定位这一市场战略，“利基定制–集中制造”商业模式的市场客户群比较狭窄，因此其生产的高端 3D 打印服装的需求量相对于上述其他两种商业模式而言是最少的。

综上分析，在原料成本和打印机性能方面，由于受到了行业共性影响，“利基定制–集中制造”商业模式将沿用在“大规模选择定制–集中制造”商业模式中开发的情景参数。除此之外，本书为“利基定制–集中制造”商业模式开发的 3D 打印服装售价、人员拜访量、互联网流量和手机流量的情景参数如图 6.9 所示。

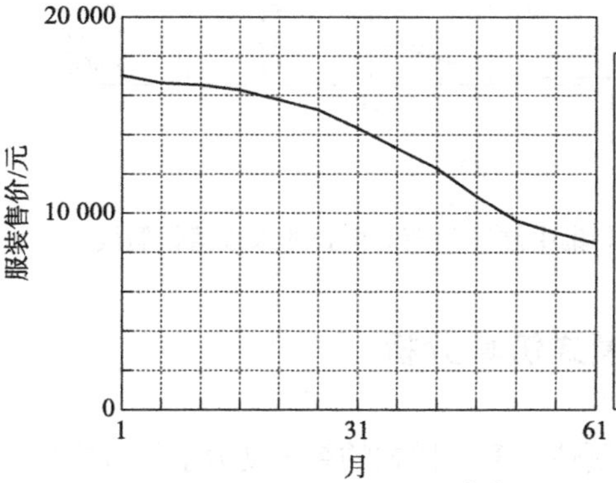

月	服装售价/元
1	17 000
6	16 700
11	16 600
16	16 300
21	15 800
26	15 300
31	14 300
36	13 300
41	12 300
46	10 900
51	9 600
56	9 000
61	8 500

（a）

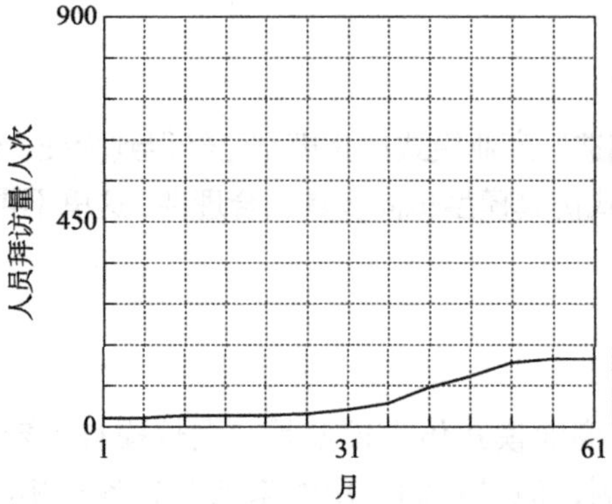

月	人员拜访量/人次
1	12
6	13
11	14
16	15
21	16
26	20
31	30
36	45
41	80
46	103
51	135
56	144
61	144

（b）

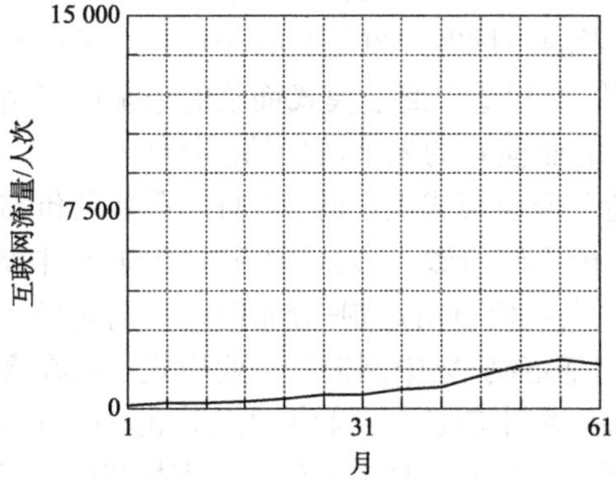

月	互联网流量/人次
1	50
6	80
11	150
16	200
21	260
26	380
31	450
36	675
41	700
46	1 200
51	1 575
56	1 800
61	1 600

（c）

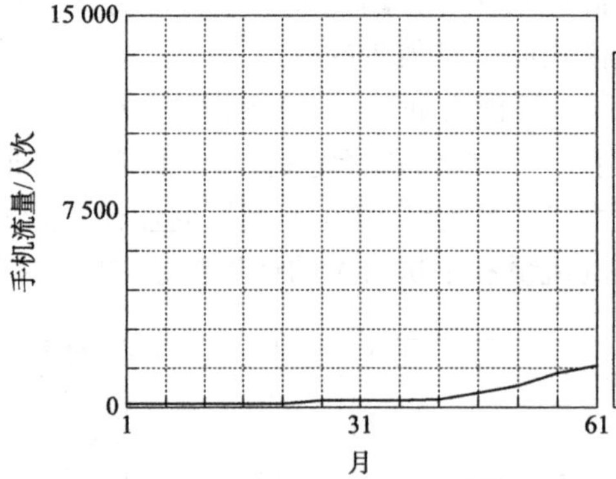

月	手机流量/人次
1	20
6	35
11	40
16	55
21	72
26	96
31	110
36	150
41	220
46	400
51	700
56	1 200
61	1 500

（d）

图 6.9　“利基定制–集中制造”商业模式的未来情景假设

6.5.3　未来情景的商业模式仿真分析

本部分应用“利基定制–集中制造”商业模式的系统动力学仿真模型，以 C 企业数据为例（C 企业是在 B 企业的基础上去除体验店和第三方外包工厂的一家采用“利基定制–集中制造”商业模式的 3D 打印服装企业），将“利基定制–集中制造”商业模式的未来情景数据导入仿真系统后，观察 C 企业在未来情境下的商业模式运行结果。

图 6.10 显示出未来情景下 C 企业的成本、销售额和净利润的变化趋势。可以看出，C 企业在早期短暂时间内的利润出现了下滑，原因是高端定制的 3D 打印服装在未来受到原材料价格下降等影响，尽管价格也会有所下滑，但是下滑空间不大，毕竟属于高度个性化定制，这种高价值决定了高价格。同时，市场需求量的增长相对于价格下滑而言更加缓慢，这两个因素的耦合导致了总销售额的小幅下滑；不过很快之后，C 企业的净利润就出现了快速增长，尤其在第 3 年以后，增速更加明显。产生这一现象的主要原因是这一阶段的产品售价回落比率仍然较小，但是同期销售量增速明显，进而导致销售额迅速增加。综合来看，C 企业具有良好的发展潜力。

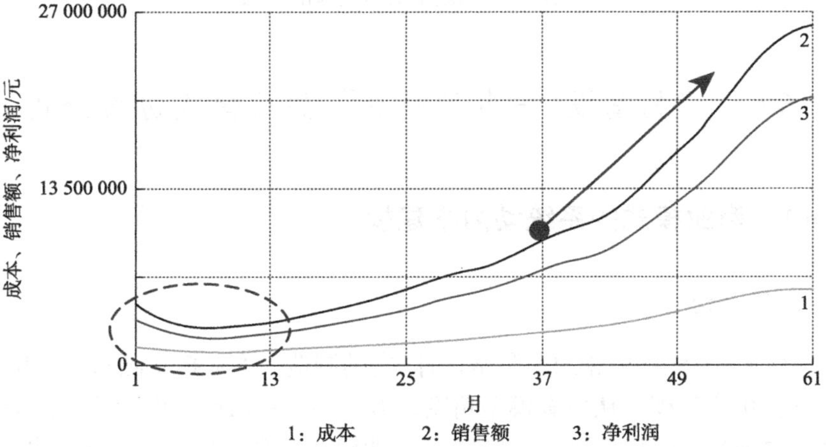

图 6.10　未来情景下 C 企业的成本、销售额和净利润的变化趋势

对于“利基定制–集中制造”商业模式而言，高端定制就意味着必须提供高端服务。其中，把 3D 打印服装产品快速提供给客户是一项重要指标。为此，本书尝试对 C 企业的延期成本进行敏感度分析，旨在帮助 C 企业了解生产延期对企业利润的影响程度。鉴于 3D 打印服装的高售价，取变量值在 100~6 000 平均 6 段分布，仿真结果如图 6.11 所示。可以看出，随着延期成本的提高，净利润迅速下滑，尤其是当延期成本超过第 3 条曲线所代表的 2 460 元时，在第 5 年中后期，净利润的下滑速度明显加剧，由此可以认为，C 企业必须加快供应链反应速度，减少延期现象发生，其中 2 460 元是企业延期成本的重要拐点，单位延期成本超过 2 460 元意味着企业的净利润将剧烈下滑。

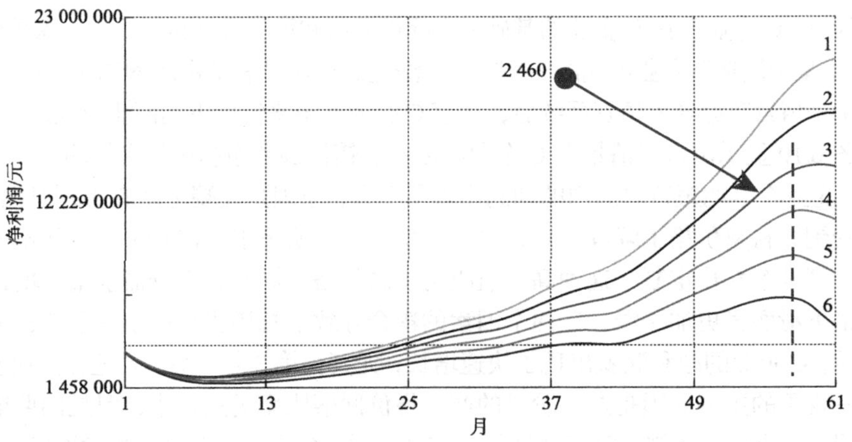

图 6.11　延期成本对净利润的敏感度

6.6　“利基设计-自助制造”商业模式仿真分析

6.6.1　商业模式的系统动力学建模

1. 模型结构

本节针对第 5 章构建的“利基设计-自助制造”商业模式画布，采用 iThink 软件，进行仿真建模。从仿真模型角度来看，“利基设计-自助制造”商业模式仿真模型是对前文“利基定制-集中制造”商业模式仿真模型的进一步简化，主要是去除了“关键活动”模块中的 3D 打印服装生产环节，由此也同步去除了“渠道通路”中的实物商品物流配送和“重要伙伴”模块中的物流企业，还去除了“关键资源”中的原材料、打印机和工人，以及“重要伙伴”中的 3D 打印原材料供应商和 3D 打印原料加工设备供应商、3D 打印设备供应商。除此之外，也同步缩减了“成本结构”模块的各项要素。与“利基定制-集中制造”商业模式仿真模型不同的是，由于“利基定制-自助制造”商业模式销售的是 3D 打印服装电子模型，其“渠道通路”模块的模型需要更换为信息传送媒介。本书认为，在当今互联网时代，绝大多数企业将会采用互联网进行信息传送电子信息，为此将渠道设置为 Internet。当然，Internet 具体来说可以体现在电脑网页、手机终端、E-mail 等途径。

需要说明的是，在“利基设计-自助制造”商业模式中，消费者可以通过自有打印机、公共 3D 打印服务中心及消费者之间共享的打印机进行服装的自助生产。

这些自助生产的途径对于 3D 打印服装企业而言并不产生经营影响，因此，“利基设计–自助制造”商业模式仿真模型中并未设计这些内容。

综上说明，本书构建的“利基设计–自助制造”商业模式仿真模型如图 6.12 所示（图中的英文释义同图 6.1）。

2. 模型说明

为了对“利基设计–自助制造”商业模式的系统动力学仿真模型进行验证分析，本书结合 3D 打印服装产业和 3D 打印产业的发展状况设置了模拟企业 D。D 企业是在 C 企业的基础上剔除了生产环节和物流环节的一家企业。因此，D 企业的变量关系保留了 C 企业的相关设计，只是剔除了生产环节和物流环节的相关数据。但是，个别数据有如下变化：人员拜访量的初始值=5 人次，互联网流量的初始值=20 人次，手机流量的初始值=10 人次。上述数据的变化主要是因为该模式的初始客户量都要远小于其他模式相应数量。另外，由于仅仅销售电子产品，上述开发客户的单位成本相应减小，分别为 50 元、15 元和 30 元。

3. 模型有效性实验

初始仿真模型建立完毕后，运行结果显示“利基设计–自助制造”商业模式系统动力学仿真模型可以有效运行。为了进一步验证模型的有效性，本书对所有变量进行测试，实验结果表明：改变不同变量值所产生的系统结果与真实的市场预期基本一致。由此可以判断，本书构建的“利基设计–自助制造”商业模式的系统动力学仿真模型可以有效反映该商业模式的运行情况。

6.6.2　未来情景开发

在“利基设计–自助制造”商业模式的未来情境中，原材料的价格走势和打印机性能提升方面应该与行业走势一致，这方面将直接采用前文的相关参数；在产品售价上，该模式与上述各类商业模式均有所不同。主要原因是该模式的产品不是 3D 打印服装，而是 3D 打印服装的数字模型（消费者购买模型，然后自助打印）。从本质上讲，该模式产品的价格就是设计费用。本书将参考服装产业的状况，对服装产业的设计价格做出未来走势假设；从需求量角度来看，在前期一定非常少，原因是现阶段拥有服装 3D 打印机的消费者甚少，相关的公共 3D 打印服务中心也是刚刚起步，经过较长一段时间发展之后，这一模式才有可能爆发，本书预计本书开展研究之后的 5 年之内，需求量会有所增加，但是很难取得根本性爆发；针对“利基设计–自助制造”商业模式而言，它的一项关键资源就是 3D 打印服装设

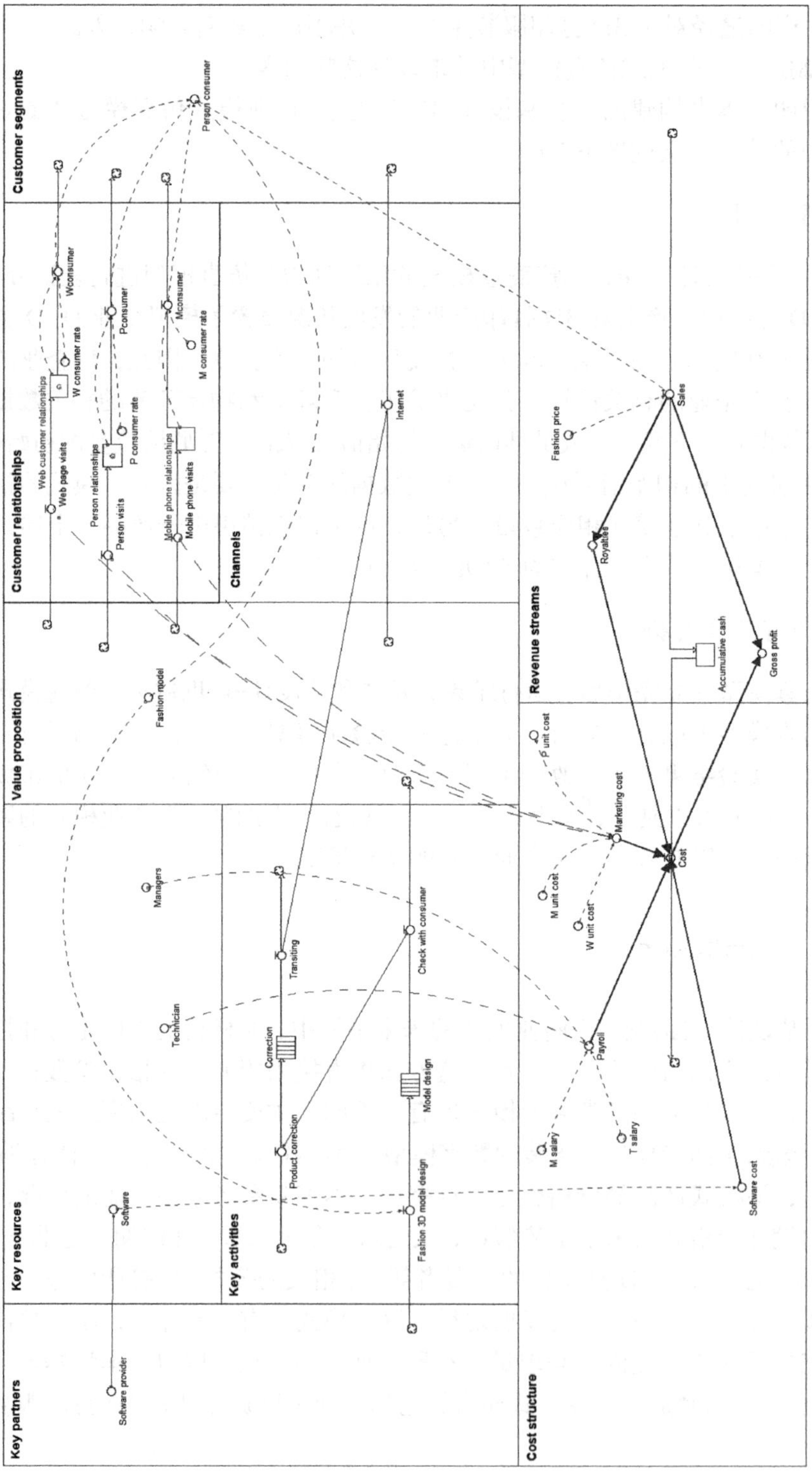

图 6.12　“利基设计-自助制造”商业模式的系统动力学仿真模型

计师，由于设计师在该类企业的地位十分重要，可以预判 3D 打印服装设计师的工资将迅速提高。此外，企业管理者的薪酬也会有一定涨幅。

6.6.3　未来情景的商业模式仿真分析

本部分应用“利基设计-自助制造”商业模式的系统动力学仿真模型，以 D 企业数据为例，将“利基设计-自助制造”商业模式的未来情景数据导入仿真系统后，观察 D 企业在未来情境下的商业模式运行结果。图 6.13 揭示了 D 企业在未来 5 年的成本、销售额和净利润的变化趋势。可以看出，在未来的前两年，企业面临着亏损的窘境，主要原因是订单量太少，前期又需要投入市场开发成本，而且人员薪酬也是一笔不小的支出。在接近未来第二年年底的时候，企业才实现月净利润的扭亏局面。之后，随着市场销售额的增加，企业开始获得可观的收入增长。但是，通过月净利润额的大小可以发现，企业的月净利润无论从增长率还是增长额来看，都远不及之前的三种商业模式。图 6.14 揭示了 D 企业的累计现金流量情况，很显然该企业险些破产。因此，对于采用“利基设计-自助制造”商业模式的 3D 打印服装企业而言，生存挑战较大，企业需要有前期亏损的准备。

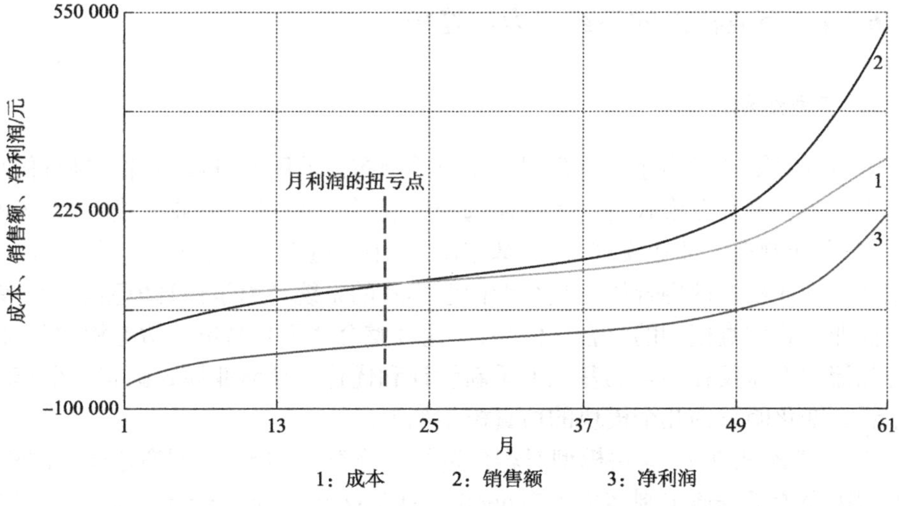

图 6.13　未来情景下 D 企业的成本、销售额和净利润的变化趋势

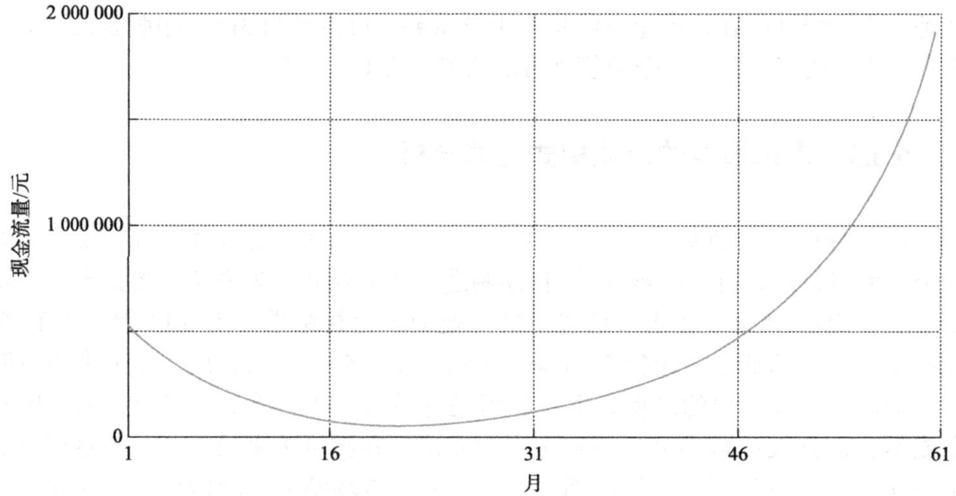

图 6.14　未来情景下 D 企业的累计现金流量

6.7　整合型商业模式仿真分析

6.7.1　商业模式的系统动力学建模

1. 模型结构

本节针对第 5 章构建的整合型商业模式画布，采用 iThink 软件，进行仿真建模。由于整合型商业模式是“大规模选择定制-集中制造”商业模式、“大规模自由定制-分布制造”商业模式、“利基定制-集中制造”商业模式和“利基设计-自助制造”商业模式的融合体，整合型商业模式的系统动力学仿真模型实际上就是上述商业模式仿真模型的整合。但是，“这种整合并不是简单的功能相加”，相关构件和流程都需要在整合的基础上重新设计和优化。从商业模式画布九个模块角度来看，变化明显的几个模块的仿真模型如下。

首先，“客户细分”模块模型对客户进行了分类，结合整合型商业模式的特点，在模型中设置了普通定制客户（General customization consumer）、高级定制客户（Advanced customization consumer）、利基定制客户（Niche customization consumer）和利基设计客户（Niche design consumer）四大类，并且为每一类客户在市场中的比例设置了变量，进而可以统计不同类别客户的订单量。

其次，“关键活动”模块模型对整合了集中生产、分布式生产、选择定制、自由定制和利基定制的运营流程进行了重新设计。在模型中，一方面，接收的是 3D 打印服装模型设计类订单，这类订单不需要生产，因此后续直接接入“渠道通路”模块；另一方面，接收的是大规模定制和利基定制类的订单，因为这两类订单都需要开展 3D 打印服装的深度设计，而且需要进行 3D 打印生产，其后续将通过参数控制分别实现分布式制造和集中制造（设置外包比率 E1 rate、E2 rate 和 T rate 同时为 0）；另外，3D 打印服装企业还将接收一般客户的选择定制订单，其剔除了设计流程，在选型之后便进入集中生产环节。

此外，“渠道通路”模块模型针对“关键活动”模块模型的新变化也进行了再设计。结合分布式生产，体验店既能生产又能从事商品中间销售，以及通过互联网传送 3D 打印服装模型等新要求，将物流和信息流进行了优化和重构。

另外，仿真模型还对“价值主张”模块模型进行了调整，主要是根据客户细分的类型将产品也同步进行了细分，便于进行 3D 打印服装的分类生产。同时，基于不同类别的 3D 打印服装，在模型中的“收益来源”模块，也同步设置了不同类商品的价格，便于合理计算总收益。

2. 模型说明

整合型商业模式仿真模型中的变量关系更加复杂。为了验证模型有效性，本书构建了虚拟企业 E。E 企业是一家 3D 打印综合性企业，全面开展 3D 打印服装产品的设计和生产业务，销售的产品包括 3D 打印服装和 3D 打印服装的模型文件等。在进行 3D 打印生产时，核心企业会在核心工厂、体验店和第三方外包工厂之间进行排产优化，以保证产品的及时供应。E 企业的相关数据融合了前文 A~D 企业数据，但是由于开展了综合性业务，很多初始数据也发生了重要变化。例如，人员拜访量初始值=120 人次，互联网流量初始值=1 200 人次，手机流量初始值=80 人次。上述数据变化是因为该模式的初始客户量都要大于其他模式相应数量。另外，E 企业既销售 3D 打印服装的电子模型产品也销售实物产品，形成了规模效应，因此开发客户的单位成本相应减小，分别为 50 元、15 元和 30 元。考虑到普通定制客户与高级定制客户将是未来一段时间的主要客户群，而且这两者之间容易转换，因此本书设置 G rate（普通定制客户群比率）+A rate（高级定制客户群比率）=0.8；利基定制客户和利基设计客户在未来一段时间仍然将只占较小比例，而且这两者之间容易转换，因此本书设置 NC rate（利基定制客户群比率）+ND rate（利基设计客户群比率）=0.2。在其他方面，通过仿真系统主要模块的仿真代码可以展现模型中的复杂变量关系及一些变量的初始赋值情况。

3. 模型有效性实验

为了验证模型的有效性，本书对一些关键变量和环节进行了深入测试，实验结果表明：改变不同变量值所产生的系统仿真结果与真实的市场预期基本一致。其中的主要测试活动包括：本书测试了仿真模型是否可以实现集中制造商业模式。分别设置外包系数 E1 rate=0、E2 rate=0 和 T rate=0，此时的模型可以解释为核心企业关闭了所有外部生产，除了核心企业之外的各个生产单位均应没有生产任务进行，同时第三方外包工厂也不应该有物流业务，因为核心企业不会将商品经由该类生产企业处理物流业务。但是，体验店则不同，尽管其没有生产任务，但是其依然可以接收核心企业的销售任务，因此体验店的生产环节停止，但是物流环节仍然需要运行。最终的仿真结果显示，关键活动区域持续运行，但体验店和第三方外包工厂均停止了生产，同时体验店继续开展销售物流，这证明了仿真结果与实际预期吻合。

另外，由于商品售价对于 3D 打印服装企业而言至关重要，本书对四大类 3D 打印服装产品售价分别进行了敏感度分析，以验证它们的价格变化是否与实际预期相符。仿真结果展示出，随着这些商品售价的提升，企业的净利润均出现了不同程度的提高。其中，由于利基设计的 3D 打印服装价格较低，而且其在 E 企业销售量也相对较低，商品售价的变化对净利润影响不是十分明显，但是还是有正向变化的。结果说明，仿真模型可以有效反映各种商品售价变化对商业模式的影响。

6.7.2 未来情景开发

鉴于整合型商业模式的复杂性，其未来面临的各种情况也将面临更多可能性。综合来看，主要体现在以下几点：①在价格上，不同类 3D 打印服装产品将面临不同的价格趋势，因此需要分别设定相关产品的价格情景。在这方面，之前已经针对不同产品的未来价格趋势有所分析，因此在本部分将继续沿用。②在客户量的开发方面，由于企业业务涉及面更为全面，无论是人员拜访开发的客户、互联网开发的客户还是手机开发的客户相较之前的各种模式都将有所提升。③管理人员、设计师、工人的工资将上涨，尤其是设计师的工资上涨明显。④伴随着业务量的增加，设计师的数量也将增加。但是，工人的数量不会有大的改变，原因是 3D 打印工作并不需要大量人工。

6.7.3 未来情景的商业模式仿真分析

本部分应用整合型商业模式仿真模型，以 E 企业数据为例，将整合型商业模式的 12 种未来情景数据全部导入仿真系统后，观察 E 企业在未来情境下的商业模式运行结果。图 6.15 是 E 企业成本、销售额和净利润的仿真结果。可以看出，在未来情境下，E 企业的净利润在第 1 年取得了一定增长，第 2 年至第 3 年企业保持了平稳发展，然后迅速进入爆发期。从全局来看，E 企业发展平稳，并没有出现前文 A 企业和 C 企业早期利润下滑的局面，更没有出现 D 企业前期亏损的情况。总体来看，其表现出稳健的发展态势。

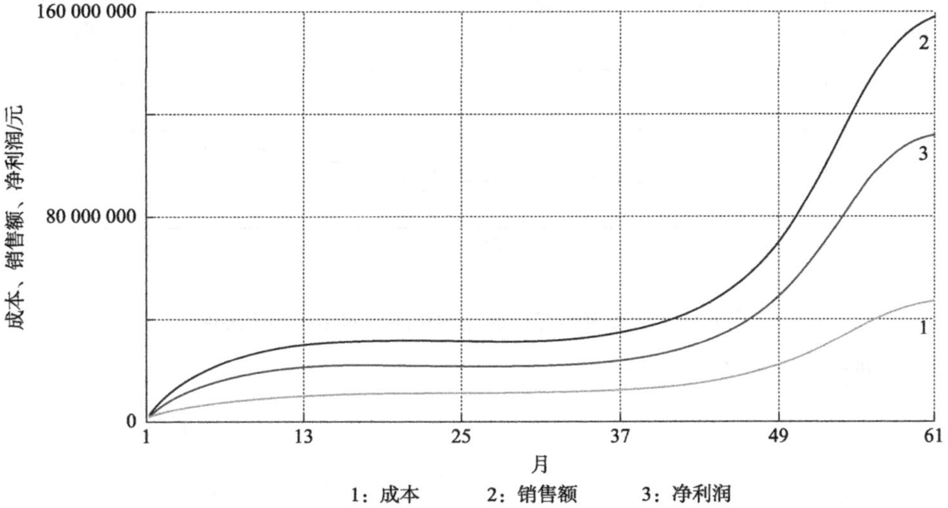

图 6.15　未来情景下 E 企业的成本、销售额和净利润的变化趋势

针对整合型商业模式而言，四大类客户群的占比对企业净利润具有重要影响。由此，本书分别对选择定制客户群比例和利基定制客户群比例进行敏感度分析，探究不同客户群比例对 E 企业净利润的影响。从长期来看，选择定制（普通定制）的客户群增速会减慢，毕竟其无法满足客户越来越重视的深度定制；高级定制的实施难度越来越低，而且可以实现绝大多数客户的深度定制需求，因此其消费者增长率要高于其他类型。综合上述分析，本书设置选择定制客户群比例（G rate）从当前的 0.45 下降至 0，进而观察其对净利润的影响，最终的仿真结果如图 6.16 所示。结果显示，随着 G rate 的降低，企业净利润呈上升态势。这说明，对于 E 企业来说，选择定制（普通定制）客户群并不应该是其未来开发的重要客户目标，企业应该加大力度开发自由定制（高级定制）客户群，这有利于企业的长久发展。

此外，为了观察 E 企业及其体验店和第三方外包工厂的 3D 打印机运行情况，进而辅助 E 企业为未来的生产计划排产提供参考，本书对分布在核心企业、体验店和第三方外包工厂的打印机产能情况进行比较分析，结果如图 6.17 所示。从中可以看到，在未来 5 年的后期，所有生产单位的 3D 打印机产能已经完全释放，同时也意味着达到了生产能力的上限。因此，E 企业（核心企业）需要提前做好产能扩充的准备，以适应未来业务的快速发展。

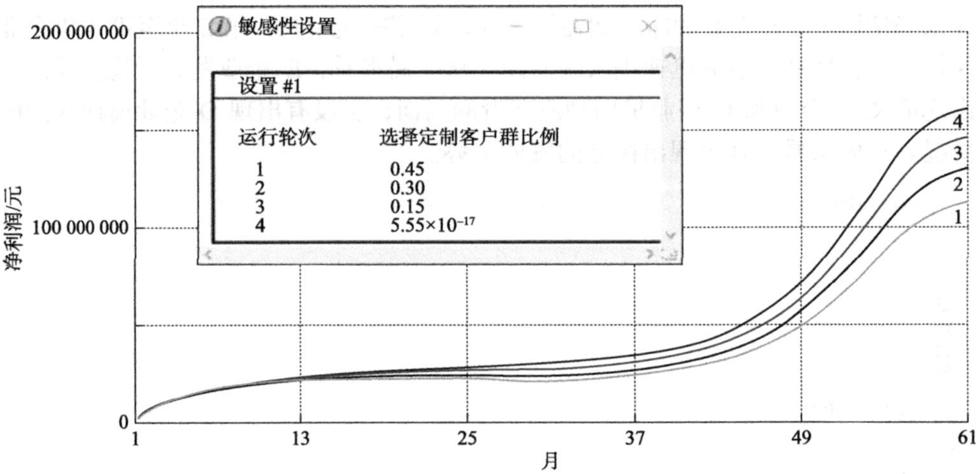

图 6.16　选择定制客户群比例对净利润影响的敏感度

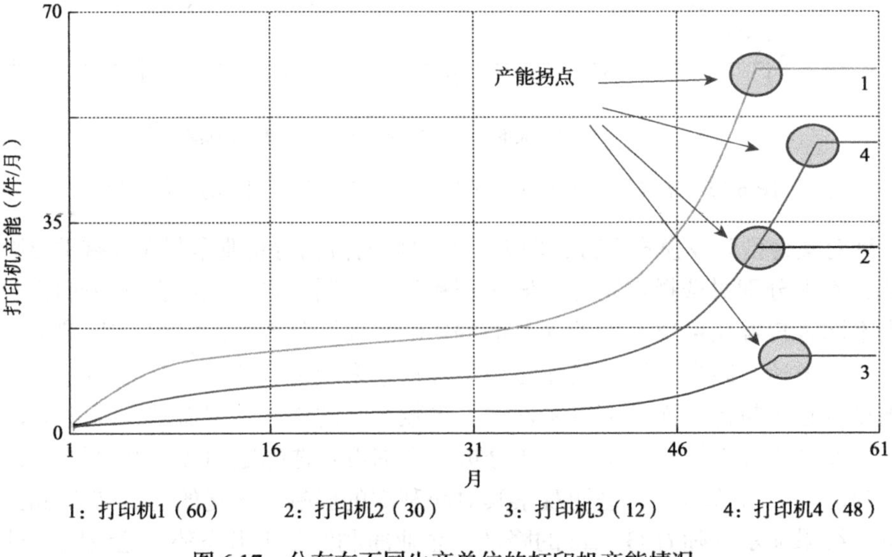

图 6.17　分布在不同生产单位的打印机产能情况

参考文献

陈傲霜. 2017. 中小外贸服装企业的成本控制研究[J]. 中国管理信息化，20（13）：39-41.

陈家忠. 2016. 基于扎根理论的 B2C 电子商务企业商业模式研究[D]. 兰州理工大学硕士学位论文.

陈丽羽. 2011. 基于模糊综合评价的高校财务风险预警模型研究[J]. 会计之友，（18）：23-25.

陈文基，忻展红，申志伟. 2011. 基于经典扎根理论的商业模式研究[J]. 北京邮电大学学报（社会科学版），（3）：81-88.

陈鑫. 2016. 价值网络视角下服装企业商业模式研究——以海澜之家为例[J]. 新经济，11（33）：12-14.

陈雪. 2013. 国外 3D 打印技术产业化发展的先进经验与启示[J]. 广东科技，22（19）：22-25.

陈悦，陈超美，刘则渊，等. 2015. CiteSpace 知识图谱的方法论功能[J]. 科学学研究，（2）：242-253.

程静怡. 2014. 基于扎根理论的第三方支付企业商业模式研究[D]. 江西财经大学硕士学位论文.

丁焕明. 2016. 基于扎根理论的商业模式创新生成机理研究[D]. 西北农林科技大学硕士学位论文.

董春英. 2012. 网络型服装企业商业模式研究[D]. 广西大学硕士学位论文.

方斌. 2010. 海量文献数据处理系统的设计与实现[D]. 北京大学硕士学位论文.

高良谋，马文甲. 2014. 开放式创新：内涵、框架与中国情境[J]. 管理世界，（6）：157-169.

龚舒野. 2011. 基于德尔菲法的书商评价指标体系研究[J]. 晋图学刊，（6）：10-14.

郭均鹏，王梅南，高成菊，等. 2015. 函数型数据的分步系统聚类算法[J]. 系统管理学报，（6）：814-820.

胡凌，钱莹. 2014. 基于数据挖掘的品牌服装企业客户细分应用研究[J]. 物流技术，33（11）：363-365.

胡勇，乔元波. 2016. 诸种商业模式与创新驱动的关联度[J]. 改革，（6）：69-78.

黄晶晶. 2011. 品牌服装企业以审美化为框架的组织制品研究[D]. 华侨大学博士学位论文.

黄小丽. 2015. 基于 PSO 的膜聚类算法及其在图像压缩中的应用[D]. 西华大学硕士学位论文.

焦亮. 2011. 中国基因科学领域研究状况的计量分析[D]. 河南师范大学硕士学位论文.

金玉然，戢守峰，李天柱，等. 2014. 3D 打印对物流产业的影响及对策创新[J]. 技术经济与管理研究，（8）：105-108.

静恩英. 2009. 调查问卷设计的程序及注意问题[J]. 湖北民族学院学报（哲学社会科学版），27（6）：99-102.

卡麦兹 K. 2009. 建构扎根理论：质性分析操作指南[M]. 3 版. 边国英译. 重庆：重庆大学出版社.

李博. 2010. 多指标综合评价方法应用中存在的问题与对策[J]. 沈阳工程学院学报（社会科学版），6（2）：200-202，236.
李晗. 2017. 面向个性化定制的智慧服装生态系统若干问题研究[D]. 北京交通大学硕士学位论文.
李燕飞. 2014. 服装企业客户关系管理研究[J]. 经济研究导刊，（14）：37-38.
李志强，赵卫军. 2012. 企业技术创新与商业模式创新的协同研究[J]. 中国软科学，（10）：117-124.
刘波，常珏宁，龙彦召. 2014. 基于技术预见视角的共性技术筛选实证研究[J]. 科学学与科学技术管理，35（10）：26-34.
刘蕙. 2017. 菜鸟网络商业模式创新研究[J]. 商业研究，59（1）：19-26.
刘璐瑶. 2014. 基于扎根理论的企业商业模式研究[D]. 西安电子科技大学硕士学位论文.
刘晓欢. 2012. 基于价值链的中国服装企业商业模式研究[D]. 大连工业大学硕士学位论文.
刘学毅. 2007. 德尔菲法在交叉学科研究评价中的运用[J]. 西南交通大学学报（社会科学版），8（2）：21-25.
孟炯，郭春霞. 2017. 3D 打印分布式智能制造模式创新[J]. 软科学，31（1）：39-43.
潘冬璇. 2016. 关于 3D 打印技术在服装服饰中的创新应用研究[D]. 武汉纺织大学硕士学位论文.
齐严. 2010. 商业模式创新研究[D]. 北京邮电大学硕士学位论文.
乔为国. 2009. 大力推动商业模式创新[J]. 中国经贸导刊，（11）：25-26.
裘晓雯. 2008. 关于我国服装企业商业模式创新的思考[J]. 商业时代，（22）：18-19.
任小中. 2017. 先进制造技术[M]. 3 版. 北京：机械工业出版社.
沈涛. 2017. 环境扫描、开放式创新与新企业成长的关系研究[D]. 吉林大学博士学位论文.
史玉升. 2016. 3D 打印技术的工业应用及产业化发展[J]. 机械设计与制造工程，45（2）：11-16.
孙永波，陈柳钦. 2011. 商业模式创新的动力机制及其路径选择[J]. 发展研究，（11）：78-85.
陶虎，周升师. 2016. 基于模块化的商业模式创新路径研究[J]. 山东财经大学学报，（3）：91-102，117.
田国鹏. 2016. 我国服装营销理论与实践研究的相关性分析[D]. 东华大学硕士学位论文.
王春枝，斯琴. 2011. 德尔菲法中的数据统计处理方法及其应用研究[J]. 内蒙古财经学院学报（综合版），9（4）：92-96.
王菲菲. 2014. 发文与引文融合视角下的科学计量学领域核心作者影响力分析[J]. 科学学与科学技术管理，35（12）：45-55.
王华明，郭淑平，史岗，等. 1997. 钛合金激光气体合金化表面改性新技术研究[J]. 航空制造工程，（2）：6-7.
王莉，罗瑾琏. 2012. 产品创新中顾客参与程度与满意度的关系——基于高复杂度产品的实证研究[J]. 科研管理，33（12）：1-9.
王玮，杨润和. 2015. 基于海量文献数据的市场监管领域研究热点探析[J]. 中国工商管理研究，（11）：71-74.
王欣. 2008. 信息产业发展机理及测度理论与方法研究[D]. 吉林大学博士学位论文.
王鑫鑫. 2012. 软件产业发展与软件企业商业模式创新[J]. 产业与科技论坛，11（3）：24-25，67.
王旭仁，李娜，何发镁，等. 2014. 基于改进聚类算法的网络舆情分析系统研究[J]. 情报学报，

33（5）：530-537.
王育楠，郑磊. 2014-05-23. 微定制左右品牌营销方略[N]. 中国纺织报，（008）.
卫保卫，王爱娣，张嘉敏，等. 2018. 基于3D打印技术的服装个性定制产业发展研究[J]. 科技风，（4）：181，188.
魏炜，朱武祥，林桂平. 2012. 基于利益相关者交易结构的商业模式理论[J]. 管理世界，（12）：125-131.
翁君奕. 2004. 商务模式创新[M]. 北京：经济管理出版社.
巫朝港. 2015. 3D打印技术在现代服装中的运用[J]. 艺术科技，28（1）：11，127，168.
吴晓英，明均仁. 2015. 基于数据挖掘的大数据管理模型研究[J]. 情报科学，32（11）：131-134.
武彩鸿. 2005. 论大规模定制战略的实施策略[J]. 企业活力，（5）：66-67.
项国鹏，杨卓，罗兴武. 2014. 价值创造视角下的商业模式研究回顾与理论框架构建——基于扎根思想的编码与提炼[J]. 外国经济与管理，36（6）：32-41.
薛艳慧. 2015. 基于THE DRESS CODE的衬衫定制系统研究[D]. 北京服装学院硕士学位论文.
颜永年，张人佶，张磊. 2013. 3D打印技术与快速模具制造[C]//中国模具工业协会、中国模协技术委员会第七届委员会换届会议论文集：53-56.
杨勇攀. 2013. 网购消费者忠诚影响前因研究[D]. 西南财经大学博士学位论文.
杨宇慧. 2009. 电子市场中的长尾现象：利基产品和主流产品竞争的研究[D]. 清华大学硕士学位论文.
余粤粤. 2014. 西装定制品牌的橱窗设计与方法研究[D]. 浙江理工大学硕士学位论文.
元继学，王未今. 2010. 解决一类群决策问题的改进德尔菲法[J]. 数学的实践与认识，40（20）：89-95.
原磊. 2008. 商业模式分类问题研究[J]. 中国软科学，（5）：35-44.
原磊，张小光. 2016. 商业模式评估的理论框架研究[J]. 中国社会科学院研究生院学报，（1）：39-49.
张卫，王前. 2012. 劝导技术的伦理意蕴[J]. 道德与文明，（1）：102-106.
张旭梅，王大飞. 2017. 基于消费者策略行为的产品服务系统两周期定价策略研究[J]. 管理学报，14（12）：1870-1881.
赵琛，刘晓欢，李青. 2012. 服装企业商业模式创新路径研究[J]. 商业时代，（19）：122-123.
赵绘存. 2016. 商业模式创新发展态势的知识图谱分析[J]. 中国科技论坛，（1）：38-43.
郑称德，许爱林，赵佳英. 2011. 基于跨案例扎根分析的商业模式结构模型研究[J]. 管理科学，24（4）：1-13.
钟振东，唐守廉，Vialle P. 2014. 基于服务主导逻辑的价值共创研究[J]. 软科学，28（1）：31-35.
周国民. 2015. 论服装企业成本控制管理模式[J]. 纺织报告，（11）：56-57，66.
周海花，华薇娜. 2014. 从世界顶级计量学期刊看信息计量学和科学计量学的现状及发展——Journal of Informetrics和Scientometrics发文分析[J]. 现代情报，34（2）：115-120.
周文辉. 2015. 知识服务、价值共创与创新绩效——基于扎根理论的多案例研究[J]. 科学学研究，33（4）：567-573.
朱丹，林涛. 2015. 产业服务平台战略下的中国外贸纺织服装业供应链转型之路[J]. 物流技术，34（3）：234-237.

Abdelkafi N，Täuscher K. 2016. Business models for sustainability from a system dynamics perspective[J]. Organization & Environment，29（1）：74-96.

Ahmed R. 2017-03-21. Ministry of supply debuts 3D robotic knitting machine[EB/OL]. https://3dprinting.com/fashion/ministry-supply-debuts-3d-robotic-knitting-machine/.

Al-Debei M M，Avison D. 2010. Developing a unified framework of the business model concept[J]. European Journal of Information Systems，19（3）：359-376.

Alcisto J，Enriquez A，Garcia H，et al. 2011. Tensile properties and microstructures of laser-formed Ti-6Al-4V[J]. Journal of Materials Engineering & Performance，20（2）：203-212.

Amit R，Christoph Z. 2001. Value creation in E-business[J]. Strategic Management Journal，22：493-520.

Amit R，Zott C. 2010. Business model innovation：creating value in times of change[R]. IESE Business School Working Paper No. 870.

Anderson C. 2006. The long tail：why the future of business is selling less of more[J]. Journal of Product Innovation Management，24（3）：274-276.

Apak S，Vayvay O，Feyzioglu O. 2013. A decision making model for the evaluation of supply chain execution and management systems[J]. International Journal of Computational Intelligence Systems，6（2）：293-306.

Azariadis P，Papagiannis P. 2010. A new business model for integrating textile/clothing/leather and footwear manufacturing[C]//Albu L，Deselnicu V. Proceedings of the 3rd International Conference on Advanced Materials and Systems. Harworth：CERTEX：235-240.

Baden-Fuller C，Mangematin V. 2013. Business models：a challenging agenda[J]. Strategic Organization，11（4）：418-427.

Bak D. 2003. Rapid prototyping or rapid production？3D printing processes move industry towards the latter[J]. Assembly Automation，23（4）：340-345.

Barquet A P B，Cunha V P，Oliveira M G，et al. 2011. Business model elements for product-service system[C]//Hesselbach J，Herrmann C. Proceedings of the 3rd CIRP International Conference on Industrial Product Service Systems-Functional Thinking for Value Creation. Berlin：Springer-Verlag：332-337.

Bassoli E，Gatto A，Iuliano L，et al. 2007. 3D printing technique applied to rapid casting[J]. Rapid Prototyping Journal，13（3）：148-155.

Batista L. 2013. New business models enabled by digital technologies：a perspective from the fashion sector[R]. University of East Anglia.

Beaudette E，Sanchez-Botero L，Ashdown S，et al. 2014. Innovative explorations in apparel design to create engineered outfits with lighting technologies[C]//Proceedings of the 2014 ACM International Symposium on Wearable Computers，Washington.

Ben-Ner A，Siemsen E. 2017. Decentralization and localization of production：the organizational and economic consequences of additive manufacturing（3D Printing）[J]. California Management Review，59（2）：5-23.

Berger S C，Gensler S，Skiera B，et al. 2009. Customer relationship management processes in retail banking-best practice and business value evaluation[C]//Proceedings of the 42th Hawaii International Conference on System Sciences, Big Island.

Birkinshaw J, Goddard J. 2009. What is your management model?[J]. MIT Sloan Management Review, 50（2）: 81.

Bock A, Gerard G. 2014. Agile business model innovation[J]. British Journal of Obstetrics & Gynaecology, 83（1）: 81-85.

Bocken N, Short S W, Rana P, et al. 2014. A literature and practice review to develop sustainable business model archetypes[J]. Journal of Cleaner Production, 65: 42-56.

Bonaccorsi A, Giannangeli S, Rossi C. 2006. Entry strategies under competing standards: hybrid business models in the open source software industry[J]. Management Science, 52（7）: 1085-1098.

Boons F, Lüdeke-Freund F. 2013. Business models for sustainable innovation: state-of-the-art and steps towards a research agenda[J]. Journal of Cleaner Production, 45: 9-19.

Broega A C, Goncalves E, Ribeiro R, et al. 2017. Creating a business model from the traditional to global fashion: the regional Vianesa costume as inspiration[J]. IOP Conference Series: Materials Science and Engineering, 254: 172003.

Brynjolfsson E, Smith M D. 2000. Frictionless commerce? A comparison of Internet and conventional retailers[J]. Management science, 46（4）: 563-585.

Burnett D, Coulton P, Lewis A. 2012. Providing both physical and perceived affordances using physical games pieces on touch based tablets[C]//Proceedings of the 8th Australasian Conference on Interactive Entertainment: Playing the System. New York: ACM: 8.

Campbell T, Williams C, Ivanova O, et al. 2011. Could 3D printing change the world?[R]. Atlantic Council of the United States.

Campbell T A, Ivanova O S. 2013. 3D printing of multifunctional nanocomposites[J]. Nano Today, 8（2）: 119-120.

Carugati A, Liao R, Smith P. 2008. Speed-to-fashion: managing global supply chain in Zara[C]//2008 4th IEEE International Conference on Management of Innovation and Technology, Bangkok.

Casadesus-Masanell R, Ricart J E. 2010. From strategy to business models and onto tactics[J]. Long Range Planning, 43（2）: 195-215.

Casadesus-Masanell R, Zhu F. 2010. Strategies to fight ad-sponsored rivals[J]. Management Science, 56（9）: 1484-1499.

Chan H, Griffin J, Lim J, et al. 2017. Impact of 3D printing technology on supply chain in China[C]// 24th International Conference on Production Research（ICPR 2017）, Poznan.

Chang J H, Rynhart G, Huynh P. 2016. Textiles, clothing and footwear refashioing the future[R]. International Labour Organization.

Chapman L P, Istook C L. 2002. Virtual Designing in 3D for Textile Printing[C]//International Conference On Digital Printing Technologies, San Diego.

Charmaz K. 2006. Constructing Grounded Theory: A Practical Guide Through Qualitative Analysis[M]. London: SAGE.

Charmaz K. 2014. Constructing Grounded Theory：Introducing Qualitative Methods[M]. 2nd ed. London：SAGE.

Chen C H, Yan W, Chen K. 2008. A supply-chain-oriented business process reengineering strategy for on-demand new product development[J]. International Journal of Computer Applications in Technology，32（4）：298-311.

Chen C. 2006. CiteSpace Ⅱ：detecting and visualizing emerging trends and transient patterns in scientific literature[J]. Journal of the American Society for Information Science and Technology，57（3）：359-377.

Chen C，Ibekwe-Sanjuan F，Hou J. 2010. The structure and dynamics of cocitation clusters：a multiple-perspective cocitation analysis[J]. Journal of the American Society for Information Science and Technology，61（7）：1386-1409.

Chen C M, Leydesdorff L. 2014. Patterns of connections and movements in dual-map overlays：a new method of publication portfolio analysis[J]. Journal of the Association for Information Science and Technology，65（2）：334-351.

Chesbrough H. 2010. Business model innovation：opportunities and barriers[J]. Long Range Planning，43（2/3）：354-363.

Chesbrough H W. 2003. Open Innovation：The New Imperative For Creating And Profiting From Technology[M]. Boston：Harvard Business School Press.

Chesbrough H W. 2006. Open Business Models：How to Thrive in the New Innovation Landscape[M]. Boston：Harvard Business School Press.

Chesbrough H W. 2007. Why companies should have open business models[J]. MIT Sloan Management Review，48（2）：22-28.

Chesbrough H W，Rosenbloom R S. 2002. The role of the business model in capturing value from innovation：evidence from Xerox Corporation's technology spin-off companies[J]. Industrial and Corporate Change，11（3）：529-555.

Christensen C M. 2013. The Innovator'S Dilemma：When New Technologies Cause Great Firms to Fail[M]. Boston：Harvard Business Review Press.

Christensen C M，Raynor M E. 2003. The Innovators Solution：Creating and Sustaining Successful Growth[M]. Boston：Harvard Business School Press.

Christopher M，Ryals L J. 2014. The supply chain becomes the demand chain[J]. Journal of Business Logistics，35（1）：29-35.

Corbin J M，Strauss A L. 2008. Basics of Qualitative Research：Grounded Theory Procedures and Techniques[M]. 3rd ed. London：SAGE.

Corral L C，Walker K J. 2017. Exploring the abilities of 3D printing and its viability for consumption in the fashion industry[D]. University of Arkansas.

Dabholkar P A, Bagozzi R P. 2002. An attitudinal model of technology-based self-service: moderating effects of consumer traits and situational factors[J]. Journal of the Academy of marketing Science，30（3）：184-201.

Dahan N M，Doh J P，Oetzel J，et al. 2010. Corporate-NGO collaboration：co-creating new business models for developing markets[J]. Long Range Planning，43（2/3）：326-342.

Dausch M. 2006. Engineering service products：the case of mass-customising service agreements for heavy equipment industry[J]. International Journal of Services Technology & Management，7（1）：32-51.

de Raeve A，Cools J，de Smedt M，et al. 2012. Mass customization，business model for the future of fashion industry[C]//3rd Global Fashion International Conference，Madrid.

Deng H Y，Cui Y M. 2016. The application of smart textiles in the brand fashion design[J]. MATEC Web of Conferences，61：04022.

Derby B. 2012. Printing and prototyping of tissues and scaffolds[J]. Science，338（6109）：921-926.

Dey I. 2014. Grounding Grounded Theory：Guidelines for Qualitative Inquiry[M]. San Diego：Academic Press.

Ding B R，Qu X H，Chen Y L. 2018. Application and research of mechanical design optimization based on genetic algorithm kinematics simulation technology[J]. Journal of Intelligent & Fuzzy Systems，34（2）：871-878.

Dore R. 2003. The globalisation of corporate governance：external and internal mechanisms of control[J]. Journal of Interdisciplinary Economics，14（2）：125-137.

Dudin M，Kucuri G，Fedorova I，et al. 2015. The innovative business model canvas in the system of effective budgeting[J]. Asian Social Science，11（7）：290-296.

Eisenhardt K M，Graebner M E. 2007. Theory building from cases：opportunities and challenges[J]. Academy of Management Journal，50（1）：25-32.

Eisenhardt K M，Martin J A. 2000. Dynamic capabilities：what are they?[J]. Strategic Management Journal，21（10/11）：1105-1121.

Eryuruk S. 2012. Greening of the textile and clothing industry[J]. Fibres & Textiles in Eastern Europe，95（6）：22-27.

Forrester J W. 1961. Industrial Dynamics[M]. Cambridge：The MIT Press.

Franca C L，Broman G，Robert K-H，et al. 2017. An approach to business model innovation and design for strategic sustainable development[J]. Journal of Cleaner Production，140：155-166.

Franke N，Hader C. 2014. Mass or only "niche customization"？Why we should interpret configuration toolkits as learning instruments[J]. Journal of Product Innovation Management，31（6）：1214-1234.

Furseth P I，Cuthbertson R. 2016. Innovation in an Advanced Consumer Society：Value-Driven Service Innovation[M]. Oxford：Oxford University Press.

Gebauer H，Saul C J. 2014. Business model innovation in the water sector in developing countries[J]. Science of the Total Environment，488/489：512-520.

Gebhardt R，Barteld M，Grafmüller L，et al. 2017. Mass customized technical textiles in the B2B sector[J]. IOP Conference Series：Materials Science and Engineering，254：152004.

Ghezzi A，Balocco R，Rangone A. 2010. How to get strategic planning and business model design wrong：the case of a mobile technology provider[J]. Strategic Change，19（5/6）：213-238.

Gibson I，Rosen D W，Stucker B. 2010. Additive Manufacturing Technologies[M]. New York：

Springer.

Griehl W，Ruestem D. 1970. Nylon-12-preparation，properties，and applications[J]. Industrial & Engineering Chemistry，62（3）：16-22.

Grimmelsmann N，Kreuziger M，Korger M，et al. 2018. Adhesion of 3D printed material on textile substrates[J]. Rapid Prototyping Journal，24（1）：166-170.

Guercini S，Milanesi M. 2017. Extreme luxury fashion：business model and internationalization process[J]. International Marketing Review，34（3）：403-424.

Hamel G. 1999. Bringing silicon valley inside[J]. Harvard Business Review，77（5）：70-84.

Hausman K. 2014. 3D Printing For Dummies[M]. New Jersey：John Wiley & Sons.

Hey T. 2012. The fourth paradigm-data-intensive scientific discovery[M]//Kurbanoğlu S，Al U，Erdoğan P L，et al. E-Science and Information Management. Berlin：Springer Berlin Heidelberg：1.

Holzinger A. 2015. Data mining with decision trees：theory and applications[J]. Online Information Review，39（3）：437-438.

Hotho S，Champion K. 2011. Small businesses in the new creative industries：innovation as a people management challenge[J]. Management Decision，49（1）：29-54.

Howarth D. 2013-03-10. 3D-printed dress for Dita von Teese[EB/OL]. http://blog.sina.com.cn/s/blog_7832a8bb0101b5ks.html.

Huang S H，Liu P，Mokasdar A，et al. 2012. Additive manufacturing and its societal impact：a literature review[J]. The International Journal of Advanced Manufacturing Technology，67（5/8）：1191-1203.

Huijben J C C M，Verbong G P J，Podoynitsyna K S. 2016. Mainstreaming solar：stretching the regulatory regime through business model innovation[J]. Environmental Innovation and Societal Transitions，20：1-15.

Jacob M，Suchan C，Ferstl O K. 2010. Modelling of business systems using hybrid simulation–a new approach[C]//Proceedings of 18th European Conference on Information Systems，Pretoria.

Ji S F，Jin Y R. 2014. Business model innovation under the background of 3D printing：supply chain perspective[J]. Journal of Investigative Medicine，62（8）：115-116.

Jia F，Wang X，Mustafee N，et al. 2016. Investigating the feasibility of supply chain-centric business models in 3D chocolate printing：a simulation study[J]. Technological Forecasting and Social Change，102：202-213.

Jia H. 2017. 3D-printing-technology-based reform of garment ornamental design patterns of northern ethnic minorities[J]. Revista de la Facultad de Ingeniería，32（13）：267-272.

Johnson M W，Christensen C M，Kagermann H. 2008. Reinventing your business model[J]. Harvard Business Review，86（12）：57-68.

Joyce A，Paquin R L. 2016. The triple layered business model canvas：a tool to design more sustainable business models[J]. Journal of Cleaner Production，135：1474-1486.

Kamoun F. 2008. Rethinking the business model with RFID[J]. Communications of the Association for Information Systems，22（1）：635-658.

Karim N，Zou Y D，Wen S M. 2012. Enhancing Overall System Functionality and Performance with the Right Packaging Solutions[C]//Bi K，Yang D，Cai M. 13th International Conference on Electronic Packaging Technology & High Density Packaging. Piscataway：IEEE：19-24.

Karl C. 2017. The state of fashion 2018[R]. BoF Team and McKinsey & Company.

Keller C，Magnus K H，Hedrich S，et al. 2017-11-08. Succeeding in tomorrow's global fashion market[EB/OL]. https://www.mckinsey.com/business-functions/marketing-and-sales/our-insights/succeeding-in-tomorrows-global-fashion-market.

Kerr J，Landry J. 2017. Pulse of the fashion industry[R]. Global Fashion Agenda & The Boston Consulting Group.

Kerzner H R. 2017. Project Management：A Systems Approach to Planning，Scheduling，and Controlling[M]. New Jersey：John Wiley & Sons.

Kim M C，Chen C. 2015. A scientometric review of emerging trends and new developments in recommendation systems[J]. Scientometrics，104（1）：239-263.

Kim Y S，Lee J A，Kim J H，et al. 2015. Formative characteristics of 3D printing fashion from the perspective of mechanic aesthetic[J]. The Research Journal of the Costume Culture，23（2）：294-309.

Kirkwood C W. 2013. System dynamics methods：a quick introduction[R]. Arizona State University.

Knaak S，Patten S. 2016. A grounded theory model for reducing stigma in health professionals in Canada[J]. Acta Psychiatrica Scandinavica，134：53-62.

Kneissl D W. 2013. 3D printing materials 2014-2025：status，opportunities，market forecasts[R]. IDTechEx.

Komoto H，Masui K，Tomiyama T. 2013. Quantitative scenario-based simulation of global business models for manufacturers[J]. CIRP Annals-Manufacturing Technology，62（1）：163-166.

Labes S，Hanner N，Zarnekow R. 2017. Successful business model types of cloud providers[J]. Business & Information Systems Engineering，59：1-11.

Li D，Tang T，Hu D，et al. 2017. The challenge to china's enterprises from increasing labor costs：the product quality perspective[J]. China Economic Journal，10（1）：18-33.

Li L，Liu S. 2017. Analysis of postponement problem in supply chain of customized products[J]. Journal of Interdisciplinary Mathematics，20（4）：1153-1166.

Li Z. 2016. Research on creative clothing design based on 3D printing technology[C]//6th International Conference on Electronic，Mechanical，Information and Management（EMIM 2016），Shenyang.

Lin X H. 2017. The Application of 3D Printing Technology in Modern Clothing Design[C]//Liu L G. Proceedings of the International Conference on Humanity and Social Science. Singapore：World Scientific：41-47.

Lindgren P，Taran Y. 2011. Business models and business model innovation in a "secure and distributed cloud clustering（DISC）society" [J]. Wireless Personal Communications，58（1）：159-167.

Lipson H，Kurman M. 2013. Fabricated：The New World of 3D Printing[M]. New York：John Wiley & Sons.

Loetscher S, Starmanns M, Petrie L. 2017. Changing fashion: the clothing and textile industry at the brink of radical transformation[R]. World Wide Fund For Nature.

Lorenzoni G. 2016. The Fast Fashion Business Model[C]//Advanced Information Systems Engineering Workshops, Ljubljana.

Loy J, Canning S. 2016. Clash of Cultures: Fashion, Engineering, and 3D Printing[M]//Connor A M, Marks S. Creative Technologies for Multidisciplinary Applications. New York: IGI Global: 25-53.

Lueg R, Pedersen M M, Clemmensen S N. 2015. The role of corporate sustainability in a low-cost business model—a case study in the scandinavian fashion industry[J]. Business Strategy and the Environment, 24 (5): 344-359.

Lund M, Nielsen C. 2014. The evolution of network-based business models illustrated through the case study of an entrepreneurship project[J]. Journal of Business Models, 2 (1): 105-121.

Ma C, Zhang H H, Wang X. 2014. Machine learning for big data analytics in plants[J]. Trends in Plant Science, 19 (12): 798-808.

Ma D. 2007. The Business Model of "Software-As-A-Service" [C]//Zhang L J, Aalst W V D, Hung P C K. Proceedings of IEEE International Conference on Services Computing. Los Alamitos: IEEE Computer Society: 701-702.

Magretta J. 2002. Why business models matter[J]. Harvard Business Review, 80 (5): 86-92, 133.

Malengier B, Hertleer C, van Langenhove L, et al. 2017. 3D printing on textiles: testing of adhesion[C]//International Conference on Intelligent Textiles and Mass Customisation, Ghent.

Mangematin V, Lemarié S, Boissin J P, et al. 2003. Development of SMEs and heterogeneity of trajectories: the case of biotechnology in France[J]. Research Policy, 32 (4): 621-638.

Mark G T, Woodruff R B, Benhaim D S, et al. 2017. Multilayer Fiber Reinforcement Design for 3D Printing[P]. US, US/5633824.

Markides C. 2006. Disruptive innovation: in need of better theory[J]. Journal of Product Innovation Management, 23 (1): 19-25.

McGrath R G. 2010. Business models: a discovery driven approach[J]. Long Range Planning, 43(2): 247-261.

Meuter M L, Bitner M J, Ostrom A L, et al. 2005. Choosing among alternative service delivery modes: an investigation of customer trial of self-service technologies[J]. Journal of Marketing, 69 (2): 61-83.

Mitchell D, Coles C. 2003. The ultimate competitive advantage of continuing business model innovation[J]. Journal of Business Strategy, 24 (5): 15-21.

Morris M, Schindehutte M, Allen J. 2005. The entrepreneur's business model: toward a unified perspective[J]. Journal of Business Research, 58 (6): 726-735.

Morris M H, Shirokova G, Shatalov A. 2013. The business model and firm performance: the case of Russian food service ventures[J]. Journal of Small Business Management, 51 (1): 46-65.

Murphy S V, Atala A. 2014. 3D bioprinting of tissues and organs[J]. Nature Biotechnology, 32 (8): 773-785.

Natarajan B K. 1991. Machine Learning: A Theoretical Approach[M]. Burlington: Morgan Kaufmann Publishers.

O'Connor J, Cha H, Max S. 2003. The value management toolkit[C]//Construction Industry Institute 2003 Annual Conference, Orlando.

Osterwalder A. 2004. The business model ontology—a proposition in a design science approac[D]. University of Lausanne.

Osterwalder A, Pigneur Y. 2010. Business Model Generation: A Handbook for Visionaries, Game Changers, and Challengers[M]. New Jersey: John Wiley & Sons.

Osterwalder A, Pigneur Y, Bernarda G, et al. 2014. Value Proposition Design: How to Create Products and Services Customers Want[M]. New Jersey: John Wiley & Sons.

Osterwalder A, Pigneur Y, Tucci C L. 2005. Clarifying business models: origins, present, and future of the concept[J]. Communications of the Association for Information Systems, 16 (1): 1-25.

Pal R, Larsson J, Mattila H, et al. 2016. Local fashion value chains: success factors and competitive advantages[C]//90th Textile Institute World Conference, Poznan.

Pedersen E R G. 2013. Collaborative consumption: business model opportunities and barriers for the fashion industry[J]. Journal of Macromarketing, 33 (4): 401-401.

Perry A. 2018. 3D-printed apparel and 3D-printer: exploring advantages, concerns, and purchases[J]. International Journal of Fashion Design, Technology and Education, 11 (1): 95-103.

Peterson J H, Chang J, Wong Y H, et al. 2010. The emergence of the fast fashion business model and imposed quick response challenges for Chinese fabric manufacturers[M]//Cheng T C E, Choi T M. Innovative Quick Response Programs in Logistics and Supply Chain Management. New York: Springer: 387-422.

Pine B J, Victor B, Boynton A C. 1993. Making mass customization work[J]. Harvard Business Review, 71 (5): 108-111.

Poulin M, Montreuil B. 2013. Product modelling for simulating business networks offering mass customization[C]//7th IFAC Conference on Manufacturing Modelling, Management, and Control, MIM 2013, Saint Petersburg.

Prendeville S M, O'connor F, Bocken N M P, et al. 2017. Uncovering ecodesign dilemmas: a path to business model innovation[J]. Journal of Cleaner Production, 143: 1327-1339.

Price D D S. 1976. A general theory of bibliometric and other cumulative advantage processes[J]. Journal of the Association for Information Science and Technology, 27 (5): 292-306.

Provance M, Donnelly R G, Carayannis E G. 2011. Institutional influences on business model choice by new ventures in the microgenerated energy industry[J]. Energy Policy, 39 (9): 5630-5637.

Rayna T, Striukova L. 2014. The Impact of 3D printing technologies on business model innovation[M]//Benghozi P J, Krob D, Lonjon A, et al. Digital Enterprise Design & Management. Cham: Springer International Publishing AG: 119-132.

Rayna T, Striukova L. 2016a. Adaptivity and rapid prototyping: how 3D printing is changing business model innovation[M]//Berg B V D, Hof S V D, Kosta E. 3D Printing: Legal, Philosophical and Economic Dimensions. The Hague: T.M.C. Asser Press: 167-182.

Rayna T，Striukova L. 2016b. From rapid prototyping to home fabrication：how 3D printing is changing business model innovation[J]. Technological Forecasting & Social Change，102：214-224.

Rayna T，Striukova L，Darlington J. 2014. Open innovation，co-creation and mass customisation：what role for 3D printing platforms?[C]//Brunoe T D，Nielsen K，Joergensen K A，et al. Proceedings of the 7th World Conference on Mass Customization，Personalization，and Co-Creation（MCPC 2014）. Switzerland：Springer International Publishing AG：425-435.

Reilly L. 2014. The shift from 3D body scanned data to the physical world[C]//Shapeshifting：A Conference on Transformative Paradigms of Fashion and Textile Design，Auckland.

Reim W，Parida V，Örtqvist D. 2015. Product-Service Systems（PSS）business models and tactics-a systematic literature review[J]. Journal of Cleaner Production，97：61-75.

Rengier F，Mehndiratta A，von Tengg-Kobligk H，et al. 2010. 3D printing based on imaging data：review of medical applications[J]. International Journal of Computer Assisted Radiology and Surgery，5（4）：335-341.

Romero M C，Villalobos J，Sanchez M. 2015. Simulating the business model canvas using system dynamics[C]//Sanchez M，Gonzalez O. 2015 10th Computing Colombian Conference（10CCC）. Piscataway：IEEE：527-534.

Sachs E，Cima M，Williams P，et al. 1990. Three-dimensional printing：rapid tooling and prototypes directly from a cad model[J]. CIRP Annals-Manufacturing Technology，39（1）：201-204.

Sachs E，Cima M，Williams P，et al. 1992. Three dimensional printing：rapid tooling and prototypes directly from a CAD model[J]. Journal of Manufacturing Science and Engineering，114（4）：481-488.

Saebi T，Lien L，Foss N J. 2017. What drives business model adaptation? The impact of opportunities，threats and strategic orientation[J]. Long Range Planning，50（5）：567-581.

Sako M. 2012. Business models for strategy and innovation[J]. Communications of the ACM，55（7）：22-24.

Sanatgar R H，Campagne C，Nierstrasz V. 2017. Investigation of the adhesion properties of direct 3D printing of polymers and nanocomposites on textiles：Effect of FDM printing process parameters[J]. Applied Surface Science，403：551-563.

Schluep R B. 2017. Fashion technology and the development of new business models[M]//Vecchi A. Advanced Fashion Technology and Operations Management. New York：IGI Global：1-37.

Schneider S，Spieth P. 2013. Business model innovation：towards an integrated future research agenda[J]. International Journal of Innovation Management，17（1）：1340001.

Sedhom R V. 2015. 3D printing and its effect on the fashion industry：it's more than just about intellectual property[J]. Santa Clara Law Review，55（4）：865-880.

Senanayake M. 2015. Product development in the apparel industry[M]//Nayak D，Padhye R. Garment Manufacturing Technology. Sawston：Woodhead Publishing：21-57.

Serenko A，Bontis N，Booker L，et al. 2010. A scientometric analysis of knowledge management and intellectual capital academic literature（1994-2008）[J]. Journal of Knowledge Management，

14（1）：3-23.

Shang X, Su B, Liu X, et al. 2014. Social manufacture cloud mode in high-end apparel, footwear and hats[C]//Proceeding of the 11th World Congress on Intelligent Control and Automation, Shenyang.

Sinfield J V, Calder E, Mcconnell B, et al. 2012. How to identify new business models[J]. MIT Sloan Management Review, 53（2）：85-90.

Sorescu A. 2017. Data-driven business model innovation[J]. Journal of Product Innovation Management, 34（5）：691-696.

Sosna M, Trevinyo-Rodríguez R N, Velamuri S R. 2010. Business model innovation through trial-and-error learning：the naturhouse case[J]. Long Range Planning, 43（2）：383-407.

Spahiu T, Fafenrot S, Grimmelsmann N, et al. 2017. Varying fabric drape by 3D-imprinted patterns for garment design[J]. IOP Conference Series：Materials Science and Engineering, 254：172023.

Spahiu T, Grimmelsmann N, Ehrmann A, et al. 2016. On the possible use of 3D printing for clothing and shoe manufacture[C]//7th International Conference of Textile, Tirana.

Strauss A L, Corbin J M. 1990. Basics of Qualitative Research：Grounded Theory Procedures and Techniques[M]. London：SAGE.

Sun L. 2017. Daring to sprint：3D printing textile[C]//2017 ITAA Annual Conference Proceedings, Iowa State University.

Sun L, Lu S. 2015. The 3D printing era：a conceptual Model for the Textile and Apparel Industry[C]. 2015 ITAA Annual Conference Proceedings, Santa Fe.

Symes M D, Kitson P J, Yan J, et al. 2012. Integrated 3D-printed reactionware for chemical synthesis and analysis[J]. Nature Chemistry, 4（5）：349-354.

Tania R T. 2017. 3D printing technology：the surface of future fashion[J]. International Journal of Computer Applications, 157（5）：48-51.

Teece D J. 2010. Business models, business strategy and innovation[J]. Long Range Planning, 43（2/3）：172-194.

Timmers P. 1998. Business models for electronic markets[J]. Electronic Markets, 8（2）：3-8.

Toeters M, Martijn T B, Bottenberg E, et al. 2013. Research through design：a way to drive innovative solutions in the field of smart textiles[J]. Advances in Science and Technology, 80：112-117.

Tolle K M, Tansley D, Hey A J G. 2011. The fourth paradigm：data-intensive scientific discovery [point of view][J]. General Collection, 99（8）：1334-1337.

Toro-Jarrín M A, Ponce-Jaramillo I E, Güemes-Castorena D. 2016. Methodology for the of building process integration of business model canvas and technological roadmap[J]. Technological Forecasting and Social Change, 110：213-225.

Treadaway C. 2009. Developments in digital print technology for smart textiles[M]//McCann J, Bryson D. Smart Clothes and Wearable Technology. Sawston：Woodhead Publishing：300-318.

Tremblay D G, Yagoubi A. 2017. Business model and wearables：what convergence and collaboration in the area of connected objects and clothing?[J]. Journal of Human Resource and Sustainability Studies, 5（1）：101-124.

Truett L J，Truett D B. 2017. Cost relationships and globalization in the Australian clothing industry[J]. Applied Economics，49（46）：4638-4656.

Tuominen M，Anttila M. 2008. Discovering business innovation，channel collaboration and value delivery in international research odyssey[J]. International Journal of Entrepreneurship & Innovation Management，8（2）：216-227.

Upward A，Jones P. 2016. An ontology for strongly sustainable business models：defining an enterprise framework compatible with natural and social science[J]. Organization & Environment，29（1）：97-123.

Valtas A，Sun D. 2016. 3D printing for garments production：an exploratory study[J]. Journal of Fashion Technology & Textile Engineering，4（3）：1-4.

van der Raadt B，Gordijn J，Yu E. 2005. Exploring Web services from a business value perspective[C]//Cantarella J. Proceedings of 13th IEEE International Conference on Requirements Engineering. Piscataway：IEEE：53-62.

Vanderploeg A，Lee S E，Mamp M. 2017. The application of 3D printing technology in the fashion industry[J]. International Journal of Fashion Design，Technology and Education，10（2）：170-179.

Venkatraman N，Henderson J C. 1998. Real strategies for virtual organizing[J]. MIT Sloan Management Review，40（1）：33-48.

Walters D，Rainbird M. 2004. The demand chain as an integral component of the value chain[J]. Journal of Consumer Marketing，21（7）：465-475.

Wang B Z，Chen Y. 2014. The effect of 3D printing technology on the future fashion design and manufacturing[J]. Applied Mechanics and Materials，496/500：2687-2691.

Weis M. 2017. Business models and business model innovation in social entrepreneurship[D]. Lund University.

Wells P，Seitz M. 2005. Business models and closed-loop supply chains：a typology[J]. Supply Chain Management：An International Journal，10（4）：249-251.

Wen X，Zhou X. 2016. Servitization of manufacturing industries based on cloud-based business model and the down-to-earth implementary path[J]. International Journal of Advanced Manufacturing Technology，87（5/8）：1491-1508.

Winter S G，Szulanski G. 2001. Replication as strategy[J]. Organization Science，12（6）：730-743.

Xu X. 2012. From cloud computing to cloud manufacturing[J]. Robotics and Computer-Integrated Manufacturing，28（1）：75-86.

Yin R K. 2003. Case Study Research：Design and Methods[M]. Thousand Oaks：Sage.

Younker D L. 2001. Managing value objectives for design/build projects[J]. AACE International Transactions，（5）：1-8.

Youssef A M. 2018. Optimized production and inventory decisions for a mixed make-to-order/make-to-stock ready-made garment manufacturer[D]. American University in Cairo.

Yunus M，Moingeon B，Lehmann-Ortega L. 2010. Building social business models：lessons from the Grameen experience[J]. Long Range Planning，43（2/3）：308-325.

Zeigler B P，Praehofer H，Kim T G. 2000. Theory of Modeling and Simulation：Integrating Discrete Event and Continuous Complex Dynamic Systems[M]. Cambridge：Academic Press.

Zhang A，Xi L，Liu Z，et al. 2017. Manufacture of customized orthosis in adolescent idiopathic scoliosis and comfort evaluation based on 3D printing[J]. Journal of Beijing University of Technology，43（4）：518-525.

Zhang J，Chen C M，Vogeley M S. 2011. Modeling users' data usage experiences from scientific literature[C]//Marcus A. International Conference of Design，User Experience，and Usability：Theory，Methods，Tools and Practice. Berlin Heidelberg：Springer-Verlag Berlin Heidelberg：337-346.

Zhang Y，Wang Y，Wu L. 2012. Research on demand-driven leagile supply chain operation model：a simulation based on AnyLogic in system engineering[J]. Systems Engineering Procedia，3：249-258.

Zheng S R，Qing-Hua L V. 2012. Essence of business model of the networking industry and its analytic framework[J]. Journal of Business Economics，24（1）：87-88.

Zott C，Amit R. 2010. Business model design：an activity system perspective[J]. Long Range Planning，43（2）：216-226.

Zott C，Amit R，Massa L. 2011. The business model：recent developments and future research[J]. Journal of Management，37（4）：1019-1042.

